本项目由深圳市宣传文化事业发展专项基金资助

本书为国家社会科学基金重大项目"文化产业数字化战略实施路径与协同机制研究"(21ZDA082) 前期成果

深圳改革创新丛书（第九辑）

周建新 等著

深圳文化创新研究

Research on Cultural Innovation in Shenzhen

中国社会科学出版社

图书在版编目（CIP）数据

深圳文化创新研究/周建新等著 . —北京：中国社会科学出版社，2022.6
（深圳改革创新丛书 . 第九辑）
ISBN 978-7-5227-0258-2

Ⅰ.①深…　Ⅱ.①周…　Ⅲ.①文化产业—产业发展—研究—深圳　Ⅳ.①G127.653

中国版本图书馆 CIP 数据核字（2022）第 091538 号

出 版 人	赵剑英
责任编辑	李凯凯
责任校对	胡新芳
责任印制	王 超
出　　版	中国社会科学出版社
社　　址	北京鼓楼西大街甲 158 号
邮　　编	100720
网　　址	http://www.csspw.cn
发 行 部	010-84083685
门 市 部	010-84029450
经　　销	新华书店及其他书店
印　　刷	北京君升印刷有限公司
装　　订	廊坊市广阳区广增装订厂
版　　次	2022 年 6 月第 1 版
印　　次	2022 年 6 月第 1 次印刷
开　　本	710×1000　1/16
印　　张	16.75
字　　数	251 千字
定　　价	89.00 元

凡购买中国社会科学出版社图书，如有质量问题请与本社营销中心联系调换
电话：010-84083683
版权所有　侵权必究

《深圳改革创新丛书》
编委会

顾　　问：王京生　李小甘　王　强

主　　任：张　玲　张　华

执行主任：陈金海　吴定海

主　　编：吴定海

总序　突出改革创新的时代精神

王京生

在人类历史长河中，改革创新是社会发展和历史前进的一种基本方式，是一个国家和民族兴旺发达的决定性因素。古今中外，国运的兴衰、地域的起落，莫不与改革创新息息相关。无论是中国历史上的商鞅变法、王安石变法，还是西方历史上的文艺复兴、宗教改革，这些改革和创新都对当时的政治、经济、社会甚至人类文明产生了深远的影响。但在实际推进中，世界上各个国家和地区的改革创新都不是一帆风顺的，力量的博弈、利益的冲突、思想的碰撞往往伴随着改革创新的始终。就当事者而言，对改革创新的正误判断并不像后人在历史分析中提出的因果关系那样确定无疑。因此，透过复杂的枝蔓，洞察必然的主流，坚定必胜的信念，对一个国家和民族的改革创新来说就显得极其重要和难能可贵。

改革创新，是深圳的城市标识，是深圳的生命动力，是深圳迎接挑战、突破困局、实现飞跃的基本途径。不改革创新就无路可走、就无以召唤。作为中国特色社会主义先行示范区，深圳肩负着为改革开放探索道路的使命。改革开放以来，历届市委、市政府以挺立潮头、敢为人先的勇气，进行了一系列大胆的探索、改革和创新，不仅使深圳占得了发展先机，而且获得了强大的发展后劲，为今后的发展奠定了坚实的基础。深圳的每一步发展都源于改革创新的推动；改革创新不仅创造了深圳经济社会和文化发展的奇迹，而且使深圳成为"全国改革开放的一面旗帜"和引领全国社会主义现代化建设的"排头兵"。

从另一个角度来看，改革创新又是深圳矢志不渝、坚定不移的命运抉择。为什么一个最初基本以加工别人产品为生计的特区，变成了一个以高新技术产业安身立命的先锋城市？为什么一个最初大学稀缺、研究院所数量几乎是零的地方，因自主创新而名扬天下？原因很多，但极为重要的是深圳拥有以移民文化为基础，以制度文化为保障的优良文化生态，拥有崇尚改革创新的城市优良基因。来到这里的很多人，都有对过去的不满和对未来的梦想，他们骨子里流着创新的血液。许多个体汇聚起来，就会形成巨大的创新力量。可以说，深圳是一座以创新为灵魂的城市，正是移民文化造就了这座城市的创新基因。因此，在经济特区发展历史上，创新无所不在，打破陈规司空见惯。例如，特区初建时缺乏建设资金，就通过改革开放引来了大量外资；发展中遇到瓶颈压力，就向改革创新要空间、要资源、要动力。再比如，深圳作为改革开放的探索者、先行者，向前迈出的每一步都面临着处于十字路口的选择，不创新不突破就会迷失方向。从特区酝酿时的"建"与"不建"，到特区快速发展中的姓"社"姓"资"，从特区跨越中的"存"与"废"，到新世纪初的"特"与"不特"，每一次挑战都考验着深圳改革开放的成败进退，每一次挑战都把深圳改革创新的招牌擦得更亮。因此，多元包容的现代移民文化和敢闯敢试的城市创新氛围，成就了深圳改革开放以来最为独特的发展优势。

40多年来，深圳正是凭着坚持改革创新的赤胆忠心，在汹涌澎湃的历史潮头劈波斩浪、勇往向前，经受住了各种风浪的袭扰和摔打，闯过了一个又一个关口，成为锲而不舍的走向社会主义市场经济和中国特色社会主义的"闯将"。从这个意义上说，深圳的价值和生命就是改革创新，改革创新是深圳的根、深圳的魂，铸造了经济特区的品格秉性、价值内涵和运动程式，成为深圳成长和发展的常态。深圳特色的"创新型文化"，让创新成为城市生命力和活力的源泉。

我们党始终坚持深化改革、不断创新，对推动中国特色社会主义事业发展、实现中华民族伟大复兴的中国梦产生了重大而深远的影响。新时代，我国迈入高质量发展阶段，要求我们不断解放思想，坚持改革创新。深圳面临着改革创新的新使命和新征程，市委市政府推出全面深化改革、全面扩大开放综合措施，肩负起创建社会主义现代化强国的城市范例的历史重任。

如果说深圳前40年的创新，主要立足于"破"，可以视为打破旧规矩、挣脱旧藩篱，以破为先、破多于立，"摸着石头过河"，勇于冲破计划经济体制等束缚；那么今后深圳的改革创新，更应当着眼于"立"，"立"字为先、立法立规、守法守规，弘扬法治理念，发挥制度优势，通过立规矩、建制度，不断完善社会主义市场经济制度，推动全面深化改革、全面扩大开放，创造新的竞争优势。在"两个一百年"历史交汇点上，深圳充分发挥粤港澳大湾区、深圳先行示范区"双区"驱动优势和深圳经济特区、深圳先行示范区"双区"叠加效应，明确了"1+10+10"工作部署，瞄准高质量发展高地、法治城市示范、城市文明典范、民生幸福标杆、可持续发展先锋的战略定位持续奋斗，建成现代化国际化创新型城市，基本实现社会主义现代化。

如今，新时代的改革创新既展示了我们的理论自信、制度自信、道路自信，又要求我们承担起巨大的改革勇气、智慧和决心。在新的形势下，深圳如何通过改革创新实现更好更快的发展，继续当好全面深化改革的排头兵，为全国提供更多更有意义的示范和借鉴，为中国特色社会主义事业和实现民族伟大复兴的中国梦做出更大贡献，这是深圳当前和今后一段时期面临的重大理论和现实问题，需要各行业、各领域着眼于深圳改革创新的探索和实践，加大理论研究，强化改革思考，总结实践经验，作出科学回答，以进一步加强创新文化建设，唤起全社会推进改革的勇气、弘扬创新的精神和实现梦想的激情，形成深圳率先改革、主动改革的强大理论共识。比如，近些年深圳各行业、各领域应有什么重要的战略调整？各区、各单位在改革创新上取得什么样的成就？这些成就如何在理论上加以总结？形成怎样的制度成果？如何为未来提供一个更为明晰的思路和路径指引？等等，这些颇具现实意义的问题都需要在实践基础上进一步梳理和概括。

为了总结和推广深圳的重要改革创新探索成果，深圳社科理论界组织出版《深圳改革创新丛书》，通过汇集深圳各领域推动改革创新探索的最新总结成果，希冀助力推动形成深圳全面深化改革、全面扩大开放的新格局。其编撰要求主要包括：

首先，立足于创新实践。丛书的内容主要着眼于新近的改革思维与创新实践，既突出时代色彩，侧重于眼前的实践、当下的总结，同时也兼顾基于实践的推广性以及对未来的展望与构想。那些已经产生重要影响并广为人知的经验，不再作为深入研究的对象。这并不是说那些历史经验不值得再提，而是说那些经验已经沉淀，已经得到文化形态和实践成果的转化。比如说，某些观念已经转化成某种习惯和城市文化常识，成为深圳城市气质的内容，这些内容就可不必重复阐述。因此，这套丛书更注重的是目前行业一线的创新探索，或者过去未被发现、未充分发掘但有价值的创新实践。

其次，专注于前沿探讨。丛书的选题应当来自改革实践最前沿，不是纯粹的学理探讨。作者并不限于从事社科理论研究的专家学者，还包括各行业、各领域的实际工作者。撰文要求以事实为基础，以改革创新成果为主要内容，以平实说理为叙述风格。丛书的视野甚至还包括那些为改革创新做出了重要贡献的一些个人，集中展示和汇集他们对于前沿探索的思想创新和理念创新成果。

第三，着眼于解决问题。这套丛书虽然以实践为基础，但应当注重经验的总结和理论的提炼。入选的书稿要有基本的学术要求和深入的理论思考，而非一般性的工作总结、经验汇编和材料汇集。学术研究需强调问题意识。这套丛书的选择要求针对当前面临的较为急迫的现实问题，着眼于那些来自于经济社会发展第一线的群众关心关注的瓶颈问题的有效解决。

事实上，古今中外有不少来源于实践的著作，为后世提供着持久的思想能量。撰著《旧时代与大革命》的法国思想家托克维尔，正是基于其深入考察美国的民主制度的实践之后，写成名著《论美国的民主》，这可视为从实践到学术的一个范例。托克维尔不是美国民主制度设计的参与者，而是旁观者，但就是这样一位旁观者，为西方政治思想留下了一份经典文献。马克思的《法兰西内战》，也是一部来源于革命实践的作品，它基于巴黎公社革命的经验，既是那个时代的见证，也是马克思主义的重要文献。这些经典著作都是我们总结和提升实践经验的可资参照的榜样。

那些关注实践的大时代的大著作，至少可以给我们这样的启示：哪怕面对的是具体的问题，也不妨拥有大视野，从具体而微的实践探索中展现宏阔远大的社会背景，并形成进一步推进实践发展的真知灼见。《深圳改革创新丛书》虽然主要还是探讨深圳的政治、经济、社会、文化、生态文明建设和党的建设各个方面的实际问题，但其所体现的创新性、先进性与理论性，也能够充分反映深圳的主流价值观和城市文化精神，从而促进形成一种创新的时代气质。

写于 2016 年 3 月
改于 2021 年 12 月

目 录

第一章 绪论 ………………………………………………………… (1)
  第一节 研究背景 ………………………………………………… (1)
  第二节 相关概念 ………………………………………………… (6)
  第三节 文献综述 ………………………………………………… (25)
  第四节 思路框架 ………………………………………………… (28)

第二章 国内外文化创新发展研究 ………………………………… (33)
  第一节 国内外文化创新理论 …………………………………… (34)
  第二节 国内外文化创新的案例分析 …………………………… (50)
  第三节 国内外文化创新的经验总结 …………………………… (59)

第三章 深圳文化创新的现状分析 ………………………………… (66)
  第一节 文化观念与城市精神 …………………………………… (67)
  第二节 国际化城市形象与发展定位 …………………………… (74)
  第三节 文化产业 ………………………………………………… (80)
  第四节 公共文化 ………………………………………………… (93)
  第五节 文化品牌与文化传播 …………………………………… (101)
  第六节 《深圳文化创新发展2020（实施方案）》
          绩效评估 ………………………………………………… (108)

第四章 深圳文化创新的理论探索 ………………………………… (118)
  第一节 文化流动理论 …………………………………………… (118)
  第二节 文化科技融合理论 ……………………………………… (127)
  第三节 非物质文化遗产活化理论 ……………………………… (134)

第五章　深圳文化创新的成效特色 …………………（150）
第一节　文化体制机制创新 …………………………（150）
第二节　文化价值观念革新 …………………………（155）
第三节　城市文化形象焕新 …………………………（158）
第四节　文化产业驱动创新 …………………………（164）
第五节　公共文化服务出新 …………………………（174）
第六节　文化创新指数跃升 …………………………（181）

第六章　深圳文化创新的前景展望 …………………（197）
第一节　深圳文化创新发展的目标定位 ……………（197）
第二节　文化体制机制创新工程 ……………………（206）
第三节　文化智库建设工程 …………………………（212）
第四节　城市文化品牌提升工程 ……………………（214）
第五节　文化创新人才培育工程 ……………………（223）
第六节　文化科技融合创新发展工程 ………………（228）

结　语 ……………………………………………………（233）

参考文献 ………………………………………………（242）

后　记 …………………………………………………（250）

图表目录

图 2-1　创新扩散曲线 …………………………………………（38）
图 4-1　2012—2019 年深圳市年末人口统计 ………………（125）
图 4-2　2017 年深圳户籍分布 ………………………………（126）
图 4-3　曹赛先、李凤亮主编：《风起南山——文化科技
　　　　融合创新的深圳之路》 ……………………………（133）
图 4-4　动画片《小凉帽之白鹭归来》 ………………………（143）
图 4-5　大芬油画村 ……………………………………………（144）
图 4-6　深圳市第十一届客家艺术节暨第四届麒麟
　　　　文化节 …………………………………………………（149）
图 5-1　波特钻石模型 …………………………………………（183）
图 5-2　深圳文化创新指数模型内在结构 ……………………（185）
图 5-3　深圳、香港和广州支撑力对比 ………………………（190）
图 5-4　深圳、香港和广州驱动力对比 ………………………（193）
图 5-5　2015 年和 2016 年深圳文化创新指数对比 …………（195）
表 3-1　深圳十大观念及相应核心精神 ………………………（71）
表 3-2　2019 年全球城市经济竞争力 20 强 …………………（77）
表 3-3　2019 年全球可持续竞争力 200 强中国前十城市 ……（78）
表 3-4　深圳文化产业增加值情况 ……………………………（82）
表 3-5　深圳市部分市级以上文化产业园区一览 ……………（86）
表 3-6　深圳市国家级文化产业示范基地名单 ………………（87）
表 3-7　深圳市省级文化产业示范园区创建名单 ……………（88）
表 3-8　深圳市各区文化产业相关政策 ………………………（90）
表 3-9　深圳市 2012—2018 年公共文化服务体系
　　　　就业人数 ………………………………………………（95）

表3-10	深圳"新十大文化设施" ……………………………	(96)
表3-11	深圳"十大特色文化街区" …………………………	(98)
表4-1	深圳市2012—2018年末人口统计 …………………	(124)
表4-2	2017年深圳市户籍人口分布统计 …………………	(125)
表4-3	深圳市级以上非物质文化遗产名录一览 …………	(137)
表5-1	深圳文化创新指数系统指标 ………………………	(186)
表5-2	文化创新指数体系（2015—2016年） ……………	(190)
表5-3	深圳、香港和广州文化事业费占财政支出比重对比 ……………………………………………	(191)
表5-4	深圳、香港和广州文化场馆和每十万人口相关设施拥有量 …………………………………………	(191)
表5-5	深圳、香港和广州高校数量和在校生人数对比 …	(192)
表5-6	深圳、香港和广州吸引力对比 ……………………	(194)
表5-7	深圳、香港和广州创造力对比 ……………………	(194)
表5-8	深圳、香港和广州辐射力对比 ……………………	(195)
表6-1	深圳市品牌节庆活动 ………………………………	(219)

第一章 绪论

国内外对于文化和创新的研究,无论是在研究理论、研究方法、研究维度,还是研究内容、研究路径、研究范围等方面都有了很丰富的成果,特别是对于文化和城市文化的研究,有关文献可谓汗牛充栋。近年来,对于城市文化创新的研究,也逐渐引起人们的关注和重视,有了一定的基础和积淀。但遗憾的是,我们发现,我国关于文化创新的相关研究并不多。以深圳为例,深圳市文化建设虽然取得了举世瞩目的巨大成就,但是没能很好地总结其经验,并凝练形成本土化的、在地性的文化创新理论。这从一个侧面说明,我们目前对于深圳文化创新发展理论与实践经验等的研究还缺乏系统性和宏观性。因此,在深圳特区成立40周年的重要历史节点之际,无论是对深圳文化创新发展的理论反思与突破、实践回顾与经验总结,还是对其未来发展方向与路径等方面的研究探讨,无疑具有相当大的理论价值和现实意义。

第一节 研究背景

目前,全球正经历着有史以来最迅猛的城市化进程。2018年5月,联合国经济和社会事务部人口司发布的《2018年版世界城镇化展望》数据显示,目前世界上有55%的人口居住在城市地区,到2050年,这一比例预计将达到68%。[①] 伴随着多年的大规模城市化运动,城市的规模不断扩大,这无疑对城市功能提出了更高的要

---

① 《2018年版世界城镇化展望》,人民网,2018年5月16日。

求,同时也对城市的治理提出了更严峻的挑战。在城市治理中,城市文化当是重中之重,因为随着社会的进步,城市发展中遇到的问题都将归结到文化问题。正如美国学者萨缪尔·亨廷顿在《文明的冲突》一书中所论述的,未来社会的冲突和问题都将集中在文化与文明领域,在人们的物质生活极大丰富后,剩下的就是文化层面的问题了。① 而在当前,城市不仅仅是经济发展的中心,更由于其对于各种优势资源和优秀人才的极大吸引力,正在成为地区文化的中心和高地。这使得城市的功能和形态逐渐由经济转向文化。随着城市的发展,城市文化的重要意义日益凸显。在当前的城市发展中,城市文化以其对各种优势资源和优秀人才的极大吸引力正在成为一个城市的核心竞争力。城市是否具有良好的文化形象和独具特色的文化内涵成为该城市在激烈竞争中能否取胜的关键,城市文化的重要性不言而喻。发展城市文化,不断丰富城市的文化内涵,打造特色鲜明的城市文化形象,就成为城市管理者不得不重点考虑的问题。因此,对城市文化的研究具有重要的现实意义。

深圳市自成为经济特区以来,在40多年的发展中,经济领域取得了举世瞩目的成就,国际影响力日益显著。在深圳城市发展过程中,伴随着经济的发展,深圳市的城市文化建设也获得长足发展。深圳市已经从之前的"文化沙漠"成长为郁郁葱葱的"文化森林",得到了国家和世界的认可与肯定,多次获评全国文化体制改革先进地区和文化创新奖,并先后荣获"设计之都""钢琴之都""全球全民阅读典范城市""中国大陆最具创新能力城市"等称号。深圳是在一个一穷二白的小渔村的基础上发展起来的,文化历史较短,文化资源贫乏,文化底蕴不深。在文化建设上它之所以能在短短40年取得以上举世瞩目的成绩,毫无疑问,其秘诀就在于树起了文化发展和文化创新的大旗,以文化创新为指引来推进深圳市的文化建设。可以说,正是由于深圳市在立市之初几乎毫无文化的底蕴和文化的积淀,才让它摆脱了一切既有文化的束缚和困囿,无所牵绊,举目向前,无有依凭和毫无依恋,决然地走上了"无中生有""有

---

① [美]塞缪尔·亨廷顿:《文明的冲突》,周琪等译,新华出版社2013年版。

"中生特"的文化创新之路，这既可以说是深圳市的无可奈何，更是深圳市的必然选择。所以，将文化创新作为深圳市文化发展的根本战略，这是深圳市取得文化建设巨大成就的历史必然。

2003年，深圳率先在全国明确提出"文化立市"的发展战略，将文化看成深圳市立市之基，奠定了文化在发展战略中的突出位置以及在城市发展中的重要作用。这在很大程度上确立了文化在深圳市经济社会发展中的支撑点和动力源作用，将文化建设和发展提升到城市立身之本的高度，注重文化塑城和文化兴业，为城市注入了文化的基因，为深圳市发展拟定了文化的底色。在"文化立市"战略的引领之下，深圳开拓进取，逐渐走出了一条独具特色的文化发展之路，其根本就在于具有深圳特色的"文化创新模式"。2012年，深圳市出台"文化强市"战略，肯定乃至凸显了文化对于深圳市发展的巨大推进力量，为深圳市的发展持续注入文化这一强劲动力。在安身立命的为城市发展定调的"文化立市"战略与开拓拼搏的为城市发展注入文化动能的"文化强市"战略的引领下，深圳市多方发力，持续推进文化创新，培育了一大批诸如深圳文博会、读书月、大剧院艺术节、创意十二月、鹏城金秋文化艺术节等颇有影响力的深圳文化品牌，建立"城市文化菜单"，规划建设"新十大文化设施"，提升改造"十大特色文化街区"，打造"一区一书城、一街道一书吧"的文化格局。深圳文化创新能力和文化创新成就获得世界认可。"十三五"时期，深圳市提出"四个全面"战略部署以及"建设现代化国际化创新型城市"等发展目标，并相继出台了《深圳文化创新发展2020（实施方案）》（深文改〔2016〕1号）、《深圳市文化发展"十三五"规划》（深府办〔2016〕31号）、《深圳市关于加快文化产业创新发展的实施意见》（深办发〔2020〕3号）等系列政策文件，从政策、资金、人才、市场等多方面支持深圳市的文化创新和文化产业创新，已经形成很好的政策支持体系和矩阵，致力于把深圳打造成"国际文化创意先锋城市""国际创客中心""区域文化中心城市""彰显国家文化软实力的现代文化文明之城"。

2020年是深圳经济特区成立40周年。经过40年的发展，深圳市已经走出一条具有中国特色的城市发展之路，城市建设取得巨大成就。在文化建设和发展方面，深圳已经形成"文化＋旅游""文化＋科技""文化＋金融""文化＋创意""文化＋艺术"的深圳"文化＋"模式，并培育了像腾讯、华侨城、雅昌、华强方特等一大批文化创意创新企业，形成了文化产业齐头并进发展的全新格局。2013—2018年，深圳市文化及相关产业呈现爆发式增长，比重稳步上升，文化产业增加值位居全国大中城市第三名、广东省第一名。伴随着深圳文化创意产业的发展和城市综合文化实力的稳步提升，深圳的城市文化影响力也在与日俱增。2018年福布斯中国发布最具创新力的30个城市榜，深圳位列第一。新华网与北京大学文化产业研究院联合发布的"中国城市文化创意指数排行榜"显示，深圳稳居全国城市的前三名，一直名列副省级城市的榜首。由深圳大学管理学院、深圳大学文化产业研究院、深圳大学国家文化创新研究中心联合发布的"中国城市创意指数（CCCI）"显示，2017年和2018年深圳的创意指数位居全国第四；2019年和2020年，深圳的创意指数排在北京和上海之后，位列第三。可以说，深圳已经跻身国内创意城市的第一行列，深圳市连续六届获评"全国文明城市"。此外，深圳市凭借自身的文化实力和影响力，在国际社会上也开始赢得声望。2019年8月，科尔尼管理咨询公司（A. T. Kearney）联合国际顶级学者与智库机构联合发布《2019全球城市指数及最具潜力报告》，在其《全球城市综合排名》的子榜中，深圳市位列第79；在澳大利亚著名智库2Think Now发布的"创新城市排名"中，深圳市进步较快，2018年排名第55，2019年排名第53。由此可以看出，不论是在国内还是在国际社会，深圳文化创新所取得的成就都得到了认可和肯定。这也足以说明深圳市的文化创新创意能力正在不断跃升和增强，已经具备了与国际知名创意城市同台竞技的潜力。正是在此背景之下，深圳在2020年提出努力把深圳市打造成具有全球影响力的文化创意名城的新的文化发展战略目标。

近年来，深圳市依托自身的科技创新优势，大力推进文化与科技的深入和广泛融合，让科技助力和赋能文化创新，不断探索"文化＋"的无限可能，形成了颇具影响力的"文化＋旅游""文化＋

科技""文化+创意""文化+金融"等"文化+"发展的深圳模式，走出了一条以文化为核心、以科技为依托、以文化为内容、以科技为载体，融合互联网、新媒体、高科技等多元手段的文化发展新模式和新业态。这种新模式和新业态又集中体现在将文化创新与文化产业的发展有机结合，通过文化创新引领文化产业发展，反过来又用文化产业的发展刺激和推进文化创新，并让文化创新落到实处，让市民共享文化创新发展带来的成果。2003年，文化产业与深圳高新技术、物流、金融一道被列为深圳四大支柱性产业。2009年，文化产业又与生物、互联网、新能源、新材料、新一代信息技术、节能环保等成为深圳七大战略新兴产业。在这些举措的推动下，从2014年起，深圳文化产业一直保持健康、高速发展，拥有"中国文化产业第一展会"的文博会品牌，以及文化产权交易所、国家文化创意产业投资基金、国家版权交易中心、数字出版基地等国家级产业发展平台，形成了文化产业繁荣发展的良好态势。2018年，深圳文化创意产业实现增加值2621.77亿元，增长16.8%，占全市GDP比重超过10%。截至2018年末，深圳全市有文化及相关产业法人单位10.23万个，比2013年末增长272.1%；从业人员102.94万人，比2013年末增长13.3%；资产总计1.38万亿元，比2013年末增长148%。这些都是深圳市文化创新所取得的巨大成就。

  文化创新是文化发展的强劲动力和不竭源泉。深圳市从"文化立市"到"文化强市"，再到"文化创新发展2020"，通过宏观布局、战略指引、政策驱动、产业带动等，始终将文化创新放在文化发展的中心位置，通过创新引领，全面推进深圳市的文化发展。目前，深圳市的"国际文化创意先锋城市""国际创客中心""区域文化中心城市""彰显国家文化软实力的现代文明之城"建设已经宏图续展，初具成效。2020年7月，深圳推进中国特色社会主义先行示范区建设领导小组会议审议通过了《深圳加快建设区域文化中心城市和彰显国家文化软实力的现代文明之城实施方案》，提出构建六大体系，把深圳建成精神文明建设典范、国际时尚创意之都、公共文化服务标杆、文化创意产业先锋、世界级旅游目的地以及国际文化交流中心。这既是对深圳文化创新和文化发展所取得的既有成绩给予的莫大肯定,更是对深圳市未来的文化创新和文化发展提出的更高要求。为此,全面总结梳理深圳市文化创新发展的理论与实践经验,将有助于更好地深入推进深圳市的文化创新发展。

第二节 相关概念

概念界定是一切研究得以顺利进行和展开的前提。在对深圳市文化创新理论与实践经验的研究中,"文化""城市文化""文化创新""创意城市"几组概念是其中的核心。而这几组概念由于其自身意义的丰富,往往使我们在理解其内涵和外延的时候存在多维性,导致对其研究阐释出现太多主观个体偏差。为此,在对深圳文化创新理论与实践展开研究之前,很有必要对这几个核心概念进行详细的分析、梳理。

一 文化

无论在中文语境之中,还是在英文语境之中,"文化",都是一个极难理解和界定的词语。虽然我们都对"文化"的用法再熟悉不过,也在日常生活中时常使用,但是正如众所周知的事情往往可能大家并非真的理解一样,若要问及"什么是文化""'文化'一词的内涵为何"时,怕是大家都难明其详。不仅我们有这种感受,文化研究学者们也有类似的体会。英国著名人类学家马凌诺斯基(一作马林诺夫斯基)就曾在其文化研究代表作《文化论》中表示:"文化,文化,言之固易,要正确地加以定义及完备地加以叙述,则并不是容易的事。"[①] 正是由于"文化"本身的复杂性、多义性、未定性,就目前而言,对于"文化"仍然没有一个大家一致认可的定义。学者们对于文化的各种定义往往都是基于自己的研究视野或不同侧重点给出的个体化的理解,这也就导致对于文化的理解和定

---

① [英]马凌诺斯基:《文化论》,费孝通等译,华夏出版社2002年版,第2页。

义出现纷繁复杂的状态，各种定义都言之成理，但又都难以明晰其根本进而得到学界的一致认可。日本学者名和太郎经过研究后认为："文化的定义从来就众说纷纭，据说有关文化的定义多达260种。"① 1952年，美国文化人类学家克罗伯（Kroeber）和克拉克洪（Kluckhonn）发表了《文化概念：一个重要概念的回顾》，在其中他们梳理、总结和归纳了161种文化的定义。可见，对于"文化"的理解，的确是一件令人头疼且较为复杂的事情。学者们往往是根据自己的研究立场展开对文化的具体理解和定义，本书的研究也同样如此。我们无意于再提出一个并无多大意义的文化定义，而只是立足于对深圳市文化创新理论与实践研究的现实需要，并在此语境下更好地理解"文化"的真正内涵和深意。因此，我们很有必要在中文和英文语境两方面对其进行简要的梳理、回顾。

在汉语中，"文化"一词是由"文"和"化"两字组合而来，最早将二字组合使用的是《易·贲卦》："刚柔交错，天文也。文明以止，人文也。观乎天文，以察时变；观乎人文，以化成天下。"这里的"人文"与"天文"相对，"天文"很好理解，意思是自然天道的规律，与之对应，"人文"自然是指人伦社会法则。这样整句话的意思就是观察天道自然的规律，就能够明白四时节替变化，以指导耕作；考究社会中的人伦关系和礼仪秩序，就可以用它来化育人民，推及天下，从而实现内外平定。这里的"文"和"化"很显然是对举使用，也就是说，要用"人文"来"化成"天下，概而言之，就是"以文化之"。关于这一内涵，李百药在《北齐书·文苑传序》中进行了阐微发明："夫玄象著明，以察时变，天文也；圣达立言，化成天下，人文也。达幽显之情，明天人之际，其在文乎？"李百药认为，借用圣人贤达的思想来教化天下就是"人文"，进一步明晰了"以文化之"的深意。真正将"文""化"二字合并使用的是西汉著名文学家、经学家刘向。他在《说苑·指武》中说："圣人之治天下也，先文德而后武力。凡武之兴，为不服也，文化不改，然后加诛。"其意为大凡武功征伐的发动，多半是因为

---

① ［日］名和太郎：《经济与文化》，高增杰等译，中国经济出版社1987年版，第41页。

不服从统治，如果通过文明教化而仍然难以改变，接下来就是杀戮了。沿着这个意义生发开去，西晋的束皙也将"文""化"合用。他在四言诗《由仪》中说："文化内辑，武功外悠。"很明显，这里"文化"一词和刘向的使用类似，还没有脱离《易·贲卦》中的"以文化之"的意思。实际上，此处的"文化"并非一个独立的词语，仍然是"文"和"化"二字的合用，更注重其动词意义上的一个过程，而非现代名词意义上我们所指的"文化"。真正在名词意义上开始使用"文化"一词的是南齐王融。他在《三月三日曲水诗序》中说："设神理以景俗，敷文化以柔远。"王融将"文化"与"神教"对举，"神理"很明显是一个名词的用法，根据对仗，诗中的"文化"也应该是名词的用法，其意义是通过"神理"来影响引导民俗，传布"文化"以怀柔安抚边民，"文化"就是文治和教化的统称。此外，《昭明文选》中也出现"文化"一词："以文化辑和于内，用武德加于外远也。"由此可见，在中国古代的文化语境中，文化大致有两种意涵：一是作为动词意义的"以文化之"，强调的是通过"文"去教化他人的过程；二是由动词意义的"以文化之"引申而来的"文明教化"，注重文化所表现的一种外部状态。

在现代中文语境下，真正将"文化"一词广而用之并产生巨大影响力的是近代的"新文化运动"。这里的"新文化"的提法是为了与古代中国的封建旧文化进行区别。那该如何理解"新文化"中的"文化"呢？"新文化运动"的领袖陈独秀于1920年4月1日在《新青年》第7卷第5号发表《新文化运动是什么》，对他所理解的"文化"进行了详细的论述。

　　文化是对军事、政治（是指实际政治而言，至于政治哲学仍应该归到文化）、产业而言，新文化是对旧文化而言。文化底内容，是包含着科学、宗教、道德、文学、美术、音乐等运动。①

---

　　① 任建树编:《陈独秀著作选编》（第2卷），上海人民出版社1993年版，第123页。

陈独秀并未给"文化"下一个确定的定义，而是采用了列举的办法，将他认为属于文化范畴的内容归入文化之下，诸如科学、军事、政治、宗教、道德等，这是从外延的角度圈定了"文化"一词的使用范围。在1921年5月1日发表于《新青年》第9卷第1号的《文化运动与社会运动》一文中，陈独秀又重申了这一观点。他认为文化就是文学、美术、音乐、哲学、科学这一类的事。① 虽然这明晰了文化的外延，但是究竟何谓文化，似乎还是难明其详。1920年，蔡元培发表《何谓文化》的著名演讲，认为文化包含衣食住行、医疗卫生、政治、经济、道德、教育、科学等人类生活状况，进而提出他所谓的文化的定义，那就是：文化是人生发展的状况。② 这就是通过归纳，从涉及的诸如衣食住行、经济、政治、医疗卫生等方方面面得出文化是人类生存发展的状况的结论。1922年11月，梁启超在《什么是文化？》的著名讲演中，明确提出"文化者，人类心能所开释出来之有价值的共业也"的观点。③ 以上对于文化的定义，无论是"人生发展的状况"的提法，还是"有价值的共业"的表述，似乎都由于太过宏观抽象，而难以精准定义"文化"，我们对其的理解还是模糊不清。梁漱溟在《东西文化及其哲学》一书中将文化分为精神生活、物质生活、社会生活三大层面。

  文化不过是一个民族生活的种种方面。总括起来，不外三方面：
  （一）精神生活方面，如宗教、哲学、科学、艺术等是。宗教、文艺是偏于情感的，哲学、科学是偏于理智的。
  （二）社会生活方面，我们对于周围的人——家族、朋友、社会、国家、世界——之间的生活方法都属于社会生活一方面，如社会组织、伦理习惯、政治制度及经济关系是。
  （三）物质生活方面，如饮食、起居种种享用，人类对于

---

① 陈独秀：《独秀文存·随感录》，首都经济贸易大学出版社2018年版，第165页。
② 高平叔编：《蔡元培全集》（第4卷），中华书局1984年版，第11页。
③ 夏晓红编：《梁启超学术文化随笔》，中国青年出版社1996年版，第266页。

自然界求生存的各种是。①

相较于陈独秀和蔡元培对于文化事象的列举，以及梁启超较为宏观的表述，梁漱溟从精神生活、物质生活、社会生活三个维度对于"文化"的概括分类显然更易于理解和把握。胡适也对文化持类似的理解。他在1926年发表的《我们对于西洋近代文明的态度》一文中认为，文化是文明社会形成的生活的方式，包含人类物质、精神两面的业种业果②，也将文化看成物质和精神两方面的内容。以上这种观点逐渐演化为当前我们对于文化的基本看法，即我们通常所认为的"文化是人们创造的物质财富和精神财富的总和"。

相对于国内，国外学者对于"文化"定义的讨论更为丰富，也更具有代表性。雷蒙·威廉斯认为，英语中有两三个比较复杂的词，"culture"就是其中之一。一方面，是由于"culture"有着极其复杂的词义演变史；另一方面，主要在于"culture"在一些学科和不同的思想体系中，都被当作重要概念③，从而赋予其不同的含义。这导致我们往往很难把握对它的理解。在对文化的定义中，最有代表性的是英国"人类学之父"爱德华·泰勒于1871年在《原始文化》一书中下的定义。

> 文化，就其广泛的民族学意义来讲，是一个复合整体，包括知识、信仰、艺术、道德、法律、习俗以及作为一个社会成员的人所习得的其他一切能力和习惯。④

爱德华·泰勒认为文化是一个包含知识、信仰、艺术等在内的复合体，表现为我们的能力和习惯，着重在于通过后天从社会中习得而来。美国著名文化人类学家马文·哈里斯也持这种看法。他说："文化是社会成员通过学习从社会上获得的传统和生活方式，

---

① 梁漱溟：《东西文化及其哲学》，商务印书馆1999年版，第19页。
② 欧阳哲生编：《胡适文集》（第4卷），北京大学出版社1998年版，第3页。
③ ［英］雷蒙·威廉斯：《关键词：文化与社会的词汇》，刘建基译，生活·读书·新知三联书店2018年版，第147页。
④ ［英］爱德华·泰勒：《原始文化》，连树声译，广西师范大学出版社2005年版，第12页。

包括已成模式的、重复的思想方法、感情和动作（即行为）。"①格林伯格也认为"文化是由社会环境所决定的生活方式的整体。"②泰勒、哈里斯和格林伯格都是从宏观整体层面去阐释文化的内涵，把文化看成一种抽象层面的生活方式。类似地，从人类社会发展整体着眼给"文化"下一个抽象概念的还有多位学者。例如，人类学家蓝德曼甚至直接把人类的所有创造物统统看成文化。他说："我们是文化的生产者，但我们也是文化的创造物。"③日本文化学家祖父江孝男也认为文化是"由后天被造成的，成为群体成员之间共同具有且被保持下来的行为方式"④。此外，也有从心理学角度从人类发展层面对文化进行阐释的，如著名心理学家、精神分析学派创始人弗洛伊德。他就认为人类文化"是人的生活由之上升到动物水平之上并以之区别于野兽的生活……一方面人类文化囊括了人所获得的全部知识和用以控制自然力并满足人的需要而获取福利的方法；另一方面，还包括调整人与人之间的关系的一切体制"⑤。以上学者要么从人类社会发展的历时层面，要么从社会生活的共时层面来理解文化，这就形成了我们常说的宏观意义上的"文化"概念。

相较于从广义层面对"文化"概念的理解，还有一些学者对文化进行了具体的剖析。英国社会人类学家马凌诺斯基从"满足人类的需要"的角度来阐释文化概念，认为"文化是一个组织严密的体系，同时它可以分成基本的两方面，器物和风俗，由此可进而再分成较细的部分或单位"，进而把文化分为物质设备、精神方面之文化、语言、社会组织四个方面。⑥1952年，克罗伯和克拉克洪在《文化：一个概念定义的考评》中，通过详细分析161个文化的定

---

① ［美］马文·哈里斯：《文化人类学》，李培茱、高地译，陈观胜校，东方出版社1988年版，第6—7页。

② 覃光广、冯利、陈朴主编：《文化学辞典》，中央民族学院出版社1988年版，第109页。

③ ［德］蓝德曼：《哲学人类学》，工人出版社1988年版，第264页。

④ ［日］祖父江孝男：《简明文化人类学》，季红真译，作家出版社1987年版，第37页。

⑤ ［澳］西格蒙德·弗洛伊德：《一种幻想的未来：文明及其不满》，严志军、张沫译，上海人民出版社2007年版，第8页。

⑥ ［英］马凌诺斯基：《文化论》，费孝通等译，华夏出版社2002年版，第4—9页。

义，进而提出关于文化的定义。

> 文化存在于思想、情感和其反应的各种业已模式化了的方式当中，通过各种符号可以获得并传播它……文化构成了人类群体各有特色的成就，这些成就包括他们制造物的各种具体形式，文化基本核心由二部分组成，一是传统（即从历史上得到并选择）的思想，一是与他们有关的价值。①

此外，雷蒙·威廉斯也对文化进行了区分。他认为我们常常主要是在三个意义范畴内使用"文化"一词：一是独立的和抽象的名词，用来描述思想、精神、美学等；二是独立的名词，用来表示人们的一种特殊生活方式；三是独立抽象的名词，用来描述关于知识的作品和活动，尤其是艺术方面。②

由以上分析可知，不论是中文语境还是英文语境，对于"文化"的理解其实大都存在宏观、中观、微观或者广义、狭义的区别，这与学者们自身研究的立足点和视野不同有关。本书从广义和狭义的角度来区分不同的文化内涵。广义的"文化"注重人对自然界对象化改造的过程性理解，着眼于人类超卓于自然界的独特生存方式，常常表现为人们共同的精神心理程式和共同的价值观念等。因此，人们在改造自然过程中所创造的一切物质、制度、思想都可以成为文化的具体内容，直接表现在人们的行为处事、言谈举止、思维方式、形象气质，以及社会的规则秩序、整体风貌、风俗民情等方面，属于一种整体概观式的叙述。广义的"文化"从人之所以为人的意义上立论，认为人归根结底是一种文化存在，是文化将动物的人变为创造的人、组织的人、思想的人、说话的人以及计划的人。③因此，人类社会历史生活的全部内容都可摄入"文化"的语

---

① ［美］克拉克洪等：《文化与个人》，高佳等译，浙江人民出版社1986年版，第5页。
② ［英］雷蒙·威廉斯：《关键词：文化与社会的词汇》，刘建基译，生活·读书·新知三联书店2018年版，第152页。
③ 庄锡昌主编：《多维视野中的文化理论》，浙江人民出版社1987年版，第107页。

义中。狭义上的"文化"往往拒绝把人类社会历史生活中的物质创造活动及其结果部分纳入其中，而是专注于考察人们精神创造活动及其结果，主要观照人们的精神层面或者物化的精神产品。本书所要讨论的深圳市文化创新中的文化，主要就是以上所述的广义意义上的文化，更多地关注于深圳市整体的文化风貌、文化形象、文化气质、文化影响力、文化竞争力、公共文化发展、文化产业等方面。但是在这种广义意义的"文化"概念之下，也多有狭义意义上的"文化"，因为狭义意义上的"文化"往往是对广义意义上的"文化"的具体体现和细化呈现。

二 文化创新

文化创新本质上是一种精神性的创造性活动，它最终体现为一种社会实践和意义符号。在文化创新中，文化是创新活动的对象，创新是人类对于文化所采取的一种实践活动。不论是留存在头脑内的纯精神形态的思维活动，还是人类历史传承的精神财富，毫无疑问，都可以说是来自文化的创造活动。也就是说，无论何种文化的诞生和出现，都不是自然而来的，都来自人类对文化的创造和创新活动。中国人民大学林坚研究员在《文化治理与文化创新》一书中认为，文化创新是在继承优秀传统文化的基础上，同时吸收外来文化的精华，进行扬弃汰选、除旧布新，创造新的文化内容、文化产品和文化形态。文化创新是由连续的文化积累和对外来文化的借鉴吸收而产生的一种文化创造。① 因此，可以这样理解文化创新：文化创新是对既有文化范式和场域的突破与超越，表现为一种新的文化观念、文化形式、文化样态等的出现。也就是说，文化创新归根到底是一种精神性的创造创新活动，一种新文化的出现是其最终的追求。在文化创新中，创造力就显得尤为重要。英国国家科学、技术和艺术基金会（NESTA）的报告（*Culture Inovation*）指出，"文化创新"有三种含义：首先，它是一种先进的理念，能激发公众心中普遍的创造热情；其次，文化创新是一种对传统的更新，它能够

---

① 林坚：《文化治理与文化创新》，中国人民大学出版社2019年版，第158—167页。

在历史文化遗产和创新时尚方面建起一种联系；最后，文化创新还是一种高级要素，能够向多个产业，如商贸、制造、现代农业等，进行提升、渗透、拉动和跨界的服务。NESTA 在报告《中国的吸引力》中提到，"文化创新"包括三方面的要素：吸引力、创造力、辐射力。①

在我国历史上，第一次将"文化创新"和"新文化"的概念放在学理探究层面始于"新文化运动"。1915 年，陈独秀主办《青年杂志》（后改名《新青年》），提倡民主与科学，反对封建文化，试图挣脱和突破中国两千年的封建传统文化的束缚，以科学和民主为指引，在中国开创一种全新的文化，解放国人思想，推进中国发展和自强。"新文化运动"的根本目的是摆脱旧文化、催生新文化，不管是擎起民主与科学的大旗，还是对于封建传统文化的挞伐，为的都是在"一破一立"的辩证中创造出一种适应当时中国社会发展的全新文化局面。关于这一点，我们可以从"新文化运动"的"四个提倡""四个反对"的核心主张看出：提倡民主，反对专制；提倡科学，反对迷信；提倡新道德，反对旧道德；提倡新文学，反对旧文学。因此，可以说，一切新的文化无不是孕育于旧文化之中，要么是在对旧文化的批判挞伐中来确立新文化的合法性和科学性，要么是在对旧文化的升级改造中来彰显新文化的合理性和新颖性。总之，文化创新体现为一种新文化的诞生历程，其最终结果表现为一种来自有别于既有文化的新的文化。这种文化可以是宏观的社会整体文化革新，也可以是微观的社会个体的精神文化成果出新。但是无论如何，通过文化创新所催生的新文化，只有得到社会普遍认可，才能称之为新文化，此时文化创新也才有意义；否则，就不能称之为文化创新，因为未被社会认可的精神事象从根本上来说是难以名之为文化的。

进入新世纪，文化创新更是得到了国内学界的高度关注。金元浦（2006）、张国祚（2011）、李凤亮（2011）等专家和学者，结

---

① 英国国家科学、技术和艺术基金会（NESTA）的报告（Culture Inovation）的内容，来自上海社会科学院文化产业研究中心主任花建在第十六届中国文化产业新年论坛上主题为"文化创新的国际经验与中国路径"的演讲。

合民族特性，从社会主义核心价值构建、创新文化产业发展方式、推动社会主义文化大繁荣、增强国际综合竞争力和影响力等视角对文化软实力予以了研究。

第一，文化创新以文化为源的内涵得到了普遍研究，以此确定文化创新内容的价值来源和研究边界。创新产生于经济领域，文化创新为产业提供新的机会和手段，从而创造出新的增长点。著名经济学家熊彼特于1912年在《经济发展理论》一书中提到，创新通过生产要素的重新组合建立一种新的生产函数，创新产生于产品、技术、市场、资源配置、组织（制度）五个维度新的形式的出现，被后世公认为最早的创新理论。[①] 文化创新方面，费孝通（2015）认为，文化是共同生活的人群在长期的历史当中逐渐形成并高度认可的民族经验，包括政治、经济、意识形态、价值观念、伦理道德、社会理想、生活习惯、各种制度等。著名国际关系专家、美国哈佛大学约瑟夫·奈教授指出，"软实力是一种能力，它能通过吸引力而非威逼或利诱达到目的。这种吸引力来自一国的文化、政治价值观和外交政策。当在别人眼里我们的政策合法、正当时，软实力就获得了提升"。价值观、意识形态、国际法则和制度、信息等，都构成软实力的来源，约瑟夫·奈所列举的"文化、意识形态和制度"等要素都可归结为文化。[②] 伯克曼基金会研究员卡西·布里克伍德认为，文化创新可以为文化产业创造出新的增长点。布里克伍德指出，文化产业内的创新"既为获取新技术提供了各种机会，又为创造发明提供了各种手段"，特别是"与新兴媒体相关的文化不仅要为多媒体产业创生新的内容，并把握旧有的文化遗产，而且要努力学习沟通与创新的新方式"；"文化不再被视为一种辅助性行为，而是社会的一种驱动力"。[③] 广东省社会科学院田丰研究员在《论文化创新的基本内涵与实现途径》中提到，文化创新包括文

[①] ［美］约瑟夫·熊彼特：《经济发展理论》，何畏等译，商务印书馆2017年版。
[②] 魏恩政、张锦：《关于文化软实力的几点认识和思考》，《理论学刊》2009年第3期。
[③] 苑捷：《当代西方文化产业理论研究概述》，《马克思主义与现实》2004年第1期。

化价值观念创新、文化知识体系创新、文化思维方式创新、文化体制创新。① 上海市浦东新区行政学院唐坚在《文化创新体系建设路径研究》中提到，文化创新是文化建设的灵魂所在，其内涵极其丰富，展示在文化创建的所有方面以及全部过程。其大致涵盖文化产业创新、文化理念创新、文化政策创新以及文化体制创新等。②

第二，文化创新的价值维度需要予以明确，并且需要结合城市的特点产生出适合自身发展的创新途径。国内不同的学者从内涵和外延的角度产生了不同的研究视角和路径。国务院参事、原深圳市委常委、宣传部部长王京生（2013）创造性地提出文化流动论，对文化积淀论进行了批判性否定，对于全面科学地认识不同地区的文化资源和文化建设的关系，为文化创新拓宽了理论空间，而深圳近年来的文化实践和辉煌成就为文化流动理论提供了生动范例。熊澄宇（2017）认为，文化创新的内涵分为三个层次：一是物质符号体系；二是精神价值体系，相互制约的行为制度体系；三是一方水土一方人的综合体系。邹文广（2016）认为，现代文化创新有四个尺度：一要明确文化的价值关怀，这是文化创新的目的导向；二要注意探索文化发展的规律性，这是文化创新的路径所指；三要注重对既有文化成果的传承，这是文化创新的发生之基；四要保有一颗平常心，这是对文化创新主体性的深刻反思。张鸿雁（2012）根据特色文化城市的场域提出了全球范围竞争、城市文化分工、城市文化资本等研究视角，倡导基于"文化特质—文化丛—文化圈—文化模式—文化类型"的城市个性化文化构建。中国社会科学院李春华的《有关文化创新的几个问题》中提出，文化创新是社会创新的重要方面，是人类创造力最突出的体现。我国当前的文化创新有其特殊的语境，它面向经济全球化的宏观背景，主要是指国家文化政策的调整、文化体制的改革、社会文化的繁荣发展等。③

---

① 田丰：《论文化创新的基本内涵与实现途径》，《学术研究》2004 年第 2 期。
② 唐坚：《文化创新体系建设路径研究》，《文化创新比较研究》2019 年第 5 期。
③ 李春华：《有关文化创新的几个问题》，《理论探索》2011 年第 3 期。

三 城市文化

城市文化,又称都市文化,它是随城市的形成发展,依托城市而出现的一种有别于乡村文化、农村文化的文化样态;它是人们在长期的城市生活和城市空间中创造的物质与精神财富的总和。例如,有学者就认为城市文化是"人类生活于都市社会组织中,所具有的知识、信仰、艺术、道德、法律、风俗,和一切都市社会所获得的任何能力及习惯"①。因此可以概括地说,城市文化是城市中不同类别、不同层次文化的总和,如城市中的艺术与文化、生活方式、价值系统、传统和信仰等。它是城市人生活的精神支柱,也是人们在城市生活中人与人之间的联系纽带。② 城市文化的重要功能在于器物性构筑的"新城市秩序的社会基础",城市文化是对城市的活化和人化。大体而言,我们目前对于城市文化有三个层面的理解。一是宏观角度的城市文化,也即人们在城市生活中所创造的一切文化的总和,包括物质形态的文化、精神形态的文化以及制度形态的文化。二是中观层面的城市文化,包括城市的历史,以及城市整体体现出来的文化气质、文化风貌、文化形象等。这既与城市的整体发展有关,还涉及城市中具体的文化设施和文化活动,更关乎城市生活中每一个人所体现出来的整体精神风貌和文化素质。三是微观意义上的城市文化,它较多地指向城市中的具体文化事象、文化设施、文化活动等,既包括城市的文化艺术事业,如教育、新闻出版、体育等,也涵括以物质载体所凝聚和展现出来的该城市的文化,如博物馆、图书馆、艺术馆、文化公园等公共文化设施,还包括一些具体的文化演艺活动等。总之,城市文化因为城市的发展进化而不断具有新的意涵。

最早提出城市文化的是美国著名城市规划理论家、历史学家刘易斯·芒福德(Lewis Mumford)。他主张科技社会同个人发展及地区文化的协调一致。他的核心观点包括:政治制度、技术以及战争

---

① 章友德:《城市社会学案例教程》,上海大学出版社2003年版,第195页。
② 冷云生、杨中楷:《城市文化建设的系统性思考》,《系统辩证学学报》2002年第1期。

对于城市的决定性作用，强调城市器物（住宅、交通等城市建筑，艺术馆、音乐厅等城市文化设施，学校、博物馆等城市事业设施，城市纪念物，城市卫生）构筑的"新城市秩序的社会基础"，城市景观作为文化资源构筑地域性文化体系。在工业化时代，美国芝加哥大学社会学系教授丝奇雅·沙森于1991年出版《全球城市：纽约 伦敦 东京》一书，认为世界城市逐渐成为"全球性服务中心"，其动力核心是生产型服务业，工业和服务业是其强调的价值所在。① 其后，丹尼尔·贝尔于1997年在《后工业社会的来临》一书中提出了"中轴理论"，强调后工业社会的特征是"专业与技术人员阶级处于主导地位"，"理论知识处于中心地位，它是社会革新与制定政策的源泉"。② 英国学者查尔斯·兰德利在《创意城市：如何打造都市创意生活圈》一书中，研究了在全球变革浪潮中，为何有些城市会成功，有些城市却被边缘化。③ 在考察众多大城市后，他认为城市文化对于城市至关重要，而城市中的创意人才和创意组织又是形成城市文化的主力，进而提出了"创意城市"的概念。受兰德利理论的影响，包括华盛顿、大阪等城市都制定了创意城市发展规划，联合国教科文组织也于2004年成立了"创意城市交流协会"，我国的上海、深圳等城市业已加入该协会。随后，美国"文化产业之父"理查德·佛罗里达④提出了"创意阶级理论"和"3T理论"。在《创意阶层的崛起：关于一个新阶层和城市的未来》⑤和《你属哪座城？》⑥两本著作中，佛罗里达认为，城市文化构建的主力是该城市的"创意阶级"，即各类文化创意人才；而一座城市的

---

① [美]丝奇雅·沙森：《全球城市：纽约 伦敦 东京》，周振华等译，上海社会科学院出版社2005年版。
② [美]丹尼尔·贝尔：《后工业社会的来临》，高铦、王宏周、魏章玲译，江西人民出版社2018年版。
③ [英]查尔斯·兰德利：《创意城市：如何打造都市创意生活圈》，杨幼兰译，清华大学出版社2009年版。
④ 也有译者译作理查德·弗罗里达。
⑤ [美]理查德·佛罗里达：《创意阶层的崛起：关于一个新阶层和城市的未来》，司徒爱勤译，中信出版社2010年版。
⑥ [美]理查德·弗罗里达：《你属哪座城？》，侯鲲译，北京大学出版社2009年版。

人才政策、科技水平、文化宽容态度三要素（简称"3T"理论）反过来又影响着创意人才向该城市的集聚，并最终影响该城市的文化发展。可以说，兰德利和佛罗里达几乎代表了国外对城市文化研究的最高成就，但他们的研究侧重于文化与经济的角度，也即从文化经济层面对城市文化进行研究，注重城市文化的经济效益，而且立足国外实际，有些理论在解释我国城市文化发展中遇到的问题时显得力不从心。

国内学术界目前对城市文化的研究，主要集中在城市文化基本理论、城市文化品牌和形象以及城市文化个案等方面。

首先，在宏观层面上对城市文化理论进行的探讨。如单霁翔（2007）在《关于"城市"、"文化"与"城市文化"的思考》一文中，对城市文化相关问题进行了学理性的梳理。胡惠林（2018）在《城市文化空间建构：城市化进程中的文化问题》一文中对城市文化空间与城市再造进行了探讨，他认为城市文化空间建构是一种精神社会的空间表达形态，重建中国人的"天人合一"智慧是根治城市病的文明良方。张鸿雁（2012）认为中国城市化与现代化的发展动力，正在经历从新兴工业经济、服务经济转向以智慧经济为主要特质的文化产业经济。王承旭（2006）则从城市文化的物质文化、制度文化和精神文化三个层次对城市文化展开分析。杨章贤和刘继生（2002）在全面理解城市文化的基础上，系统地阐述了城市文化与城市发展的关系，并为我国城市文化建设提出了建议。以上这类研究，主要是从宏观的理论层面出发侧重于构建城市文化理论体系。

其次，在中观层面上对城市文化品牌、文化形象和文化竞争力等进行的研究。如白银锋的《城市文化品牌的营销模式探究》、张晓冬的《城市文化品牌的经营方略》、闫娜的《我国城市文化形象的构建与对策研究》、赵德兴的《城市文化竞争力指标体系研究》等均属此类。他们主要侧重于对城市文化的外在表现形态如品牌和形象进行研究，并提出了具有可行性的文化建设策略。白银锋（2014）认为城市文化品牌营销是城市营销的主要内容和主要方式，扩大城市文化品牌在国内外的知名度和影响力将成为我国城市文化品牌营销的新趋势。闫云霄和朱亚利（2014）认为城市品牌是城市发展过程中形成的个性化象征，它承载着城市历史文化、自然资源、社会经济等多重内涵，不仅具有丰富的感知性和联想性，而且可以直接转化为城市发展的资源和动力。苏萱（2019）在对大量文献进行研究的基础上，梳理了品牌、城市品牌、城市文化品牌研究的脉络，对城市文化品牌理论研究的进展进行了展望。闫娜（2011）认为构建适应文化经济时代和中国城市发展转型期需要的新型城市文化形象理论，以城市文化形象引领城市的可持续发展是中国城市发展的必然趋势。赵德兴等（2006）从概念的界定出发，探讨了构建城市文化竞争力评价指标体系的意义与难点，详细阐述了城市文化竞争力评价指标体系构建时应遵循的原则，构建了城市文化竞争力评价指标体系。

最后，在微观层面上对城市文化个案现象等进行的研究。该类研究主要侧重于对某一城市或某一城市文化现象进行探讨，例如，《从鼓浪屿书店看城市文化再开发模式》（常铮，2018）、《民办文化场馆：城市文化新风景》（常研菲，2018）、《"马拉松跑现象"对城市文化建构机理探究》（李军岩与姚远，2018）等。

从以上分析可知，目前国内学术界虽然对城市文明研究较多，成果也较为丰富，但这些研究大多立足于对城市文化理论以及其外在表现或意义的研究，而从文化创新的角度展开对城市文化的考察与关注还少有涉及。但是很显然的是，对于一个城市而言，其自身的文化创新才是形成和构建该城市文化的根本。首先，城市文化是有生命的，它始终处在动态的演变中，它的形成是一个复杂的聚合过程。城市的文化底色乃是其原有文化传统和文化底蕴，但始终都是以文化创新作为引领。城市在发展过程中，城市的总体规划布局、功能分区、市政建设、环境美化以及市民的整体文化素质和社会秩序等既是该城市文化的外在体现，同时也在无形中塑造着该城市的文化品格和形象，城市文化有其自身的形成逻辑和表达方式。其次，文化创意产业正在改造城市原有文化气质，并重塑新的城市文化。文化创意产业通过其生产的大众喜闻乐见的文化产品和提供的文化服务，正在向市民传播着新的文化价值，引领新的文化风尚，培养着市民新的文化品位。文化创意产业通过对市民群体的文化影响，正在有意无意地改造着城市原有的文化传统，塑造新的城市文化形象。最后，城市文化决定着该城市文化创意产业的发展。城市文化因其对市民进行的文化熏陶，不断培养和提升市民的文化修养和文化品位，一定程度上刺激和推动了市民群体对文化创意产品和文化服务的需求，为文化创意产业的发展提供巨大的市场。同时，城市因其独特和深厚的文化及良好的城市文化形象所产生的强大文化吸引力和文化感召力，不断吸引着优秀的文化创意人才向该城市富集，为该城市文化创意产业的发展提供了高质量的人才储备，直接推动了该城市文化创意产业的发展。

四 创意城市

创意城市，英文是 Creative City，它本是在城市发展进入后工业化时代的背景下，伴随城市更新、城市转型的要求，特别是随着创意产业的兴起而出现的一种推动城市转型发展、增强城市竞争力的新的发展模式。这种发展模式主要着眼于城市在文化艺术等领域的创意创造过程中所体现出来的创造、创新、创意能力的驱动力与活力，以此推动城市文化创意产业和城市文化发展，并将这种文化和创意的牵引力与驱动力延伸、辐射到城市发展的其他领域，从而促进城市形象力、整体影响力及综合实力等的全面提升。"创意城市"这一概念第一次出现是在 1988 年澳大利亚墨尔本规划与环境部门举办的一个关于艺术、文化、城市发展的研讨会上。1990 年，查尔斯·兰德利（Charles Landry）详细界定了创意城市的概念。其后，彼得·霍尔（Peter Hall）在《文明中的城市》（*City in Civilization*）一书中建立了西方城市发展研究的理论框架，指出城市的创新能力、创造力与城市的活力相连，并从创新角度构建了文化—技术创新、文化—智能创新、技术—生产创新三个提升城市创造力的路径。① 随着《创意城市：如何打造都市创意生活圈》② 等书的出版，

---

① ［英］彼得·霍尔：《文明中的城市》，王志章等译，商务印书馆 2016 年版。
② ［英］查尔斯·兰德利：《创意城市：如何打造都市创意生活圈》，杨幼兰译，清华大学出版社 2009 年版。

创意在城市发展中的作用和创意城市的概念一起被大众认知。

如何去定义创意城市？创意的动态流动和创新行为的难以衡量让创意城市的定义难以被把握。目前来看，学界对创意城市的概念界定尚未形成统一定论。对于创意城市的理解，主要有以下几种理论思想。

第一种观点是以美国城市研究学者简·雅各布斯（Jane Jacobs）为代表。1984年，雅各布斯在所著的《城市与国家财富：经济生活的基本原则》[①] 一书中提出，国民经济发展的前提是要转变经济发展模式，实现创意城市经济体系。但是她所关注的"创意城市"是像意大利中部的波洛涅、弗伦岑那样的集聚了拥有众多富于创造性、技巧和高质量劳动者的专业化中小企业群的城市。这与我们所要讨论的文化创意城市的概念有些出入。

第二种观点以英国学者查尔斯·兰德利和欧洲创意城市研究小组为代表。兰德利认为创意城市是伴随着传统工业城市衰退出现的，依靠人的创意和创造力提升城市在全球经济竞争中的位置的一种方法；是将创意思维和理念渗透进经济、组织、文化、产业、金融等方方面面的综合表现。在《创意城市：如何打造都市创意生活圈》[②] 和《创意城市打造：决策者指南》[③] 两本书中，兰德利提出了创意城市理论体系的观点，将目光转向了利用文化艺术所具备的创造力，从而挖掘社会性潜力的城市实践，认为创意是文化艺术与产业经济的媒介，文化艺术的创造性是解决城市问题的一种途径，城市的创意重要的是能够在经济、文化、组织、金融等各个领域创造性地解决问题并不断引发连锁反应。从而导致原有体系改变的流动性。兰德利总结了创意城市的7个要素，分别是个人特质、意志力与领导力、人力的多元性与各种人才的发展渠道、组织文化、地方认同感、城市空间与设施、网络与组织架构。

---

① ［加］简·雅各布斯：《城市与国家财富：经济生活的基本原则》，金洁译，中信出版社2018年版。
② ［英］查尔斯·兰德利：《创意城市：如何打造都市创意生活圈》，杨幼兰译，清华大学出版社2009年版。
③ ［英］查尔斯·兰德利：《创意城市打造：决策者指南》，田欢译，社会科学文献出版社2019年版。

第三种观点以日本创意城市研究学者佐佐木雅幸（Masayuki Sasaki）为代表。佐佐木雅幸在综合了雅各布斯和兰德利观点的基础上，提出了新的创意城市的观点。他认为创意城市是基于市民创意活动的自由发挥，文化与产业均富于创造性，同时具备脱离了大生产体系的、创新性的、灵活的城市经济体系，能够创造性地解决全球性环境问题或区域性社会问题，拥有丰富创意场所的城市；创意城市是通过艺术家、创意者、城市普通市民借助个人创意，通过创意活动去培育艺术文化发展趋势、推动创意和创新产业发展的城市。在这里，创意之都与创新创意产业的发展联系起来。同时，他还提出了创意城市应具有的6个要素：一是艺术家与科学工作者的创意，以及普通劳动者与手工艺者的创意活动；二是市民享受文化艺术的充裕收入和自由时间；三是各种大学、技术学校、研究所和剧场等充实的文化设施；四是环境政策等城市发展政策的重要支撑保障；五是城市经济与文化的均衡发展；六是城市综合发展政策中的创意文化政策。通过以上分析，可以看出，兰德利和佐佐木雅幸都将文化及文化创意视为创意城市形成的最重要要素，这也是众多学者直接将文化创意城市和创意城市两个概念等同的原因之所在。这个层面上的创意城市概念，也正是我们讨论深圳市文化创新时所涉及的创意城市的内涵。创意城市的本质在于文化创意的驱动，文化创意城市是创意城市的具体表现形态。

第四种观点以弗兰克·比安契尼为代表。他认为创意城市应具备以下六个新要素。一是一个确定的文化形象：一个城市的文化形象、文化基础设施和文化活动是吸引创意阶层和媒体在全国乃至全球范围内宣传城市形象的主要因素。二是成熟的文化产业集群：创意产业需要网络和集群来激发灵感，设定基准，在竞争激烈的市场中生存。三是高等艺术与媒体教育机构：城市中艺术与媒体教育机构的质量和声誉是吸引人才、培养下一代创意艺术家和创意企业家的重要方面。四是范围广泛的各种创新高科技环境背景：为创意产品与服务提供新科技与技能。五是可负担住宅与低生活成本：年轻的创意人士需要交通便利且有区位吸引力的可负担住宅和工作室。六是愉快的氛围：对于创意阶层来说，其身处的地方，使其有认同感的地方,可以找到世界性团体的地方,能够和他人一同享受高质量生活的地方,是至关重要的区位因素。

美国学者理查德·佛罗里达在其2005年出版的《创意阶层的崛起:关于一个新阶层和城市的未来》一书主要从人才的角度定义了创意城市,指出创意城市是全球人才的磁石,是创意经济发展到一定阶段人才会聚的结果。[①]

在这些重要理论的影响下,近年来,国际社会对文化创意城市的建设日趋关注。早在2004年10月,联合国教科文组织就成立"创意城市网络"(UNESCO Creative Cities Network)组织(下称"创意城市网络"),在设计、文学、音乐、民间艺术、电影、媒体艺术、烹饪美食7个领域接受并批准世界各个城市的加盟申请,授予其相应的创意城市称号。截至2019年,包括深圳在内的全球246座城市已经成为"创意城市网络"成员。从联合国的"创意城市网络"的7个领域来看,毫无例外地全部着眼于文化层面,可见文化创新和文化创意已经成为评价创意城市最主要甚至是唯一的指标。当前,全球众多城市都在努力提升自己城市的文化创意能力和文化影响力,力图建设成为文化创意城市。事实上,创意城市的建设直接依赖于该城市的文化创新能力。换句话说,一个城市创新创意产业发展的水平直接影响了该城市能否成为有影响力的创意之都。

综观国内外相关研究成果,关于"文化创新"没有一个统一的定义。笔者经过深入研究和探讨,在汲取国内外专家学者学术成果的基础上,提出了我们对于"文化创新"的概念定义。所谓文化创新,就是包含了思想、政策、理念、产业以及制度等各类要素互相关联的有机整体,涵盖了文化产业创新、文化理念创新、文化政策创新、文化环境创新、文化体制创新、文化人才创新等方面。文化创新水平影响一个地区的文化软实力,并将决定一个地区的经济实力、科技实力乃至国际竞争力、影响力。文化创新包括"驱动力""支撑力""吸引力""创造力""辐射力"五个方面的要素。其中,"驱动力"是指文化创新对于一个地区经济、社会发展过程中产生

---

① [美]理查德·佛罗里达:《创意阶层的崛起:关于一个新阶层和城市的未来》,司徒爱勤译,中信出版社2010年版。

的推动力，包括人才、科技和消费。"支撑力"是指一个地区在文化创新领域给予的制度、政策、环境、教育等要素。"吸引力"是指在全球背景下，如何向全世界吸引优质的文化资源的能力，包括创意、资金、技术、品牌等。"创造力"是指能够不断整合、创造资源，不断开发新产品、新项目和服务的内在发展能力。"辐射力"是指在数字化和网络化时代，向外扩散优秀成果的能力。

第三节 文献综述

面对深圳文化建设特别是在文化产业发展方面所取得的成就，不少学者也开始关注深圳的文化创新与文化发展。就目前而言，学者们对深圳市文化创新发展理论和实践的研究，主要围绕国家创新战略的价值取向、自身的文化资源禀赋和发展、文化创新、创新文化产业发展等方向展开，为准确把握深圳市文化创新的发展定位提供了良好的依据。

第一，文化创新在深圳市城市发展战略中起到了支撑性作用。党和政府在多次会议提到的创新驱动战略、创新发展理念中，将理论创新、科技创新、文化创新等并列，国内学者认为文化创新是创新多维体系中的一维。习近平总书记在党的十八届五中全会上，谈到"创新、协调、绿色、开放、共享"五大发展理念，其中创新为首。王京生（2016）认为文化创新在国家创新战略中起到了支撑性作用，实施国家创新战略不是单一的科技驱动，而是科技、文化、制度、市场四大驱动；文化不仅是创新的根本动力，也为创新设置了人文边界。花建（2014）认为创意包括四个子系统：科学创意、经济创意、文化创意和技术创意。这四种能力必须在创新型文化环境中组合起来才能发挥最大的效应。2019年8月，中央发布的《支持深圳建设中国特色社会主义先行示范区的意见》赋予了深圳文化创新发展以新的使命和高度。它明确指出："践行社会主义核心价值观，构建高水平的公共文化服务体系和现代文化产业体系，成为新时代举旗帜、聚民心、育新人、兴文化、展形象的引领者。"其将构建现代文化产业体系作为五大战略定位之一的"城市文明典范"的重要内容。这就是将文化创新发展提升为深圳市高质量发展的长远宏观目标。

第二，深圳的文化创新研究以"深圳观念"为核心形成了"国家立场的深圳表达"，构成了"文化观念""非遗传承与保护""文化传播"等创新发展的研究内容。于平（2012）研究了深圳市文化记忆传承、市民文化、政府文化责任等内容，认为深圳作为迅速崛起的移民城市，缺少历史悠久的城市文化记忆，但并不缺少个体多元的文化记忆，"深圳观念"透露出建设城市文明共同体的信息。陈少雷（2015）从文化流动与城市价值观念创新的视角，研究了"深圳十大观念"所蕴含的生成机制、创新路径等。毛少莹研究了深圳文化的精神指纹与观念内核，通过文化统计方法，描画"深圳文化"肖像，结合几次"深圳精神大讨论"，总结了深圳的精神指纹（文化特征）和观点内核。[①] 此外，王程太（2012）、田雁（2012）、周建新（2018）等学者研究了深圳市城市化进程中非物质文化遗产的保护与传承。李晓莉（2011）以深圳特区发展模式创新为视角研究了深圳在经济增长、体制创新、科技创新、文化和民生等方面取得的重大成就。陈振旺、李楚斌（2012），李凤亮、宗祖盼（2015，2016）等人研究了文化科技融合背景下深圳创意设计产业发展战略。《深圳文化创新发展2020（实施方案）》得到深入实施，进展顺利，成效显著。社会各界对于深圳市的"文化品牌""文化地标""文化设施"等方面也产生了诸多有价值的研究成果，为深圳市建设"文化强市""国际文化创意先锋城市""区域文化中心城市"等提供了良好的研究基础。

第三，对深圳市文化创新的具体成就、经验、案例等的研究。李小甘主编的《深圳文化创新之路》是一本专门总结深圳文化建设成就的编著，该书是《中国道路的深圳样本》丛书中的一部，通过对标国际一流城市，梳理总结改革开放40多年特别是党的十八大以来深圳文化创新发展的成就经验，包括深圳的城市精神、文化产

[①] 毛少莹：《深圳文化的精神指纹与观念内核》，《特区实践与理论》2015年第4期。

业、公共文化服务、文化品牌、文化传播等,并提出未来深圳文化发展的思路对策,以期为推动新时代文化繁荣兴盛提供深圳经验和参考借鉴。① 吴俊忠认为深圳经济特区文化创新功能是在深圳改革开放和经济社会发展的历史进程中自然形成的,主要体现为文化观念创新、文化形式创新、文化产业创新和文化体制创新。② 深圳创新文化研究课题组认为自改革开放以来,深圳逐步形成了一种创新文化,这种创新文化铸造深圳自主创新之魂,成为深圳自主创新的孵化器和助推器,深圳创新文化的八大基本要素分别是革新、求异、竞争、忧患、先锋、开放、多元、宽容。③ 毛少莹在深圳特区成立30周年的时候回顾总结了改革开放30多年来深圳文化的发展历程,提出了开展深圳文化发展历程(文化史)的研究构想。④ 钟雅琴研究了文化产业升级与城市文化创新的关系,认为在文化产业的带动下,深圳实现了城市文化空间的再造与城市创新氛围的营造,并衍生出城市艺术文化生态的整体变迁;在全球日渐激烈的城市竞争中,深圳有必要从文化创新层面思考文化产业升级的新路径:推动业态深度融合,培育多元众创主体,有效把握"互联网+"契机,实现文化产业与城市文化的互动创新发展。⑤ 王京生总结了文化与科技结合的深圳经验,认为"文化与科技紧密结合,创意与创新水乳交融"是深圳文化产业发展的基本特色和基本经验;深圳在全国较早实行文化科技自觉,具备加快发展文化科技产业的良好基础,成功走出了一条"文化+科技"的发展新路;文化与科技的融合创新,是深圳文化产业发展的重要命题和基本路径。⑥

第四,对深圳市文化创意产业发展的研究。段杰和张娟深入剖

---

① 李小甘主编:《深圳文化创新之路》,中国社会科学出版社2018年版。
② 吴俊忠:《深圳经济特区文化创新功能的生成与发展》,《深圳大学学报》(人文社会科学版)2006年第4期。
③ 深圳创新文化研究课题组、乐正、夏春涛:《深圳创新文化基本要素与内部循环分析》,《马克思主义研究》2008年第3期。
④ 毛少莹:《30年深圳文化发展历程研究》,《特区实践与理论》2010年第3期。
⑤ 钟雅琴:《文化产业升级与城市文化创新——以深圳为个案的研究》,《深圳大学学报》(人文社会科学版)2016年第6期。
⑥ 王京生:《文化与科技结合的深圳之路》,《艺术百家》2013年第1期。

析深圳文化创意产业对区域经济增长的影响，并预测未来5年深圳市文化创意产业对区域经济增长的贡献。① 毛少莹总结了深圳文化产业40年发展历程及主要成就，她将40年来深圳文化产业的发展历程总结为四个阶段，分别是：改革开放、探索社会主义市场经济制度背景下的萌发期；市场导向为主，外向型经济、高科技城市建设背景下的自发成长期；政府导向、市场驱动、科技助力三重作用下的高速成长期；迈向建设粤港澳大人文湾区与中国特色社会主义示范区新阶段。同时，进一步指出深圳市文化产业的主要成就在于：发展速度快，支柱产业地位日益牢固；市场主体多，产品供给能力强；综合实力强；产业门类齐全，现代产业体系基本建成；产业结构不断优化，质量不断提升；数字文化产业等新业态发展速度快，文化科技优势明显；文化外贸规模不断扩大，成为我国对外文化贸易重要基地等。② 陈汉欣回顾了深圳文化创意产业4个阶段的发展历程，指出自2003年确立"文化立市"战略以来，创新+创意、文化+科技是深圳文化创意产业快速发展的重要经验。③ 彭思思等针对深圳文化产业创新发展路径提出了政策引导、科技创新、园区迭代发展、金融建设、文化交流与合作五方面的政策建议。④

第四节　思路框架

一　基本构想

如前文所述，当前学术界对于深圳这一特定地区的文化创新发展还缺乏系统性的研究。无论是在深圳文化创新的发展历程、现状分析，还是经验总结、理论反思，以及未来发展方向与路径等方面

---

① 段杰、张娟：《基于灰色预测的深圳文化创意产业发展对经济增长贡献研究》，《中国人口·资源与环境》2014年第S期。
② 毛少莹：《深圳文化产业40年发展历程及主要成就》，《深圳社会科学》2020年第5期。
③ 陈汉欣：《深圳文化创意产业的新跨越》，《经济地理》2012年第3期。
④ 彭思思、王敏：《深圳文化产业创新发展路径研究》，《特区实践与理论》2021年第1期。

的具体研究，几乎还无人涉足，它是一个几近空白的研究领域，因此亟须马上进行深入调查研究，推出相关研究成果。

本书的研究对象是深圳文化创新发展，以深圳市打造"区域文化中心"和"国际文化创意先锋城市"的文化发展定位，通过系统阐述国内外文化创新发展理论和实践，深入分析深圳文化创新发展现状，全面总结深圳文化创新的理论模式，提出深圳市文化创新发展的创新路径，通过学理总结、案例剖析、模式探究、定性分析、对策建议等研究路径，全面总结梳理深圳文化创新发展新模式，并探究其未来可行性实施方案。本书试图从理论分析、实践考察和实施方案这三个方面，从深圳市文化创新发展的理论背景与现实背景出发，全面回顾深圳文化创新发展的理论突破与实践成就，并在此基础上提出未来深圳文化创新的目标定位与实施方案。

深圳市文化创新发展对于全国乃至全球而言，都具有可参考性、典型性的指导意义和实践应用价值。为此，本书希望能够实现以下目标。

第一，通过对深圳市文化创新的深入研究，为构建新时代与时俱进的文化创新研究理论体系提供借鉴。本书以创新思想为理论指导，立足于深圳市物质文明、精神文明和城市综合竞争力，从文化产业、文化事业、文化体制机制创新、公共文化服务等内容，突出后现代化、全球区域文化创新中心、文化科技融合、文化新业态发展、宜居宜业宜游的优质生活圈、全面改革开放等时代内涵，构建新时代以社会主义核心价值观为引领的具有引领力、吸引力、创造力、辐射力、生命力、竞争力的深圳市文化创新发展的理论体系，为提升深圳文化软实力提供智力支持。

第二，探讨新时代深圳文化创新发展的路径和方案。站在新的历史起点上，把握深圳市所取得的历史性成就背后的中国特色社会主义道路、理论、制度、文化优势，深刻理解在中国共产党领导下新中国70年历史性变革、深圳市40年经济特区改革开放中所蕴藏的内在逻辑，增加文化自觉、文化自信和文化自强，坚定创新发展信念；深入分析深圳市文化创新发展的国际性、现代性、开放性、融合性、创新性、竞争性、后致性等现实特点和发展现状，总结深圳市文化创新发展模式和成功经验，明确深圳文化创新未来的目标定位与创新路径；最后立足深圳实际，提出具有现实参考性的深圳文化创新的具体实施方案。

第三，创新跨学科、多领域的具有地域性特色的学术研究范式。本书以习近平新时代中国特色社会主义思想为核心价值引领，立足深圳文化创新发展实际，通过规范与实证相统一的研究方法，以中华历史的文脉传承和区域现代化文化创新发展的逻辑统一，强调城市整体的创新效能和文化建设，以深圳市文化建设和城市转型升级为"双支撑"建构可操作的学术研究范式。

二　研究思路

本书围绕深圳市文化创新的理论与实践两个维度展开研究，以深圳市打造"国际文化创意先锋城市"和"区域文化中心"的文化发展定位，通过系统阐述国内外文化创新发展理论和实践，深入分析深圳文化创新发展现状，全面总结深圳文化创新所取得的成效特色以及所进行的理论探讨，提出深圳市文化创新未来发展的目标定位和实施路径，通过学理总结、案例剖析、模式探究、定位分析、路径创新等研究路径，研制深圳文化创新发展新模式及可行性实施方案。

本书首先提出问题，从明晰和厘清文化创新及其相关概念界定入手，以文献分析法为主，通过搜集、整理相关文献，梳理文化创新的表现和特征，构建深圳文化创新指标体系，制定衡量深圳文化创新效果的标准。其次分析问题，采用比较研究的方法，既包括对中外城市文化创新发展的横向比较分析，亦包括"过去—现在—未来"的纵向比较研究，探讨深圳城市文化创新发展演变轨迹，总结其未来发展变化趋势，为深圳城市文化创新发展提供理论基础和实践建构。同时，通过实地调查研究法，走访深圳市和各区的文化、宣传部门以及有代表性的文化场馆、文化企业、文化产业园区，亲身参加主要的文化活动，与相关人员进行深度访谈，了解大家对文化创新的认识和态度，通过对中外典型案例的分析，透视个案背后文化创新的困境与动力，总结出带有规律性的结论。最后解决问题，将定性与定量研究相结合，对文化创新发展理论、深圳市文化创新发展现状、发展模式理论总结等进行定性分析，结合深圳市文化发展的统计数据、调研数据，运用大数据分析、数量模型构建等定量分析方法，提出具有参考价值的创新路径和实施方案，寻求未来深圳文化创新发展的方向与路径。

三 框架结构

总体而言，本书的具体逻辑框架构思包括纵向和横向两种视野。纵向上，以文化创新发展的时间为经，即深圳文化创新的过去—现在—未来三个阶段，分别为历史总结、现状分析、未来展望；横向上，以文化创新的主要内容为纬，即深圳文化制度、文化观念、文化产业、公共文化、文化人才等。本书围绕这一逻辑主线，主要包括6章内容，主体框架结构如下。

第一部分是学理探究。包括第一章和第二章，是本书论述的基础，通过文献研究，梳理深圳文化创新发展的理论依据。第一章"绪论"，梳理国内外关于文化创新的理论学说，科学系统地对文化创新本体予以界定。第二章"国内外文化创新发展研究"，将文化创新发展学理研究与经验研究相结合，从理论到实践分析研究国内外文化创新概况。这两章，通过比较研究法、案例分析法、文献法等，综合论证深圳市文化创新发展理论与实践研究的学理基础和研究依据。

第二部分是深圳文化创新发展的理论和实践总结。它包括第三章和第四章，主要是对深圳文化创新现状分析与发展模式进行理论总结。第三章"深圳文化创新的现状分析"，立足全球城市文化发展的宏大视野，紧密结合深圳实际，以深圳市"国际文化创意先锋城市"和"打造区域文化中心"的文化发展定位为主体方向，总结以往深圳文化建设的经验、成就，分析存在的问题与不足。第四章"深圳文化创新的理论探索"，总结分析深圳文化流动与聚合、文化制度创新、文化科技融合创新、非物质文化遗产活化等理论模式，从现象到理论进行深度研究和全面概括，为深圳文化创新发展对策与路径研究做出精确定性、重点定位。

第三部分是新时代深圳文化创新发展的路径与举措，包括第五章和第六章。该部分主要介绍深圳文化创新发展的目标定位、创新路径以及具体实施方案，是本书的重心所在。第五章"深圳文化创新的成效特色"，立足于深圳市"国际文化创意先锋城市""区域文化中心"和全球"城市文明典范"的建设目标，探究深圳市文化创新发展的具体目标定位和创新路径，包括文化传承与创新（文化价值观念）、城市形象与文化地标（文化建设）、文化主导产业选择（文化产业）、公共文化服务与民生（文化事业）等各个方面的创新路径。第六章"深圳文化创新的前景展望"，提出符合深圳这一国际现代化创新型城市气质的文化创新发展的目标定位和具体实施方案，包括文化体制机制创新、文化智库建设、文化品牌提升计划、文化人才培育计划、文化科技研发中心建设、文化产业高质量发展等方面的具体实施方案。

概言之，以往研究仅对深圳文化创新的某个方面进行探讨，本书将全方位、多角度立足深圳文化创新的实际情况，对其进行细致分析，具有很强的现实性和政策性。全书系统总结了深圳文化创新的实践与理论，提出了深圳文化创新的发展方向及实现路径，拓展和深化了深圳文化创新研究。特别是在粤港澳大湾区和社会主义先行示范区的时代背景下，深圳如何集聚国际创新资源，加快建设成为区域文化中心城市和具有彰显文化软实力的现代文明之城，具有较重要的理论价值和现实意义。

第二章　国内外文化创新发展研究

习近平总书记指出,"创新是一个民族进步的灵魂,是一个国家兴旺发达的不竭源泉,也是中华民族最鲜明的民族禀赋"。综观世界历史发展进程,凡是科技进步、社会发达、经济繁荣、文明富强的国家,无不具有极强大的创新能力。中国自古以来,文化繁荣发达,创造了辉煌璀璨的中华文明,这些成就都得益于祖辈们的不断开拓创新。特别是改革开放以来,我们始终将创新看作社会发展的原动力,不断推进创新发展。党的十八大报告明确指出,要"不断推进理论创新、制度创新、科技创新、文化创新以及其他方面创新"。在所有创新之中,文化创新是其中的根本和核心,因为"文化是一个国家、一个民族的灵魂,文化兴国运兴,文化强民族强"。文化直接作用于人的精神世界,为其他领域的创新提供最根本的精神、思维和智力支持。而且,在当代社会,国际竞争已经不再是单纯的武力对抗,而是综合国力的较量,而文化的力量是综合国力最直接的表现和最重要的组成内容。哈佛大学教授约瑟夫·奈在《软实力》一书中认为,软实力由间接的文化的吸引能力组成,它正在逐渐成为国家实力的主要因素,即硬实力在逐渐衰落,而软实力在不断上升。[①] 由此可以看出,当前文化的作用和意义比以往任何时候都更为重要。但是文化从何而来? 如何增强文化的实力呢? 是靠着既有的文化成果去参与当前世界文化的竞争,还是让文化以自然发展的状态去面对世界强势文化的挑战? 显然都不行。文化只有不断创新,才能持续繁荣发达,文化实力才能不断得到巩固与提高。为此,近年来,我国将文化创新提高到国家发展战略层面。党的十

[①] [美]约瑟夫·奈:《软实力》,马娟娟译,中信出版社2013年版。

八大以来，党和国家高度重视中华优秀传统文化的传承创新发展，重视社会主义文化的创新发展。那么，关于文化创新，国内外都有哪些相关理论研究成果值得重视，可以为我们当前的文化创新提供理论支持，又有哪些比较典型的文化创新案例值得借鉴呢？这些都是我们当前推进文化创新发展所要思考、借鉴的，也值得我们进行深入研究。

第一节　国内外文化创新理论

一　国外文化创新理论

（一）"创新"理论

1. 熊彼特的"创新"理论

现在我们所说的"创新"这一概念，是一个来自西方的术语。"创新"一词源自拉丁语，具有创造新事物、更新、改变这三层含义。目前而言，在国外学术界，创新更多地偏重于是一个经济学的概念，主要强调在经济社会的发展过程中创新的重要价值和意义，以及在竞争领域内如何更好地实现创新，以此推动经济发展。例如，在美国国家竞争力委员会推出的"创意美国"计划中，他们就将创新定义为"把感悟和技术转化为能够创造新的市值、驱动经济增长和提高生活标准的新的产品、新的过程及新的服务"①。创新之所以被认为与经济有如此之紧密的联系，以至于让人们想到创新就最先想到经济，这主要得益于奥地利经济学家约瑟夫·熊彼特（Joseph Alois Schumpeter）基于经济学框架所构建的"创新"理论的巨大影响。

第一次将"创新"这个概念引入现代学术体系的是约瑟夫·熊彼特，他还从经济学的视角构建了一套系统的创新理论。1912年，熊彼特出版《经济发展理论》一书，首次明确提出了"创新理论"，并用创新理论来解释资本主义经济发展的本质特征。熊彼特的创新

---

① 刘霖林：《建设先进文化实现创新发展》，《科学社会主义》2013年第10期。

理论的显著特色在于，它将创新定义为"是一种新的生产函数"。创新就是要"通过生产要素的重新组合建立一种新的生产函数"①，即通过生产要素的重新组合，把一种之前从来没有的关于生产要素和生产条件的新组合引入生产过程，进而实现生产技术的革新和生产方法的变革，最终形成创新。在熊彼特的创新理论中，生产要素是核心，只需要将不同的生产要素进行不同的组合，就可以催生创新。为此，熊彼特从产品、技术、市场、资源配置、组织（制度）五个生产要素的维度提出了五种创新类型。这五种创新分别是：引入一种新产品，引入一种新的生产方法，开辟一个新的市场，获得原材料或半成品的一种新的供应来源，新的组织形式。②熊彼特提出的创新理论无疑意义重大，随后众多学者都开展了对于"创新"的研究。霍特（Holt）从开发者的角度来探讨创新，他认为创新是运用知识或相关信息创造和引进某种有用的新的事物的过程。奈特（Knight）则从接受者的角度开展对于创新的研究，他认为创新是对一个组织或相关环境新的变化的接受。扎特曼（Zaltman）从使用者的角度来定义创新，他认为创新是指被相关使用部门认定的任何一种新的思想、新的实践和新的制造物。③此外，还有不少学者从其他角度对创新进行了深入研究，这些理论形成了西方创新理论体系。

2. 技术创新理论

随着新技术的不断发展以及经济对于技术发展的严重依赖，到20世纪60年代，美国经济学家华尔特·罗斯托从技术创新的角度提出了社会发展的"罗斯托起飞模型"④，将技术创新看成社会发展的决定性力量，从而把技术创新提升到创新理论主导模式的地位，并从这个角度出发，让创新与技术创新进行了直接挂钩，引领了技术创新的研究走向。1962 年，伊诺思（Enos）发表论文《石油加

---

① ［美］约瑟夫·熊彼特：《经济发展理论》，何畏、易家详等译，商务印书馆 2017 年版，第 73 页。

② 同上。

③ 林迎星：《创新的涵义及其类型辨析》，《研究与发展管理》2002 年第 4 期。

④ 罗斯托起飞模型从技术发展的角度将人类社会发展分为六个基本阶段，分别是传统社会阶段、起飞准备条件阶段、起飞阶段、趋于成熟阶段、大规模消费阶段、超越大众消费阶段。

工业中的发明与创新》，在文中明确提出了技术创新的概念。"技术创新是几种行为综合的结果，这些行为包括发明的选择、资本投入保证、组织建立、制订计划、招用工人和开辟市场等。"① 随后，林恩（Lynn）也对技术创新进行了研究。他认为技术创新是"始于对技术的商业潜力的认识而终于将其完全转化为商业化产品的整个行为过程"。林恩更着眼于技术转化为商业产品的过程，也就是说，只有能够得以转化的技术，才是技术创新的实现。在这些学者的带领下，学者们开始注重技术创新的研究。例如迈尔斯（Myers）、马奎斯（Marquis）、厄特巴克（Utterback）、缪尔赛（Mueser）、弗里曼（Freeman）等学者，都将主要目光放在对技术创新的探讨上，并各自提出了自己的技术创新理论。② 技术创新的确是经济领域内创新理论的重要内容甚至是核心内容，要实现经济发展，实现创新，不可忽视技术创新的力量。

3. 创新扩散理论

创新扩散理论是另一个关于创新的具有巨大影响力的理论，它重在分析创新的思想、观念、产品等成果如何在社会中被传播和扩散。20世纪60年代，美国传播学家埃弗雷特·罗杰斯（Rogers）通过对农村中接受诸如新良种、新农药等新事物的过程进行深入调查研究，发表了研究报告《创新与普及》。在报告中，罗杰斯提出了著名的创新扩散理论。1962年，罗杰斯出版专著《创新的扩散》（*Diffusion of Innovations*），系统地阐述了创新扩散理论。③ 该理论主要研究通过媒介如何劝服人们接受新观念、新事物、新产品，是从大众传播媒介和传播效果等角度来阐释创新扩散的过程。罗杰斯认为，创新是一种被个人或其他采用单位视为新颖的观念、实践或事物，创新扩散是指经过一段时间，创新经由特定的渠道在某一社会团体的成员中的传播过程。罗杰斯着重对这一传播过程展开了广泛

---

① 傅家骥：《技术创新学》，清华大学出版社1998年版，第6页。

② 如迈尔斯和马奎斯认为技术创新是将新的或改进的产品、过程或服务引入市场；厄特巴克认为，与发明或技术样品相区别，创新就是技术的实际采用或首次应用；缪尔赛认为技术创新是以其构思新颖性和成功实现为特征的有意义的非连续性事件；弗里曼认为技术创新就是指新产品、新过程、新系统和新服务的首次商业性转化。

③ Rogers E. M., *Diffusion of Innovation*, 4th ed., New York: The Free Press, 1995.

深入的研究。他认为，一个创新能否为社会大众所认可和接受，主要有五方面的因素，分别是相对优势、兼容性、复杂性、可试验性、可观察性。也就是说，创新相较于现有事物是否具有优势性、是否能够对现有技术想法实现兼容、是否相对简单容易理解、是否能够通过试验进行验证、是否能看见其带来的直接结果等，如果这五个问题的回答是肯定的，那么创新就容易得以传播扩散，反之则相对难以扩散。罗杰斯还根据对于创新传播和扩散过程的研究，提出了创新扩散曲线（如图2-1所示），也就是创新在社会中被接受、被采用的实际时间走向和表现形态。该曲线大致分为三个阶段：一是创新扩散的早期阶段，创新只是被少数人认可和接受，创新产生的影响很小，对社会贡献还不大。二是随着创新得以逐渐传播，绝大部分人接受和采用了该创新，创新的影响力快速增加，创新扩散过程几乎呈直线上升，此时对社会的贡献最大。三是创新扩散的末期，随着创新的广泛传播，社会上最后一拨人业已采用了该创新，创新得以普及。当大家都采用了该创新时，创新的作用和意义也就不大了，它也就不再是创新了。该创新曲线实际上还对应社会上的三类人类，分别是先知先觉者、随大流者、后知后觉者。所以，创新扩散理论在此基础上将创新扩散过程中的群体分为五类，即创新者、早期采用者、早期大众、晚期采用者、迟缓者。罗杰斯的创新扩散理论影响巨大，提醒人们将眼光放到创新的推广和应用方面。也就是说，不能只将目光放在如何产生创新上，还要思考如何让创新得以在社会中广泛传播和落到实处，发挥巨大的价值，因为创新的传播应用过程和创新本身同样重要。而对于文化创新发展来说，创新扩散理论也显得尤为重要，因为萌发一个有价值的文化创新想法或许并不太难，难的是如何让这种文化创新被社会广泛认可。

总的来说，在国外关于创新的研究中，较多集中在技术创新等经济学范畴。虽然最早是在经济学范畴内完成了创新理论的建构，形成了关于创新的系统理论，但是如果我们说创新只是在经济活动中创新理论只是经济学的理论，这显然不合适。因为创新绝不仅仅是经济领域的事，在广阔的社会文化领域内，创新也具有至关重要的意义，比如文化创新、制度创新、政策创新等。创新理论在经济

```
                                            ↑
                                           100%
                                            
                                           75%
                                            
                    ___                    50%
                   /   \                    
                  /     \                  25%
                 /       \                  
              __/         \__               
         ____/               \____         0
    创新者  早期采用者  早期大众  晚期采用者  迟缓者
    2.5%    13.5%     3.4%      34%       16%
```

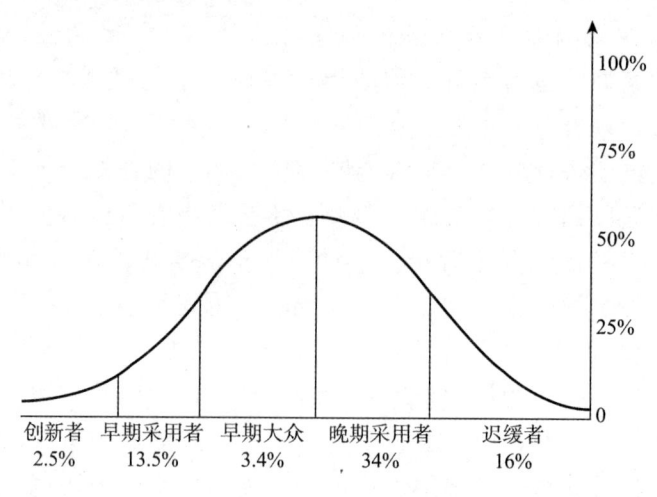

图 2-1　创新扩散曲线

学中完成的理论建构，也深刻地影响和激发了其他领域不断探索基于自己学科范畴的创新理论。例如，文化创新理论就是文化学者从文化发展的角度出发展开的对于文化创新发展的思考和研究。在文化创新发展理论中，国外最具代表性的是文化创意理论和文化创意产业理论，但是这些文化创新的相关理论仍然没能脱离经济学的框架，大多还是从经济学的范畴对文化经济进行的研究。

（二）文化创新相关理论

1. 创意经济及创意产业理论

在创意经济研究中，最具代表性的是英国学者约翰·霍金斯（John Howkins）。他是国际创意经济和创意产业领域最富声望的专家，被誉为"世界创意经济之父"和"世界创意产业之父"。约翰·霍金斯关于创意经济研究的重要代表作有《创意经济：如何点石成金》①《创意生态：思考在这里是真正的职业》②《新创意经济

---

① ［英］约翰·霍金斯：《创意经济：如何点石成金》，洪庆福等译，上海三联书店2006年版。

② ［英］约翰·霍金斯：《创意生态：思考在这里是真正的职业》，林海译，京华出版社2011年版。

3.0：如何用想法点石成金》等。

在约翰·霍金斯的创意经济理论中，一个至关重要的概念就是"创意"。在《新创意经济3.0：如何用想法点石成金》一书中，霍金斯指出，"创意是利用一个想法来生出另外更好的想法的过程，'个人性、意义性、新颖性'是衡量创意的准绳"①。霍金斯认为创意有三个基本条件：个人性、意义性、新颖性。个人性是指创意依赖于社会个体的奇思妙想，首先是由个人提出来的；意义性是指创意必然具备现实价值，要么能让人精神愉悦，要么可以实现商业转化带来经济价值；新颖性是指创意具有排他性和独创性，是个人独立思考得来，是以前从未出现和别人所没有的。可以看出，霍金斯这里所说的"创意"其实是一种基于人们头脑所生发出来的具有原创性、排他性，并且能够产生实际价值的想法和点子。从这个角度看，这里的"创意"其实就涉及了精神文化的层面，属于人的精神文化活动。由此，霍金斯又提出了"创意资源"的概念，并且认为创意资源是一种智力资源，主要涉及文化层面。这种创意资源包括两个方面：一是原创性的文化资源，即人们运用自己的想象力和创造力创造出一种前所未有的新型文化资源，着重于原创性的特征；二是创新性文化资源，是对既有文化资源进行改造、整合、重组，或借助新型载体媒介，实现文化在内容和表现形式上的创新。

在霍金斯看来，文化创新必须依赖于文化资源，因为文化创新一定是建立在文化发展基础和丰厚的文化积淀之上的，不会凭空出现。但是文化创新和文化创意又不是简单易行的，因为创意资源本身就具有稀缺性，这种稀缺性使得文化创意具有了一定的难度。霍金斯认为创意资源的稀缺性主要体现在三个方面：一是创意人才具有稀缺性，若与人们无限制的文化需求相比，能够提供文化产品的文化创意人才就显得稀缺；二是个人的文化创意是稀缺的，虽然从人类社会发展总体来看创意具有无限性，但是具体到不同时代的不同个体，则受诸如受教育程度、社会环境等主客观因素影响和限制，每个人的文化创意是有限的；三是并不是每一个创意都可以转

---

① ［英］约翰·霍金斯：《新创意经济3.0：如何用想法点石成金》，王瑞军、王立群译，北京理工大学出版社2018年版，第3页。

化为文化产品,因为有的创意并不一定具备转化为文化产品的价值,有的创意或许不具有转化为文化产品的可能性和可行性,因为从文化创意到文化产品需要一个转换过程,而这个过程需要多部门共同完成。这就需要强大的整合能力,即要能做好各种资源的优化和配置,而资源配置问题的出现就是因为资源具有稀缺性。霍金斯从创意的角度深入分析了文化创新中的文化创意资源问题,尤其是探讨了创意资源的稀缺性问题,这为其他学者研究文化创意创新提供了理论支持。霍金斯也把他对创意的研究引入经济学领域,展开了对创意经济的研究。

霍金斯认为创意经济是"创意产品的生成交换和使用的体系"。在霍金斯看来,只要从事创意产品的生产、交换、分配、消费的体系就是创意经济。那什么是"创意产品"呢?霍金斯认为创意产品是指"具有创意特征的商品、服务和体验"[①],创意产品的经济价值主要来自其自身的创意,而不是来自其外在的物理形态,创意产品是创造性活动的结果,其经济价值以创意为根基。这里的创意其实非常接近于我们现在所说的文化创意。换言之,霍金斯所谓的创意产品就是富含文化创意内容的商品,只不过人们不再过多关注这种商品的物理价值,而是更多在意其内在的精神文化价值。也就是说,在创意经济中,居于核心地位的是文化创意,文化创新创意是创意经济的立身根本,没有创意和文化创新,创意经济也就难以为继。创意经济的发展催生了创意产业的形成,由此包括霍金斯在内的众多西方学者都把创意经济直接等同于创意产业,认为创意经济是一种新兴产业。随着创意经济和创意产业在西方的快速发展和繁荣,创意经济和创意产业逐渐成为学界研究的热点之一,出现了众多知名的文化产业研究学者,比如英国学者大卫·赫斯蒙德夫以及澳大利亚学者约翰·哈特利等。

由此,在国外,对于文化创新的研究就转移到了创意经济和文化创意产业。可以看出,在西方关于文化创新的研究方面,更多的是着眼于经济,从单纯的文化发展视角开展对文化创新的研究似乎

---

① [英]约翰·霍金斯:《新创意经济:如何用想法点石成金》,王瑞军、王立群译,北京理工大学出版社2018年版,第12页。

并不多,创意阶层和创意城市理论应该就是这类。

2. 创意阶层与创意城市理论

文化的创新发展离不开创新人才的参与和贡献,为此,对创新创意人才的研究成为国外文化创新理论研究的重要部分。在对创意创新人才的研究中,最具有代表性的是理查德·佛罗里达的"创意阶层"理论。在《创意阶层的崛起:关于一个新阶层和城市的未来》一书中,佛罗里达认为社会有四种职业阶层,分别是农业阶层、工业阶层、服务业阶层和创意阶层,它们分别在农业社会、工业社会、服务型社会、创意社会中作为推动社会发展的主力军而存在。① 创意阶层是推进创意产业和创意经济乃至城市文化发展的主要力量,是创意社会的中坚。佛罗里达给创意阶层下了一个定义,他认为创意阶层就是在社会中发挥着"创造新想法、新技术或新创意内容"的经济功能,不仅包括科学、教育、音乐、艺术、娱乐、工程建筑、设计等领域的从业人员,还包括商业法律、金融等领域的创意工作者。创意阶层是"超级创意核心",他们以创造新观念、新思想、新技术、新内容、新文化为主要任务。可以看出,佛罗里达所谓的创意阶层几乎涵盖社会中的整个脑力劳动者群体,而实际上也的确如此。社会中的脑力劳动者是生产各种文化创意的主力,社会中几乎绝大多数的文化创意创新活动都是由创意阶层推动实现的,文化的创新发展也依赖于创意阶层的文化创新创意活动。文化创意阶层对于文化创意创新的意义重大,那么,如何形成文化创意阶层呢?它是否会自然出现呢?显然不能,创意阶层是无数个创意从业者的集合形态,单个或少数的创意工作者显然不能成为创意阶层。那创意阶层是如何在城市中形成的?在《你属哪座城?》② 一书中,佛罗里达通过分析美国不同城市创意人才的分布情况,研究了什么样的城市最能吸引创意人才的聚集。经过研究,他认为城市好比人一样,具有各不相同的气质和性格,而人们往往总是在寻找与

---

① [美] 理查德·佛罗里达:《创意阶层的崛起:关于一个新阶层和城市的未来》,司徒爱勤译,中信出版社 2010 年版。

② [美] 理查德·弗罗里达:《你属哪座城?》,侯鲲译,北京大学出版社 2009 年版。

自己气质相符合的城市定居。经过进一步研究，佛罗里达提出了"3T"理论①，"3T"即技术（technology）、人才（talent）和包容（tolerance）。佛罗里达认为"3T"是创意阶层得以形成的基础，也是创意经济和创意产业发展的重要条件，更是创意城市与普通城市的本质区别。比如关于包容和人才，佛罗里达认为包容吸引人才，人才集聚形成创意阶层，创意阶层生产创意，创意推动创意产业发展。"3T"理论提醒人们，在创意经济时代，创意阶层是最重要的财富，因此，各个城市都要不遗余力地不断吸引和留住创意人才，确保创意阶层在城市中形成。

创意城市的概念最早由彼得·霍尔提出，他认为拥有财富、人才聚焦和处于较为动荡的社会和意识环境中等是创意城市的特点。②在霍尔研究的基础上，格特·霍斯珀斯进一步将创意城市分为四种类型：技术创新型城市、文化智力型城市、文化技术型城市、技术组织型城市，③并且指出创意城市具有集中性、多样性和非稳定状态等重要特征。创意城市研究的代表人物是查尔斯·兰德利，他的代表性著作是《创意城市：如何打造都市创意生活圈》④。在书中，兰德利研究了在全球变革浪潮中为何有些城市会成功，有些城市却被边缘化。在考察众多大城市后，他认为城市文化对于城市至关重要，而城市中的创意人才和创意组织又是形成城市文化的主力，进而提出了"创意城市"的概念，并构建了创意城市"七要素"理论。"七要素"包括人员品质、意志与领导素质、人力的多样性与各种人才的发展机会、组织文化、地方认同、都市空间与设施、网络动力关系。在兰德利的"创意城市"理论中，文化居于重要地位，可见创意城市的形成和发展最终必然有赖于文化创意。

根据上文对国外文化创新相关理论的梳理，我们发现，在国外，

---

① ［美］理查德·佛罗里达：《创意阶层的崛起：关于一个新阶层和城市的未来》，司徒爱勤译，中信出版社 2010 年版，第 23—28 页。

② 黄志锋：《创意产业理论研究综述》，《重庆社会科学》2010 年第 5 期。

③ Gert, J., "Hospers Creative Eities in Europe: Urban Competitiveness in the Knowledge Economy", *Interoconomic*, Vol. 38, No. 5, 2003, pp. 260 – 269.

④ ［英］查尔斯·兰德利：《创意城市：如何打造都市创意生活圈》，杨幼兰译，清华大学出版社 2009 年版。

纯粹对于文化创新本身进行的研究并不多，更多的是将文化放在经济领域，借用经济学的相关知识体系展开对于文化经济创新发展的研究，比如创意经济、创意产业、创意城市等。

二 国内文化创新理论

（一）文化创新的基础理论

相较于国外，国内学界对于文化创新理论的研究更为关注文化本身的创新，包括什么是文化、什么是文化创新、如何实现文化创新等方面。既然谈及文化创新，首先就必须要搞清楚什么是文化。只有在明确了文化的内涵和外延情况之下，研究文化创新才不会落入虚无主义。目前世界上关于文化的定义多达两百余种，但中国学人更多的是立足中华文化的语境之下，探索中华文化体系和话语框架之内的文化概念，这对于我们当前研究我国的文化创新无疑具有极其重要的现实指导意义，它能够很好地对接中华文化传统。概括来说，在中华文化语境关于文化定义的研究中，较有代表性的是文化大家任继愈、梁漱溟、钱穆、费孝通等人。梁漱溟先生将文化看作一个统一的、无所不包的系统，他认为"文化，就是吾人生活所依靠的一切，意在指示人们，文化是极其实在的东西。文化之本义，应在经济、政治，乃至一切无所不包"[①]。梁先生的这种定义将文化视为生活所依靠的东西，让文化能够更加贴近人的实际生活，颇有中国文化中的务实特征，但是过于笼统了。如果在这种定义之下来谈论和研究文化创新，显然很难展开。钱穆先生对于文化的定义与梁漱溟先生较为接近，他直接将文化视为生活，认为"文化只是'人生'，只是人类生活。……文化是指集体的、大众的人类生活"[②]。如果按照钱穆先生的定义来进行文化创新研究，那文化创新就成了生活创新，这多少与我们当下所谈论的文化创新的意指不相符合。对于文化创新，显然更需要一个更为具体的关于文化的定义。任继愈先生把文化区分为广义和狭义。他认为广义的文化主要是器用层面，如宗教信仰、文化思想著作、文学作品、风俗习惯

[①] 梁漱溟：《中国文化要义》，山东人民出版社1990年版，第9页。
[②] 钱穆：《中华文化之特质》，（台湾）世界书局1969年版，第90页。

等，狭义的文化是代表民族特点的精神成果。这其实是将文化分为体用二类，即器物与精神两个层面，也就是我们常说的精神文化和物质文化。这其实是符合中国自古以来对于文化和精神的理解的。例如我国古代就将"器"与"文"进行对立区分，而且更注重精神文化，如古代"君子不器"的观念，其实就有这层意思。在这种文化概念下来谈论文化创新就相对较好操作了。比如我们现在所谈论的中华文化创新，其实也有从精神和器物两个层面来展开，中国传统文化精神和道德观念的创新就属于精神层面的文化创新，而传统工艺创新和非物质文化遗产的创新等就更多地属于器用层面。费孝通先生对于文化的定义更为具体，也更加适用于当前我们所要研究的文化创新。他认为文化是"共同生活的人群在长期的历史当中逐渐形成并高度认同的民族经验，包括政治、文化、意识形态、价值观念、伦理准则、社会理想、生活习惯、各种制度等"①。费孝通先生将文化看作共同的民族经验，也就是大家都认可的一些经验习惯，而且还做了具体的举例说明，这就使得文化的概念更加具体形象。明确了文化的具体含义，对于文化创新是什么和怎样创新也就比较容易理解了。当前国内学界关于文化创新的研究多半遵循或暗合了费孝通先生对于文化的定义。比如国内有研究者就从文化价值观念创新、文化知识体系创新、文化思维方式创新、文化体制创新、文化产业创新等方面对文化创新进行了论述（田丰，2004；唐坚，2019），这就是通过对文化定义的细化进行的区分。

  关于什么是文化创新以及如何实现文化创新，国内学者也进行了广泛的讨论。中国人民大学林坚研究员在《文化治理与文化创新》一书中认为，文化创新是在继承优秀传统文化的基础上，同时吸收外来文化的精华，进行扬弃汰选、除旧布新，创造新的文化内容、文化产品和文化形态，它是由连续的文化积累和对外来文化的借鉴吸收而导致的一种文化创造，包括观念理论创新，文化内容、产品创新，文化模式、形式创新，文化体制机制创新，文化传播方式创新，文化科技与文化产业创新；进而提出文化创新的三条途

---

① 《费孝通文集》（第15卷），群言出版社1999年版，第407页。

径：一是吸收传统、推陈出新，二是学习异文化、合理扬弃，三是有机整合、实践创新。① 林坚更多的是从文化本身的立场来论述文化创新问题。胡刚在《中国特色社会主义文化创新研究》一书中也从文化多维分解的角度来探讨文化创新。他认为文化创新包括思想领域和精神领域的一切创新，涉及理论创新、知识创新、学术创新、思维创新、观念创新、艺术创新、科技创新。② 李春华则从组合式创新的思路对文化创新进行了解释，认为文化创新不是某种文化表现形式的简单改变，而是一系列文化要素的重新组合、加工、生成。基于此，她总结了文化创新的三个主要内容：一是对文化观念的创新；二是对文化内容的创新；三是对文化表现形式、传播手段的创新。进而，她认为文化创新体现为人们的价值观、思维方式、精神风貌、能力素质等的与时俱进。③ 在另一篇《有关文化创新的几个问题》的论文中，李春华仍然从创新理论的角度出发，提出了五种文化创新模式，分别是突破性文化创新、渐进性文化创新、融合性文化创新、二度创新、普及性创新。④ 通过学者们的讨论，我们已经明确了什么是文化创新以及实现文化创新的大致方法、路径。那么，什么样的文化才是创新的文化，对于文化创新该如何评判呢？这就涉及文化创新的评价问题了。王树祥在《论当代中国文化创新的评判尺度》一文中分析了文化创新的评判标准问题。他认为，历史、科学、价值三者高度统一，内在一致，因此可以从历史和科学的角度去衡量文化行为、文化现象、文化思想是否具有价值，如具有价值，那该文化也就是创新的了。⑤

通过以上学者们的研究，对于文化创新的基本理论问题，学界已经进行了较为深入的分析。首先，从文化创新的角度厘清了适合

---

① 林坚：《文化治理与文化创新》，中国人民大学出版社2019年版，第158—167页。
② 胡刚：《中国特色社会主义文化创新研究》，中国社会科学出版社2018年版，第2页。
③ 李春华：《新时期中国共产党文化创新研究》，中国社会科学出版社2012年版，第10页。
④ 李春华：《有关文化创新的几个问题》，《理论探索》2011年第3期。
⑤ 王树祥：《论当代中国文化创新的评判尺度》，《求实》2009年第2期。

中华文化语境中的文化的内涵，能够更好地指导文化创新研究和实践。其次，阐述了什么是文化创新，即明确了文化创新的概念。再次，探讨了如何实现文化创新，可以从哪些角度着手进行文化创新，文化创新涉及哪些具体的实践操作层面。最后，如何去判断是否实现了文化创新，或者某个文化行为等是否具有创新性。以上四个方面是我们研究文化创新发展所必须面对的问题。这四个问题的解决也说明我国目前的文化创新发展研究理论基本上已经具有系统性和体系性。在具体的文化创新发展研究基础上，国内目前较为关注的有两个方面，分别是中国特色社会主义文化创新发展和中华优秀传统文化的创新发展。

（二）中国特色社会主义文化创新

中国特色社会主义文化的概念在 1997 年党的第十五次代表大会报告中被首次提出。报告指出："建设有中国特色社会主义的文化，就是以马列主义为指导，以培育有理想、有道德、有文化、有纪律的公民为目标，发展面向现代化、面向世界、面向未来的，民族的科学的大众的社会主义文化。" 2016 年 7 月 1 日，习近平总书记在庆祝中国共产党成立 95 周年大会上明确提出要坚持"四个自信"，即"中国特色社会主义道路自信、理论自信、制度自信、文化自信"，其中的文化自信就是中国特色社会主义文化自信。后来，习近平总书记多次对文化自信进行深入阐述："文化自信，是更基础、更广泛、更深厚的自信"[①]；"要坚定文化自信，推动社会主义文化繁荣兴盛"；"没有高度的文化自信，没有文化的繁荣兴盛，就没有中华民族伟大复兴。要坚持中国特色社会主义文化发展道路，激发全民族文化创新创造活力，建设社会主义文化强国"[②]。文化自信是文化繁荣的基础，是建设社会主义文化强国的根基。习近平总书记将文化创新放在社会主义文化强国建设以及中华民族伟大复兴的战略高度予以强调，充分肯定了文化创新的重要性。所以，习近平总书记非常重视文化创新，多次从文化自信、社会发展、国家实力等

---

① 《习近平谈治国理政》第 2 卷，外文出版社 2017 年版，第 36 页。
② 《中国共产党第十九次全国代表大会文件汇编》，人民出版社 2017 年版，第 55 页。

方面深刻阐述了文化创新的重要价值。

中国特色社会主义文化创新是一项系统工程，是新时代中国特色社会主义全面发展的重要文化支撑，是文化自信的重要保障，它涉及社会文化的各个层面。对于中国特色社会主义文化创新，习近平新时代文化创新思想对其做了系统全面的论述。有学者经过研究后，总结梳理了习近平中国特色社会主义新时代文化创新思想的四重意蕴，即价值、内容、原则、关系。首先是文化创新的价值，文化创新是文化自信的坚实基础，是推动社会发展的重要力量，是国家文化软实力的重要组成部分。其次是文化创新的内容，包括文化作品、思想理论、科学技术以及文化体制等方面的创新。再次是文化创新的原则，那就是必须坚持为人民服务、为社会主义服务的先进方向，尊重社会发展实际，遵循文化发展规律。最后是处理好文化创新中的各种关系，比如古代文化与现代文化、文化继承与创新、中华文化与外来文化、一元文化与多元文化等。[①] 中国社会科学出版社社长赵剑英认为中国特色社会主义文化创新有七个方面的内涵。一是引领作用，主要体现为加强意识形态工作，巩固马克思主义指导地位。二是凝聚作用，主要体现为提出中国梦，培育和践行社会主义核心价值观。三是推动作用，主要体现为推动文化创新，实施哲学社会科学创新工程。创新是引领发展的第一动力。四是决策作用，主要体现为建设中国特色新型智库。五是支柱作用，主要体现为加快发展文化产业，使其成为国民经济的支柱性产业。六是辐射作用，主要体现为推动文化"走出去"，增强国家文化软实力。七是民族之根，体现为实施中华文化传承工程，传承弘扬中华优秀传统文化。[②] 在中国特色社会主义文化这个大旗帜之下，包含了马克思主义文化、社会主义核心价值观、中国传统文化、当代科学文化等。所以要推进中国特色社会主义文化创新，就需要从宏观层面着眼，多处着力，用创新的观念和思维全面推进文化创新，

---

① 高翔莲、陈帅：《论习近平新时代文化创新思想的四重意蕴》，《江汉论坛》2019年第3期。
② 赵剑英：《中国特色社会主义文化创新的精神指南》，《中国社会科学报》2016年3月31日。

包括马克思主义中国化的持续推进、中华优秀传统文化的创造转化创新发展、社会主义核心价值观的落实践行等。

总之，中国特色社会主义文化创新思想已经在理论探索方面取得了巨大成就，构建包括传统文化创造转化创新发展、文化自信、国家文化安全、社会主义核心价值观、讲好中国故事等在内的理论框架和体系，并正在指导和引领中国特色社会主义的文化创新发展。在当前中国特色社会主义新时代，我们谈论文化创新发展，就不得不重视中国特色社会主义文化创新理论的指引作用。

（三）中华优秀传统文化创新发展理论

中华优秀传统文化是中华民族在长久的历史实践中形成、发展并经过历史淘洗后积淀下来的各类文化的精华部分。中华优秀传统文化内容丰富，内涵深刻，值得我们不断去挖掘与传承创新。习近平总书记指出："世界上一些有识之士认为，包括儒家思想在内的中国优秀传统文化中蕴藏着解决当代人类面临的难题的重要启示。……中国优秀传统文化的丰富哲学思想、人文精神、教化思想、道德观念等，可以为人们认识和改造世界提供有益启迪，可以为治国理政提供有益启示，也可以为道德建设提供有益启发。"当前，我们正肩负着中华民族伟大复兴的历史使命，中华民族的伟大复兴也有赖于文化复兴，而文化复兴离不开中华优秀传统文化的传承和创新发展。习近平总书记多次强调，要"推动中华优秀传统文化创造性转化、创新性发展，让中华文明的影响力、凝聚力、感召力更加充分地展示出来"。习近平总书记对如何实现中华优秀传统文化的"创造性转化、创新性发展"也做了充分论述："传承中华文化，绝不是简单复古，也不是盲目排外，而是古为今用、洋为中用，辩证取舍、推陈出新，摒弃消极因素，继承积极思想，'以古人之规矩，开自己之生面'，实现中华文化的创造性转化和创新性发展。"①2017年5月中共中央办公厅和国务院办公厅印发的《国家"十三五"时期文化发展改革规划纲要》中更是明确提出要"传承弘扬中华优秀传统文化"，处理好继承和创造性发展的关系，重

---

① 习近平：《在文艺工作座谈会上的讲话》，人民出版社2015年版，第26页。

点做好创造性转化和创新性发展。"创造性转化,就是要按照时代特点和要求,对那些至今仍有借鉴价值的内涵和陈旧的表现形式加以改造,赋予其新的时代内涵和现代表达形式,激活其生命力。创新性发展,就是要按照时代的新进步新进展,对中华优秀传统文化的内涵加以补充、拓展、完善,增强其影响力和感召力。"这些论断都对中华优秀传统文化"创造性转化、创新性发展"进行了全面、系统的论述,既明确了为何要进行优秀传统文化的创造转化、创新发展,又指出要如何进行创造转化、创新发展。这些理论表述与论断,构筑起了中华优秀传统文化创新发展理论。

中华优秀传统文化的创造转化和创新发展是一个事关民族文化复兴的大课题,要不断推进中华优秀传统文化的创造转化和传承创新研究。中华优秀传统文化是我们中华民族精神家园的源头,它构成了我们民族的集体无意识,我们民族或个体的一切行为观念和思想意识都可以在传统文化中找到文化的根由。我们总是以自己的肉体和灵魂为载体不断传承和发展着我们优秀的文化传统,并从中汲取文化的养分。文化的发展源于文化的传承,无传承则无发展;文化的创新也基于文化的传承,无传承则难有创新。中华优秀传统文化的创造性转化和创新性发展首先根植于对中华优秀传统文化的良好传承。目前国内学术界展开了对于中华优秀传统文化的广泛深入的讨论,尤其是对于中华优秀传统文化创新发展的必要性、可行性、路径等方面进行了较多研究。这些研究不断丰富和完善了中华优秀传统文化创新发展理论。熊黎明认为过去的一百年,现代化作为民族求新求变的主要方式,它一直延续至今,因此也成为中国思想文化界的基本命题。中国要走向世界,理所应当地要使中国的文化走向世界;中国要实现现代化,理所应当地必须实现中国文化的现代化。在传统文化的现代转型中,理性、科学、人道主义是必然的目标选择。[①] 罗本琦和方国根认为中国传统文化的现代转型是伴随着马克思主义的中国化而实现的,马克思主义中国化的实质是在全面荡涤传统文化的基础上,继承并超越传统文化,创造崭新的民

---

① 熊黎明:《中国传统文化的现代转型》,《云南社会科学》2001年第2期。

族文化的过程。① 吴珏认为马克思主义中国化打破了传统文化的窘境，指导并促进了传统文化的转型。② 张威和盛海英认为只有寻找到传统文化现代性转型的正确路径，唤起人们内心对优秀传统文化的认同感与自豪感，让传统文化为中国特色社会主义建设保驾护航，才能真正传承中国传统文化，推进中国特色社会主义建设。③ 朱晓瑾认为应以马克思主义为引领，努力研究、发现、挖掘中华传统文化，深入研究和阐发传统文化中一切有价值的思想，从而推动中国现代文化的全面跃升。④

第二节　国内外文化创新的案例分析

一　国外典型案例

（一）好莱坞中国题材动漫的文化创新

一直以来，美国的文化影响力可谓独步全球，引领着全球文化发展，不断向世界其他国家输出美式文化。最具代表性的就是"三片"，即薯片、电影大片、芯片。"薯片"代表着美国式的消费文化，"电影大片"代表着影视娱乐文化，"芯片"代表的是高科技文化。这三种文化无一例外地都得益于美国强大的文化创新能力。但就文化创新来说，美国电影大片对人们思想文化的影响最为深刻，美国好莱坞大片已经成为全球影视文化和影视产业的代表性符号。美国好莱坞大片之所以取得如此成就，并不仅仅是由于美国影视技术的先进与发达，归根到底，更多的还是依赖于好莱坞优秀的文化创新能力。在文化领域，文化内容与内涵的创新才是文化产品的核心竞争力。美国好莱坞电影中，有一类电影值得我们关注，那就是好莱坞的中国题材动漫电影。它的故事题材完全取自中国，甚至故

---

① 罗本琦、方国根：《马克思主义中国化与中国传统文化的现代转型》，《岭南学刊》2005年第6期。

② 吴珏：《马克思主义中国化与中国传统文化转型》，《江西社会科学》2007年第5期。

③ 张威、盛海英：《中国传统文化的现代性转型》，《人民论坛》2017年第10期。

④ 朱晓瑾：《传统文化如何实现现代转型》，《人民论坛》2017年第26期。

事本身就选自中国的传说故事,但是经过好莱坞的制作,成为风靡全球的美国电影大片。

据不完全统计,近年来,美国好莱坞的中国题材动漫电影主要有《花木兰》《梁祝》《宝莲灯》以及《功夫熊猫》三部曲。其中《花木兰》《梁祝》《宝莲灯》三部电影都是改编自中国古代经典故事,而《功夫熊猫》则是选用了大量中国元素,通过构建中华文化和中国风的故事场景,讲了一个全新的美国式故事。综观这几部电影,可以说都充满了丰富的文化创新的元素。比如1998年迪士尼制作的《花木兰》改编自中国南北朝乐府诗《木兰辞》,讲述了花木兰代父从军、抵御匈奴入侵的故事,这个故事对我们来说并不陌生。迪士尼在制作该电影的时候,首先细致打磨和构建了其中的中国故事情景,服装、道具、打斗的武功招式等都尽量高度还原;其次是采用具有中国审美特色的中国水墨画风格,让整部电影呈现出浓浓的水墨画风格;最后是在电影配乐方面,采用了大量中国民乐。就整部电影的观感来说,无疑是一部地道的中国电影,只是其中人物的英文对白或许会让人感到诧异。现在回过头来细看这部电影,其故事素材、人物设置、场景布置、配乐等似乎都无甚新奇,但是就1998年那个年代来说,这种将好莱坞的先进电影制作技术注入中国故事题材之中,让中国故事、中国题材能够搬上好莱坞的银幕,这本身就是一个巨大的创新,让世界影迷耳目一新,无不惊叹于中华文化的独特魅力。这种创新,主要体现为思路创新和组合创新。也就是说,通过另辟蹊径,转换思路,进行多要素的重组融合,进而产生出新的事物。《花木兰》电影当时就属于这类文化创新的电影产品。当然,好莱坞中国题材动漫电影中影响最大、最成功,也最有代表性的是《功夫熊猫》三部曲,它们分别于2008年、2012年、2016年上映。《功夫熊猫》将最具中国特色的功夫和熊猫两个文化符号进行组合,塑造了一个立志成为并最终成为功夫高手的熊猫的形象,讲述了一只憨态可掬的、笨拙的熊猫如何成为功夫高手以及成为武功高手后如何匡扶正义、除暴安良、保护弱小的故事。这个故事深深地吸引世界各国影迷,使得《功夫熊猫》系列电影最终在全球累计获得近50亿美元的票房收入。《功夫熊猫》系列电影在商业和文化上取得巨大的成功，与其在电影中所体现出来的强烈的文化创新分不开。总体来说，《功夫熊猫》系列电影在文化上的创新体现在以下两方面。

一是对中国文化元素充分和恰到好处的运用。在整部电影中，无论是主角阿宝的形象塑造，还是乌龟大师的人物设计，抑或是电影中水墨画式的中国风场景，都展示出了大量的中国文化元素。比如中国的食文化元素，如面条、豆腐、包子等；中国建筑文化元素，如庙宇、牌坊、宫殿等；中国功夫文化元素，如武器兵刃、功夫招式、江湖文化等；其他中国文化元素，如汉服、书法、剪纸、皮影、筷子等。再加上诸如"师傅""功夫""豆腐"等中文发音，所有这些元素共同构筑起了一幅极具中国文化特色的中国式场景，具有极强的真实感和代入感。这些元素的引入，对于中国观众而言，具有强烈的亲近感；而对于长期观看好莱坞大片风格电影的西方观众而言，这种少见的中国题材电影无疑充满了新奇感与新鲜感。

二是中国文化与美国文化的结合。剥离开《功夫熊猫》系列电影中所使用的大量的中国文化元素来看，《功夫熊猫》实际上是用中国化的元素讲了一个美国式"英雄"的故事。有研究者指出，"《功夫熊猫》依然在叙述平凡小人物成长为'神龙大侠'的'好莱坞式英雄'故事，但创作团队表达美国精神内核的途径更加中国化了。"[①] 这种做法无疑是一种非常取巧的文化创新方法，这就是我们常说的"旧瓶装新酒"式或者"杂糅"式创新，也就是借用新元素的引入来实现形式的创新，进而让其整体呈现为一种全新的状态。有研究者直接指出，《功夫熊猫》就是中西文化的杂糅，在故事背景、熊猫形象、电影价值观等方面进行了杂糅，将中西文化熔于一炉，实现了中西文化的完美融合。[②]

这些美国好莱坞中国题材动漫电影所取得的成功，让我们不得不警醒。在当代消费文化时代，某一种文化资源已经不再是某一民

[①] 强若兰：《"中国形象"与套话再造：〈花木兰〉与〈功夫熊猫〉的叙述比较》，《信阳农林学院学报》2020年第1期。

[②] 章宏、邵凌玮：《〈功夫熊猫3〉：中美电影合拍中的文化杂糅》，《江苏师范大学学报》（哲学社会科学版）2016年第4期。

族和某一国家独享的专利，相反，它具有公用性，别人都可以对这一文化资源进行再开发和利用。比如木兰从军故事、梁祝的浪漫爱情故事、宝莲灯的救母故事等，虽然都源自中国，但并不是只有中国才能利用。相反，谁能通过现代文化创新手段，将这些优秀传统文化资源进行创新和开发，使其呈现出当代风格，谁就能赢得该文化资源的当代红利。而中国具有大量类似花木兰、梁祝这样的经典故事，如若我们不对其进行创新性的开发利用和当代呈现，它们要么就会被其他国家抢先予以开发，使我们失去对该文化资源的主导话语权，要么就是这些文化资源躺在故纸堆中沉沉睡去，导致其丰厚的文化价值被埋没。

（二）日本动漫文化创新发展

提起日本文化，我们首先想到的就是日本动漫。很多中国人的童年都是在观看日本动漫中度过的，比如《聪明的一休》《火影忍者》《灌篮高手》《天空之城》《海贼王》《风之谷》等。的确如此，动漫已经是日本最具代表性的文化符号。动漫产业在日本已经成为仅次于汽车、家用电器的第三大支柱产业，在国民经济中占有举足轻重的地位。据统计，2017 年，日本动漫产业市场规模达到 2.15 万亿日元，创历史最高纪录。其实，日本动漫的高速发展也就是 20 世纪 80 年代以后的事。20 世纪 80 年代中期，日本与美国签订《广场协定》。日本经济在多年的繁荣后陷入危机，面对经济的滞胀，日本提出了"文化立国"的发展战略，希望通过大力发展文化，培育新的经济增长点。由于经济衰退而引发的社会问题，人们出现精神危机，迫切需要找到新的精神寄托。在这两方面因素的合力下，有着悠久传统的日本漫画得到了社会的认可，因为动漫为日本民众带来了快乐、希望、想象和勇气，漫画这种文化产品正好符合日本时代的需要。[①] 从此，日本动漫产业迎来了繁荣发展的 30 年，成为继茶道、歌舞伎、相扑之后的第四个日本"国宝"[②]，更成为日本对外文化输出的主要类型。日本动漫畅销全世界，纷纷进入世界各国人民的家庭电视中，为日本换回大量外汇，并一举超过美国动漫产

[①] 景宏：《日本动漫产业的发展及其对世界的影响》，《日本学刊》2006 年第 4 期。
[②] 姜滨：《日本动漫文化的流变与发展》，《当代传播》2011 年第 4 期。

业，赢得动漫产业的世界霸主地位。

很显然，日本动漫之所以能够在短短二三十年时间取得如此显著的成绩，绝非仅仅是因为它顺应了国内经济发展形势，也绝非单单依靠日本既有的浮世绘漫画传统和文化资源，更不是依靠日本政府的扶持，而是依靠动漫产业本身爆发出来的强大的文化创新能力。一是对日本传统漫画技法、漫画题材、漫画理念、制作手法等方面进行改造创新，追求风格上的新颖鲜明，突破了日本动漫原有的制作模式，以更加完善的创作技巧、更现代的画风，以及超越现实的精巧构思，创作出满足国民精神文化需求的精彩动漫产品，不断适应变化了的社会文化环境，带给受众全新的、不一样的感官刺激。二是在动漫的产业化运作方面进行创新，通过现代商业模式和运营思路推进动漫行业的产业化运作。日本动漫产业形成了"企划＋制作＋运营"的产业链运作模式。"企划"就是企划公司，主要负责动漫的构思设计等；制作就是动画制作公司，主要是根据企划公司的构思来具体制作绘制着色等；运营就是商业运营公司，主要负责对于动漫产品进行商业和市场推广营销，包括动漫书籍、影像制品以及动漫周边衍生产品等。这种动漫产业链模式的形成，让各类动漫公司都可以根据自己的优长只专注于动漫生产中的某一个环节来进行深入研究，在自己的产业环节中发挥出最优势的力量。同时，这种产业模式也使得这些公司摆脱了重资产运作，降低了运营风险。三是注重动漫人才的培养。在高校中设置动漫专业，专门培育动漫人才，国家也出台相关的动漫人才激励办法，鼓励成立动漫工作室等。在这些措施的带动之下，日本涌现出了众多世界级的动漫大师，比如创作《千与千寻》《天空之城》的宫崎骏、创作《龙珠》的鸟山明、创作《海贼王》的尾田荣一郎、创作《名侦探柯南》的青山刚昌、创作《火之鸟》的手冢治虫等。此外，伴随着动漫产业的发展，日本的动漫研究不断深入。早在1936年，"日本动漫研究的第一人"须山计一就出版了他的漫画研究著作《现代世界漫画集》。到20世纪七八十年代，日本动漫行业迎来快速发展，带动了动漫研究发展。1994年，日本学者四方田犬彦出版了当时动漫研究集大成之作——《动漫原论》，从绘画技法、画风、画面设计、故事等多方面展开对于动漫的研究。1997年，夏目房之介出版

《动漫为何有趣——其表现与文法》。这些动漫研究成果又反过来被引介入动漫创作之中，促进了动漫产业的进一步发展。以上这些举措大大激发了日本动漫行业的生产力和创造力，使得日本在20世纪八九十年代生产出了众多享誉世界的知名动漫产品。

二　国内典型案例

（一）故宫文创

最近几年，国内文创最具有代表性的当数故宫。故宫的文创产品不仅得到市场和社会民众的认可，也得到了文化学者的肯定，现在已经成为国内文化创新的代表性符号。"故宫"是故宫博物院的简称，故宫博物院是中国规格最高的博物馆，里面珍藏着中华上下几千年的文化珍宝，已经成为中华文化的象征，给人以文化的威仪感和崇高感，似乎与商业性的文创产品格格不入。但是这些年来，故宫博物院却一改之前的高雅与威严，以另一种亲民的风格走向社会大众，赢得了大家交口赞誉，并获得文创市场的巨大成功。这一切都得益于"故宫文创"将故宫中静态的文化资源进行创造转化和创新表现，实现了故宫文化的活态转化。"故宫文创"可以说是传统文化"创造性转化、创新性发展"的最佳案例。

2008年，故宫博物院成立故宫文化创意中心，开始探索故宫文化创意化发展之路。2013年，故宫正式开始了对于故宫文化资源创意转化的商业实践。2013年5月，故宫博物院推出首个应用程序《胤禛美人图》，通过20幅宫廷美女图画，将清代宫廷生活展示给全国网友。此后，继续推出了《紫禁城祥瑞》《皇帝的一天》《韩熙载夜宴图》《每日故宫》等多个App，将故宫文化与当前火热的互联网文创相结合，赢得了大批年轻人的关注和支持，使得故宫文创逐渐成为一个现象级的流行文创品牌。与此同时，故宫也广泛吸引社会力量参与故宫文化产品创意的生产。2013年8月，故宫面向社会公开征集文化创意，举办以"把故宫文化带回家"为主题的文创设计大赛。随后，印有"奉旨旅行""随朕出征"和"如朕亲临"等字样的故宫风格行李牌以及"朕就是这样汉子"等故宫折扇上市，成为市场热销文创商品。这些文创产品无不给人以新鲜感，让之前在深宫大院中的文化元素飞入了寻常人身边，让人顿时觉得故宫高大上的文化原来也可以这么通俗好玩。例如2014年，故宫推出一篇《雍正：感觉自己萌萌哒》的文章，文中出现了比着剪刀手的雍正、挤眉弄眼的康熙的表情包，一下子将以前严肃的、高高在上的皇帝形象变得萌态可爱，让人忍俊不禁，颇具喜感，深得广大年轻人的喜爱。2016年，故宫博物院成立北京故宫文化创意有限公司，专门推进故宫文创事业。此后，故宫文创产品及周边不断出新，而且每一个都得到社会好评。2016年1月，故宫在中央电视台纪录频道推出《我在故宫修文物》纪录片，真实讲述故宫文物修复修缮的故事，让人对故宫文化有了更具体和深入的了解。2018年，故宫博物院推出了首档文化综艺节目《上新了！故宫》，将尚未向公众开放的故宫区域展示给大众。2018年，相继推出6款国宝色口红和"故宫美人"面膜，2019年除夕推出"紫禁城里过大年"活动。故宫文创现在已经成为我国文创的最具价值的文化IP之一。故宫文创在商业上的成功足以说明故宫文创IP的巨大价值。在2007年前，故宫博物院的主要收入还来自门票，但在故宫开启文创之路后，到2016年，故宫文创产品销售额达到10亿元。2017年，故宫文创产品品类突破10000种，文创营收更是高达15亿元。故宫文创取得的巨大成功足以说明中华优秀传统文化在当前仍然具有旺盛的生命力，并很好地证明了经过创造转化、创新发展后的中国优秀传统文化所蕴含的巨大潜力，更为当前我们推进中华优秀传统文化的"创造性转化、创新性发展"提供了现实参考价值。

由以上分析可知，故宫文创之所以能在短短几年时间取得文化和商业市场的双重巨大成功，与故宫不拘一格的文化创新密切相关。概括来说，故宫在文化创新上的主要做法如下。一是注重文化大IP的精心打造。故宫本来就是中国文化中的一个代表性IP，但是在此之前故宫一直以一种严肃而充满威仪的风格示人，让人有一种难以接近之感。故宫文创首先就是破除了故宫文化与社会大众的这种心理隔阂，选择走平民化、通俗化、精品化路线，借用故宫丰富的文化资源和独有的文化元素，打造了一大批独具特色的文创产品，赢得了人们的认可和喜爱，使得故宫文创成为一个特色鲜明的文化大 IP。故宫文创 IP 是在故宫文化整体 IP 之下进行的商业化、社会化运作，让原本严肃和高高在上的皇家文化、宫廷文化和高雅文化变得鲜活通俗、平易近人，为故宫文创 IP 注入了鲜明的文化气质和文化品格。二是注重创意融合，通过丰富多彩的创意实现了故宫文化与社会流行文化的同步。比如故宫文化 App、故宫日历、故宫口红、故宫面膜以及故宫表情包、行李牌等，并利用微博、微信等流行社交媒体进行推广传播，创新了传统文化的表现形态和传播渠道。三是文创产品的多样化和新奇化。故宫大量的文物藏品给故宫文创提供了取之不尽的丰富文化资源，例如故宫建筑、书画、历史故事、皇家人物等都成了故宫文创取材的宝库。再加上丰富创意的引入，这些文化资源实现了活态转化，每一款文创产品的推出都极具特色和无可替代。四是现代数字科技的引入，让故宫文物和文化科技融合，全方位、立体化地呈现故宫文物。例如 2016 年 9 月，故宫博物院与凤凰领客文化达成合作，双方将通过 3D 虚拟成像、VR 虚拟现实、AR 增强现实、MR 互动沉浸等技术手段实现故宫文物的数字化，将故宫文物搬入互联网，不断扩大和创新故宫文化的表现形式，提升其文化价值，广泛传播故宫文化内涵。

对于故宫文创的成功经验，北京大学文化产业研究院副院长向勇教授进行了研究总结。他认为故宫文创是一种传统文化在日常生活中传承发展的先锋试验和当代典范，它实现了场景体验的原真性建构、价值整合的共生创新、IP 价值的全产业链创新。[①] 此外，有研究者梳理了故宫文创的取胜之法，例如寻求新的价值的认同，注重文化的提炼、重构和再造，善用市场化的手段等。[②] 还有研究者总结了故宫文创带给传统文化创新发展的启示，比如加强传统文化的创新设计、将设计与实用性相结合、追求工匠精神、利用数字技术进行创新、善用互联网思维的传播与推广策略等。[③]

[①] 向勇：《故宫文创：传承优秀传统文化的先锋实验》，《人民论坛》2019 年第 9 期。

[②] 郭万超：《博物馆文创的市场逻辑及提升路向——对"故宫文创热"的思考》，《人民论坛》2019 年第 9 期。

[③] 梁淑敏：《"互联网+"背景下北京故宫文创的开发设计与推广研究》，《包装工程》2020 年第 8 期。

（二）山水实景演出

2002年，著名导演、中国山水实景演出创始人梅帅元与另一知名导演张艺谋合作，在广西桂林阳朔桂林山水景区推出了我国第一部山水实景演出节目《印象·刘三姐》，标志着我国实景演出的诞生。从此，这种全新的演出方式出现在人们视野中，逐渐被各大旅游景区采用，成为旅游景区招揽游客、全方位展示景区文化的最佳选择。实景演出逐渐成为景区的保留文化演出节目和金字招牌。实景演出也被称为山水实景演出，它立足于当地民俗文化，以真实山水景物为演出舞台和背景，融合了现代音乐舞美技术以及高科技手段，对景区所在地独特的优秀传统文化进行实景展示，让人仿佛置身真实故事和文化场景之中，从而得到震撼的沉浸式的文化体验。实景演出代表了我国"文化+旅游"深度融合发展的成功模式，是中国旅游业向人文旅游、文化旅游转型下的自发探索与成功实践。

就目前而言，实景演出大致可以分为三种类型，分别是山水实景旅游演出、剧场实景演出、主题公园实景演出。其中影响较大的还是山水实景演出。在梅帅元、张艺谋、王潮歌等山水实景演艺导演的带动下，我国逐渐形成了"印象"系列、"千古情"系列、"又见"系列、"山水盛典"系列等多个山水实景演艺品牌。截至当前，"印象"系列有《印象·刘三姐》（2004）、《印象·丽江》（2006）、《印象·西湖》（2007）、《印象·海南岛》（2009）、《印象·大红袍》（2010）、《印象·普陀》（2010）、《印象·武隆》（2011）等多部经典作品。"又见系列"包括《又见平遥》《又见五台山》《又见敦煌》《又见马六甲》《知音号》等剧目。"千古情"系列包括《宋城千古情》《三亚千古情》《丽江千古情》《九寨千古情》《炭河千古情》《张家界千古情》《中华千古情》等。其中"印象"系列主要着眼于将当地山水实景与文化的融合，追求观感上的山、水、人的交融；"千古情"系列主打高科技与文化的融合，以声光电技术营造全新的艺术体验环境；"又见"系列主打"沉浸式"体验，以"沉浸式"演出为主，不再局限于舞台演出，而是让观众真实置身于演出场景。目前这种山水实景演出还在不断进行迭代演化，从1.0时代的山水实景演出的纯旅游演艺，到2.0时代的注重观众体验的沉浸式,逐渐发展到现在3.0时代交互、对话和参与式演艺。比如,2019年峨眉山景区推出的由王潮歌导演的《只有峨眉山》实景演出,通过"云之上""云之中""云之下"三个剧场,用实与虚、写意与留白、表现与间离等方式为游客带来了一次别样的旅游演艺体验。[①] 这些实景演出真正实现了山水景物、文化、旅游融合发展的模式,对于旅游产业和文化演出行业具有极大的带动作用。例如,"印象"系列的代表作《印象·刘三姐》自2004年上市以来,到2019年,共演出7000多场次,营业收入超20亿元;"千古情"系列的第一部《宋城千古情》,至今演出24000场次,累计7000万余人次,创造了巨大的文化价值和商业价值。

当然,以上这些山水实景演出案例的成功,绝非单单依靠其对先进的声光电技术和酷炫的舞美表现的运用,也不仅仅是由于其顺应了旅游业快速发展趋势,还在于它们本身对于文化的创新,包括文化内容的创新、文化表现形式的创新、文化传播方式的创新等。比如,《印象·刘三姐》就将刘三姐的故事和广西民歌文化等进行融合创新开发,实现了桂林自然风光、音乐资源、民俗文化、漓江风情的完美结合,并最终获得国家首批"文化产业示范基地"称号以及中国十大演出盛世奖、首届文化部创新奖等荣誉。再如,《宋城千古情》是将良渚文化的场景、宋皇宫的辉煌、岳家军的惨烈、梁祝和白素贞许仙的爱情故事等文化资源和题材进行深度融合开发,实现了文化的融合创新。正是由于在文化内容、表现形式以及舞美技术方面的综合创新,山水实景演出已经成为一种全新的艺术形式。[②]

第三节 国内外文化创新的经验总结

文化是一个复杂的系统,文化的创新发展绝不是一件容易的事,

[①] 《看完全剧,需要6天时间》,《四川日报》2019年9月7日。
[②] 孙海兰、焦勇勤:《山水实景演出:一种新的艺术形式》,《海南师范大学学报》(社会科学版)2010年第3期。

但文化创新显然有路可循。文化涉及多方面的内容，我们只要在文化的某一个方面实现了创新，也就能够在一定程度上推进文化的创新发展。这是一种方法论上的策略，也就是说，当问题困难到我们一下子不能彻底解决或还没有找到更好的解决办法的时候，我们最好的办法就是将问题进行细化，从多个角度予以分割解决。文化的创新发展也可如此。在对国内外文化创新发展经典案例的分析中，我们也发现这些文化创新发展的案例之所以成功，并不是因为它们实现了文化的全面创新或跨域式创新，而往往只是注重在某一个方面或者方向上的创新，进而推进了文化的创新发展。按照这个思路，我们对国内外文化创新发展经验进行了总结、提炼。这些经验和做法包括：文化资源的创新利用、文化理念的创新、文化制度的创新、文化内容的创新、文化科技的创新、文化产品的创新、文化创新人才的培养等。

一　文化资源的创新

文化资源是文化的载体和存在形式，一切文化都只有通过文化资源的承载才能传承传播和为我们所感知，它是人们从事文化生活和生产所必需的前提准备。所谓文化资源，"是指可供主体利用和开发，并形成文化实力的各种文化客观对象，包括前人所创造积累的文化遗产库，今人所创造的文化信息和文化形式库，以及作为文化活动、设施与手段的文化载体库等"[①]。文化资源包括有形的物质文化资源和无形的非物质文化资源、现实文化资源和历史文化资源等类型。文化资源是文化发展的基础，文化不是凭空出现的，都是在既有文化基础之上进行再开发而发展起来的，没有根基、没有底蕴的文化谈不上创新，也谈不上发展。因此，文化创新发展，首先要做好文化资源的创新利用。综观国内外文化创新发展的典型成功案例，绝大多数是对优秀的文化资源的创新开发、利用。比如，前文提到的日本动漫就是很好地继承和发展了日本的浮世绘和漫画文化传统，好莱坞中国题材动漫电影也是通过对中国古代丰富文化资源的创新开发，再

---

① 周正刚：《论文化资源的可持续开发》，《求索》2004年第11期。

如德国鲁尔区、北京 798 艺术中心等都是对其原有工业文化的创新利用。此外，我国现在正在推进的非物质文化遗产的创新发展，也是从对文化资源创新开发利用的角度去推进文化的创新发展，形成对这些非物质文化遗产的开发性保护。所以，对传统文化资源进行创新利用和创新开发，让文化资源重新焕发文化生机和文化魅力，与当前的时代社会接轨，是实现文化创新发展的重要方向。

二　文化内容的创新

文化内容是文化的核心部分，是一种文化区别于别种文化的根本，它包括文化理念、文化思想、文化精神、文化观念等，是文化的核心价值所在。文化内容创新是最难的，但是一旦实现创新就是根本性的创新，是最具有核心竞争力的创新。为此，当前的文化创新发展中，我们都非常注重文化内容的创新。比如日本的动漫，之所以能在短短几十年时间走向全世界，成为世界文化创新的代表，获得世界的认可，很明显，并不是由于其外在形式多么新颖吸引人，更多地在于其在文化内容上进行的深度创新，将日本既有的动漫文化与当前世界的流行文化、前卫文化相结合，创新性地构建了新的日本动漫文化，这才是日本动漫在国际动漫市场的核心竞争力。在文化内容创新方面，我们需要更多地关注文化内容本身，注重对于文化理念、文化思想、文化知识、文化精神等的创新。当然，这些创新也不会空想而来，而是需要在对既有文化长久的思考研究之上，最终才能得出一种新的思想、观念、理论、知识等。熊彼特通过对农业技术在农村的推广应用进行研究，结合前人的相关理论，最终提出了自己的"创新理论"。这个创新理论的提出，本身就是文化内容创新中理论的创新。同样，马克思主义唯物辩证法的提出，毛泽东思想的形成，中国特色社会主义理论的构建等，都是在对既有文化借鉴吸收的基础上实现的文化内容的创新。

三　文化制度的创新

文化的发展需要文化制度的支撑。只有在一个良好的制度环境中，文化才能实现繁荣发展。文化制度是指一国通过宪法和法律调整,以社会意识形态为核心的各种基本文化关系的规则、原则和政策的总和。概言之,文化制度就是一个国家各种文化政策、文化法律共同形成和建构起来的文化发展的整体规约和宏观环境,它还包括文化体制、机制等。文化制度是开放还是封闭,是灵活还是僵化,是先进还是落后,都将影响到文化的创新发展。综观当前世界文化发达国家,它们的文化制度往往都较为开放、灵活和先进,而那些文化落后的地区和国家,其文化制度多呈现为封闭、僵化、落后的状态。当前,我国的中国特色社会主义文化建设之所以能够取得伟大成就,就在于我们构建了创新的中国特色社会主义文化制度体系,包括思想理论层面的文化制度、宪法和法律层面的文化制度、党对文化事业的领导制度和国家对文化建设的管理制度、与"四大体系"相适应的文化制度以及方针政策层面的文化制度五个层次。① 此外,我国还推出了大量关于文化创新发展的相关政策或指导意见,全面构建了文化创新发展的政策体系。由此可见,创新灵活的文化制度、体制、机制能够不断推进文化的创新发展。

四 文化传播的创新

文化的创新发展还可以通过改变文化传播方式来推进和实现。新的文化传播方式和文化传播渠道的引入,往往让人耳目一新,使人们更愿意接受和认可新的文化。因为新的文化传播方式改变了原有文化的呈现形态,从而使文化以一种前所未有的全新面貌出现在人们面前。比如故宫博物院推出的纪录片《我在故宫修文物》以及和其他八家国家级重点博物馆合作推出的《国家宝藏》节目,就将以前深藏在藏馆中的国宝文物通过电视媒介展现在观众眼前,不但很好地宣传弘扬了中华优秀传统文化,而且极大地激发了民众学习研究传统文化的热情。此外,诸如《中国汉字听写大会》《中国诗词大会》《国礼与传统文化》等电视节目,通过对优秀传统文化资源的凝练,借助现代电视编导和影视光影技术,打造了传统文化类电视节目矩阵,构筑起传统文化的多维立体传播场景,成功从传播

---

① 刘仓:《试论中国特色社会主义文化制度》,《高校马克思主义理论研究》2019年第3期。

场景的角度实现了传统文化高语境传播转换。这不但使得传统文化在电视媒介表达场域中获得新的话语主体地位,而且重新点燃了受众对传统文化的热情,创造了久违的"集体狂欢式"的电视节目文化景观①,引领着社会大众积极主动投入优秀传统文化的学习和传播中。在当前的互联网时代,我们应该利用好互联网传播方式和传播渠道,不断创新传播工具、传播手段、传播思路,通过更新文化传播方式推进文化创新发展。

五 文化科技的创新

文化科技创新是文化与科技发展的融合,是科技创新的成果扩展到文化领域进而推动文化创新发展的过程。当前科技发展日新月异,大量的新兴技术不断被发明创造出来。这些新兴技术不仅改变了我们的生活方式,也改变了我们的认知方式和思维方式。根据技术创新理论,技术的进步创新是社会发展的重要推动力,是实现创新发展的重要方式。把这些先进技术引入文化领域,必然会促进文化之前的传播形式、表现形式等的变革,推进文化创新。文化科技创新绝不单单是技术的更新,而是通过引入新科技的元素,强调文化与科技的融合。从理论上说,文化科技创新是现代科技手段与文化目的深度融合意义上的创新,是强调意义性而非功能性的创新,是追求文化消费的品质而非数量的创新。② 例如,当前流行的人工智能、VR/AR、"互联网+"、3D等技术,都已经引入了文化领域,正在激发文化新的活力。比如我们通过对中华传世名画《千里江山图》画中景物的数字化分析处理,实现画中景物的活化和动态化。③这可以让人们置身画中真实场景,全方位、近距离领略画中风采,真切感受中华山水画的魅力,在观感享受和情感共鸣中潜移默化地

---

① 王婷:《意义生成与语境建构:"语域"视阈下传统文化类节目研究》,《现代传播》2019年第1期。

② 杨凤、陈思:《论文化科技创新》,《东北大学学报》(社会科学版)2013年第6期。

③ 华强方特打造中国画题材球幕飞翔影院《飞越千里江山》,游客可通过"飞行观画"模式,领略《千里江山图》的传世风采。http://www.xinhuanet.com/travel/2018-07/06/c_1123088823.htm。

接受优秀传统文化的熏陶。再如上海世博馆对《清明上河图》进行数字扫描和数字处理，借用三维动画、虚拟成像等技术，让图中的人物和建筑"变活"，让人们能够全景立体式和沉浸式体验当时汴京繁华喧嚣的真实生活场景。这些都是通过借用先进的技术实现传统文化元素现代活化的优秀和成功案例。

六　文化产品的创新

文化发展成果最终都会以一定的形态展示出来，要么是精神形态，要么是物质形态。如果我们在文化内容上一时难以形成创新或在内容创新难度较大的时候，可以改变策略，通过改变创新文化的物质载体让文化有所创新。在当前环境下，伴随着文化创意产业的蓬勃发展，文化也越来越呈现出作为商品的形态，也就是我们常说的文化产品。我们在消费文化产品的时候，虽然绝大多数时候是被文化产品内在的文化价值吸引，是着眼于其中的文化价值，但是有时候也是直接被该文化商品新颖的外在呈现形式吸引。而且在文化商品中，文化产品外在形态的创新本身也是文化创新的一部分。这就提醒我们，在文化产业化发展过程中，我们生产的文化产品不但要注重内在文化内容的创新，还需要做好外在物质载体的创新。比如前文提到的故宫文创，如故宫口红、故宫面膜、故宫折扇、故宫行李牌等，都是文化产品实现创新的典范。它们通过把故宫文化元素注入我们常见的日常商品，使得这些商品富有文化气息，表现出完全不一样的产品风格。这些文创产品可以说在文化内容上并没有太大的创新之处，但是一旦将这些故宫文化元素与日用商品形态结合，本身就是对故宫文化资源的一种创新利用，实现文化的创新。文化产品的创新相对较为容易，例如改变产品形态、产品与文化的多维融合、引入新的产品设计思路、使用新的产品制作材质、更改产品外观设计等。

七　文化人才的创新

创新的根本在于人，不论何种创新，归根到底，都来自人的思维活动与社会实践。文化创新也同样如此，文化人才是文化创新发展的根本推动力量,历史上一切伟大的思想文化创新都是由大智慧者们所推动和完成的。党的十九大报告明确指出,要激发全民族文化创新创造活力。文化创新创造的活力首先就来自广大的文化从业人员。当今世界,文化发达、文化创新能力强大的地区和国家,无不是文化人才富集之地。根据佛罗里达提出的"创意阶层"和"3T"理论,人才是创意城市发展的基础,也是创意城市与其他城市的本质区别,文化创意最终是由创意人才也即创意阶层来实现的。例如前文提到的日本动漫案例,日本为了推动动漫产业的发展,创新性地在高校设立动漫专业,专门从事动漫相关人才的培养。再比如好莱坞,其电影之所以能风靡全球,很大程度上在于好莱坞吸纳了来自世界范围内的大量优秀电影人才,从故事编剧、导演、电影制片、后期制作到商业运作等,都构建了专门化的、高素质的人才队伍。当前我们正面临着发展社会主义先进文化和建设文化强国的艰巨任务,文化人才的重要性不言而喻。为此,当前我们应该大力发展人文社会科学,培养更多更优秀的文化人才。

总之,研究是为了更好地指导实践。当前我们正在大力推进中国特色社会主义先进文化的创新发展和中华优秀传统文化的创造转化、创新发展,这就需要我们认真梳理创新及文化创新相关理论,深入分析国内外具有代表性的文化创新发展案例,总结成功经验,并将这些理论研究成果和成功经验运用到我们文化创新活动之中,更好地推动我们的文化创新发展。根据前文的理论梳理和案例分析总结,我们知道文化创新无外乎就是做好三方面的工作:一是文化内容的创新,包括思想、观念、理论、知识、精神等;二是文化形式的创新,包括文化产品、文化传播方式、文化展现形态、文化科技等;三是文化创新外围支持系统的完善,包括文化制度、体制、机制的创新,文化政策的创新,文化人才的培养,文化发展环境的营造等。至于文化创新的具体方法,则会因为对于上述三方面工作的着眼点不同可以做出各不相同的选择,因此也就很难对文化创新发展的具体做法进行归纳总结。况且如若抛开具体的社会文化环境而泛谈实现文化创新发展的方法,希图找到一些放之四海而皆准的模式化、通用性的文化创新方法,显然是不明智也是不科学的。

第三章 深圳文化创新的现状分析

深圳是我国改革开放的前沿阵地，应改革而生，因改革而兴。从改革开放初期开始，深圳市凭借经济地理区位、政策制度等因素，在深圳及周边区域形成了以制造业为核心、以民营企业为主体的产业体系。40多年来，深圳书写了经济飞速发展的奇迹，为深圳打下了坚实的经济基础，同时也塑造了深圳的城市文化和精神面貌，在艰苦创业、开拓创新中逐渐形成深圳文化中独特又令人骄傲自豪的深圳观念与深圳精神。相对于经济的高速发展，深圳尽管历史底蕴较薄、文化根基较浅、文化资源较匮乏，然而却大胆创新、超常规发展，走出了一条文化创新之路，取得了令世人瞩目的成绩。

随着经济逐渐转型，2003年深圳市提出"文化立市"战略，在文化建设领域开疆扩土，进入了文化创新发展的重要时期。2008年，深圳加入全球创意城市网络，联合国教科文组织授予深圳"设计之都"的称号，这是中国第一个、全球第六个获此殊荣的创意城市。2011年推出《深圳文化创意产业振兴发展规划（2011—2015年）》，重点发展创意设计、文化软件、动漫游戏、新媒体及文化信息服务、数字出版、影视演艺、文化旅游、非物质文化遗产开发、高端印刷、高端工艺美术等产业。同年，深圳市还成功主办了第26届世界大学生夏季运动会。2015年，深圳市第六次党代会围绕落实"四个全面"提出全新的发展思路和定位，并提出"建设现代化国际化创新型城市"的发展目标。在"十三五"开局之际，深圳市针对文化发展进程中面临的挑战和存在的问题，立足于"打基础、补短板、强弱项、谋长远"，增强深圳文化的综合实力，又提出"文化创新发展2020"计划，为深圳文化发展指引了新的方向，为深圳文化创新提供了良好契机。在《深圳文化创新发展2020（实施方案）》的引领下，深圳开启了文化创新发展新一轮的发展，提出要加快建设与现代化国际化创新型城市相匹配的文化强市。2018年，在改革开放40年之际，深圳市生产总值超过香港。在GaWC公布的全球都市列表中，深圳首次进入Alpha—级别，跻身55个世界一线城市之列。2020年，深圳经济特区迎来建立40周年纪念，深圳文化在创新发展中正阔步朝着国际创意先锋城市、区域文化中心城市的目标迈进。

2021年新年伊始，深圳市提出全面实施"文化软实力跃升行动"，出台《新时代深圳文化软实力跃升行动纲要（2021—2025年）》，以《粤港澳大湾区发展规划纲要》《中共中央国务院关于支持深圳建设中国特色社会主义先行示范区的意见》《深圳建设中国特色社会主义先行示范区综合改革试点实施方案（2020—2025年）》为三大支撑，实施新思想传播、文明典范城市创建、新时代文艺发展、文化体制改革攻坚、媒体融合发展、网络强市建设、公共文化服务提质增效、文化产业高质量发展、国际传播能力提升、文化人才集聚十大工程。力争到2025年，城市文化软实力实现大幅提升，深圳文化基本实现社会主义现代化。

第一节　文化观念与城市精神

"观念先行"，深圳文化创新发展的首要问题便是追溯深圳这座城市的文化观念和城市精神，追问深圳在高速发展背后的非物质原因。"一座城市，一个时代，不能仅仅留下让人瞩目的物质财富。在突飞猛进的巨变背后，究竟有着怎样的精神动力？在今后的发展历程，有怎样的观念陪伴同行？"[①] 文化观念如何转化为行动力，又如何转变为生产力和经济力？深圳给出了响亮回答和交出了一份满意答卷。深圳的文化观念与城市精神，是在历史实践中与时代碰撞

---

① 《深圳观念如何成为中国动力》，2020年5月30日，中国广播网（http://native.cnr.cn/city/201209/t20120911_510883236.html）。

的结果。每一种观念的背后,都蕴藏了深厚的价值资源。深圳这座城市的文化观念体现了这座城市的精神气质,体现了深圳的城市核心价值,是解读"深圳速度""深圳模式"的钥匙。

一 文化观念与城市精神的内涵

作为一种精神文化现象,城市精神是城市历史发展的结果,是城市文化积淀升华的结果。一座城市的精神气质与这个城市的文化观念紧密相连。如英国学者查尔斯·兰德利提出的测度创意城市的九项指标中,其中的关键多数、多样性、可及性、安全与保障、身份认同与特色等指标都与市民大众直接相关,很好地体现了国外文化创意城市发展"以人为重"的社会愿景和价值取向。著名城市理论家、美国学者刘易斯·芒福德(Lewis Mumford)在《城市发展史——起源、演变与前景》一书中指出:"城市应当是一个爱的器官,而城市最好的经济模式应是关怀人和陶冶人。"[①] 因此,深圳市在打造具有国际影响力的文化创意名城时,首先应该秉持以人为本、人人共享的战略目标定位,更加注重过程发展和建设中的文化惠民。

(一) 文化观念与城市精神的内涵及相互关系

文化观念内涵丰富,它主要指积淀在特定地域的人们意识、心理中的自觉和不自觉的某种特质与性格。文化观念需要经过长时间反复思索、沉淀积累,并由此形成观念。文化观念影响着今天人们的思路,它成为社会心理结构的主要成分,对社会的思想情感、行为活动起着制约的作用,并由意识进入无意识,形成思维方式、价值取向,影响行为活动、情感思想,表现于风俗习惯、生活关系等。

对于一个城市而言,城市精神是城市通过其市民共有的行为准则、生活方式、伦理价值、文化底蕴和人文景观体现出来的共同的价值观念和精神特质,是构建城市先进文化的核心,也是城市软实力的核心。在当今时代,城市精神不仅是一种意识形态,更是一种

[①] [美] 刘易斯·芒福德:《城市发展史——起源、演变与前景》,宋俊岭、倪文艳译,中国建筑工业出版社 2005 年版,第 586 页。

文化战略资源。一个城市的独特魅力，主要体现在该城市的文化特质上，而城市精神则是文化特质的核心。城市精神是抽象的，正如人的精神一样，难以描述。但是，城市精神也是具体的，它可以表现为城市人的各种观念，包括城市理想、城市身份认同、文化偏好、风俗习惯、人文关怀、审美风格、市民精神风貌等。不同的城市，具有足以标识自身独特性的城市精神。

文化观念与城市精神既是一座城市文化发展的精神原动力，也是文化发展追求与创造的目的和对象，它们是最宝贵的无形价值。文化观念与城市精神在城市文化发展、创新过程中起着重要的灯塔作用。文化观念与城市观念，互相激发、互为影响。城市是由人建设出来的。在城市的建设过程中，人们秉承着原本不同的文化观念，在历史时间与时代潮流中逐渐形成一系列有清晰脉络、被公众认可的文化观念。几乎与此同时，这座城市独特的精神在城市文化形成的过程中逐渐形成，文化观念与城市精神共同体现了特定时期、特定区域人们的精神文明与财富。不同城市的历史传承、地域环境、文化传统、发展水平等不同，使生活于其中的市民形成了不同的精神特质、审美情趣和生活样式，由此造就了具有鲜明个性的城市精神，彰显了不同城市的独特魅力。

（二）对文化观念和城市精神的认识误区

我们发现，在开发实践中，对文化观念与城市精神存在诸多认识误区，认为在城市文化创新发展中，对客观条件（如政策倾斜、资金投入）的争夺以及实体要素（如资金、基建）的投入与扩张是最重要的，而认为主观原因诸如文化因素、文化观念等是次要的，甚至认为只是一个文字游戏与口号，并不起太大作用。尤其是城市精神、文化观念因素，因其经济效应难以量化而表现出模糊性，因其作用机制显现具有隐蔽性在经济发展中被人们轻视、忽视。[1]

实际上，通过检验历史，一定程度上而言，越是文化创新乏力、观念保守滞后的地区，其经济发展水平越是偏低，这是一个普遍现象。综观我国经济改革开放的40多年来，每一次经济与社会的推

---

[1] 孟召宜：《文化观念与区域可持续发展》，《人文地理》2002年第2期。

进，无不以思想解放、观念转变为前提。同时，在经济领域发展快速的区域，往往也因其快速的发展加速了文化观念的嬗变。实践证明，这种文化观念与经济发展的互相激发促进的模式，逐步构成了具有中国特色的发展道路。

（三）文化观念与城市精神对城市文化创新发展的影响

文化观念与城市精神影响城市发展及发展模式。具体来讲，文化观念与城市精神对城市发展的主体起作用，在这个基础上影响城市文化创新的发展。

城市发展的主体是劳动力，他们既是知识技术的载体，也是释放科学技术、价值取向、文化观念的媒介。科学技术是第一生产力，对资源的合理高效利用起着重要作用，从而决定了社会生产方式，且是以城市发展主体为载体实现的。因此，我们说"真正绵延至今而且影响今天生活的是不断增长的知识和技术，以及反复思索的问题及由此形成的观念"[1]。对于城市文化创新发展而言，根据静态的自然资源、地理环境等因素，结合城市活跃的文化观念、城市精神等在内的社会人文条件，一静一动，尤其是社会人文条件往往比自然资源环境更为活跃灵活，促使了城市文化创新发展模式的复杂多样与灵活多变。

文化观念与城市精神通过影响城市主体的人来影响城市的文化创新发展能力。文化观念的先进与否、正确与否，将直接影响人们是否支持新技术、新手段，从而影响科技转化为生产力的难易程度和进程快慢。

二 深圳十大观念与深圳精神

（一）深圳十大观念

2011年5月1日，深圳报业集团出版社出版了由时任深圳市委常委、宣传部部长王京生主编的《深圳十大观念》，介绍了深圳最有影响力十大观念评选活动、深圳十大观念以及背后的故事。[2]《深

---

[1] 葛兆光：《七世纪前中国的知识、思想与信仰世界》，商务印书馆1997年版，第3—37页。

[2] 王京生主编：《深圳十大观念》，深圳报业集团出版社2011年版，第1—3页。

圳十大观念》一书的编撰源于 2010 年 8 月由深圳报业集团发起的"深圳最有影响力十大观念"评选活动。作为当时纪念深圳特区建立 30 周年系列活动之一,"深圳最有影响力十大观念"评选得到广大市民的积极参与和广泛响应,在三个月的专家及市民投票评选中,最终"时间就是金钱,效率就是生命""空谈误国,实干兴邦""敢为天下先""改革创新是深圳的根,深圳的魂""让城市因热爱读书而受人尊重""鼓励创新,宽容失败""实现市民文化权利""送人玫瑰,手有余香""深圳,与世界没有距离""来了,就是深圳人"十条当选"深圳最有影响力十大观念"(见表 3-1)。2012 年底,王京生在《深圳十大观念》的基础上又出版了《观念的力量》。《观念的力量》更加深入地探讨了观念对于深圳城市发展的深远影响,更加专注于文化观念的阐述,可以说是深圳文化创新发展的理论总结。①

表 3-1　　　　　　　深圳十大观念及相应核心精神

深圳十大观念	核心精神	
1. 时间就是金钱,效率就是生命	高效	开拓创新 诚信守法 务实高效 团结奉献
2. 空谈误国,实干兴邦	务实	
3. 敢为天下先	开拓、创新	
4. 改革创新是深圳的根,深圳的魂	创新	
5. 让城市因热爱读书而受人尊重	学习	
6. 鼓励创新,宽容失败	创新、宽容	
7. 实现市民文化权利	务实、文化	
8. 送人玫瑰,手有余香	奉献	
9. 深圳,与世界没有距离	开放、包容	
10. 来了,就是深圳人	团结、包容	

深圳在全国文化发展的大背景之中,从"文化沙漠"到"文化绿洲",4 次获得"全国文化体制改革先进地区"称号,连续六届

---

① 王京生:《观念的力量》,人民出版社 2012 年版。

荣膺"全国文明城市"。它的文艺精品创作精彩纷呈，文化产业发展朝气蓬勃，公共文化服务日趋完善，以"深圳十大观念"为核心的城市精神深入人心，影响全国，走向世界。

这次观念评选在深圳乃至全国引起极大反响。《人民日报》以近半版的篇幅予以报道，并配发"编后"评价说："观念影响中国。作为改革开放'排头兵'的深圳，30年特区史上诞生的一批新理念新口号，不独属于深圳。它是时代精神的高度浓缩，改革历程的生动注脚；它勾连着走向开放的全体中国人的共同记忆，也可以沉淀为我们继续迈步未来的独特财富。"这场声势浩大的评选活动之所以产生广泛影响，在深圳这块改革开放的热土上诞生的"十大观念"受到普遍认同，其根本原因在于这些观念唱响了改革开放的时代最强音，凝练了意气风发走向改革开放的全体中国人民的共同记忆，昭示着一部波澜壮阔的中华民族的伟大复兴史因此展开。这些观念不独属于深圳，它更是时代留存的共同精神财富。

（二）深圳精神

"深圳精神"形成于1990年，原为"开拓、创新、团结、奉献"的八个字。2002年，深圳市开展了"深圳精神如何与时俱进"大讨论活动。经过慎重研究，决定将深圳精神重新概括为四句话、十六个字。新的深圳精神是："开拓创新、诚信守法、务实高效、团结奉献"。2020年10月9日，深圳市委六届十五次全会报告中发布了"新时代深圳精神"——"敢闯敢试、开放包容、务实尚法、追求卓越"。在深圳建设中国特色社会主义先行示范区的新征途上，"新时代深圳精神"将为这座城市叩响新的时代强音，为特区砥砺前行提供强劲的精神力量。

尽管"深圳精神"在不同的时期有着不同的表述，其内涵也在不断地丰富和完善，但都是植根于中华民族优秀传统文化土壤，孕育在深圳这个改革开放的前沿阵地，体现了鲜明的时代特色和创新精神，是深圳人民新时期开创新事业的重要精神动力。城市精神不仅对生活于其中的市民在精神上有着重要引导作用，而且对城市经济建设、政治建设、文化建设、社会建设和生态文明建设都具有强大的促进作用。

城市精神与城市文化紧密联系，是城市文化的凝练和升华。任何一个城市在发展过程中都会形成体现城市历史脉络、反映城市品位与追求的城市文化。城市文化包括城市物质文化、城市制度文化、城市风俗文化和城市精神文化。城市文化不仅是一种历史文化，而且是一种现实文化，与市民的工作和生活紧密相连。打造城市精神，首先需要深入研究城市文化，以城市文化为基础。城市精神与城市文化应具有相同的价值追求，凝聚城市发展进步所必需的文化认同；城市精神所蕴含的核心要素既要体现城市文化的先进性，又要反映市民在价值观念上的最大公约数。①

(三)"十大观念"、深圳精神对深圳文化创新发展的意义

城市精神是根据城市历史传承、区域文化特色和时代要求总结凝练的价值观念。这一价值观念受到市民推崇，成为市民的价值准则、精神追求和行为规范，从而能促进城市发展和市民综合素质不断提高。因此，"深圳十大观念"与"深圳精神"对深圳文化创新发展具有很重要的指导意义和引领作用。

首先，"深圳十大观念"与"深圳精神"是深圳文化创新发展的灵魂支柱与旗帜导向。这是深圳文化创新发展的基础与出发点，具有鲜明的深圳文化创新发展特征——它们是与深圳的文化、深圳的观念、深圳的精神紧密结合的。其次，"深圳十大观念"与"深圳精神"的总结与归纳，本身也是深圳文化创新发展的一次重要呈现。它体现了深圳文化创新发展的自省、自律、自强和创新的能力。再次，在"深圳十大观念"与"深圳精神"的影响下，深圳文化创新发展提出了鼓励创新、实现公民文化权利、深圳与世界没有距离等重要的具体文化创新发展之路，尤其是在这些观念背后，关联着直接的文化创新发展的举措。其中，包括深圳积极开展文物发掘和文化遗产保护工作；对城市"阅读"情况的支持与举措；以创新创意为核心竞争力，文化产业快速发展、实现"文化+"的产业

---

① 《打造富有特色的城市精神（治理之道）》，《人民日报》2017年5月17日第7版。

发展模式等。最后,"深圳十大观念"与"深圳精神"是深圳这座城市精神与灵魂的核心理念,它们是树立深圳国际化城市形象的重要内核。

第二节　国际化城市形象与发展定位

一　深圳城市形象的形成之路

我们把深圳城市形象的建立和发展大致可以分为五个阶段:第一个阶段(1980年至1992年),深圳作为中国首个经济特区,是改革开放的"试验田","三来一补"(来料加工、来件装配、来样加工和补偿贸易)这种劳动力密集型企业贸易形式成为当时深圳主要经济发展模式,"杀出一条血路""时间就是金钱,效率就是生命"等构建了深圳精神风貌的雏形。第二个阶段(1993年至2003年),邓小平南方谈话为深圳写下了新的诗篇,"深圳速度"持续发力,深圳进入增创新优势和跨越式发展阶段,开始向建设现代化、国际化的全国重要中心城市的方向发展。第三个阶段(2004年至2014年),深圳在文化、高新技术、金融、物流等多个领域全面开花结果,通过实施"文化立市""文化强市"等一系列重大战略,逐渐摆脱了"文化沙漠"的偏见,不断推动深圳城市形象向高端化、品牌化、国际化方向发展,"和谐深圳""效益深圳""创新深圳"等成为高频词。第四个阶段(2015年至2020年),国际化城市形象更加鲜明,对外文化辐射力不断增强。深入落实"文化创新发展2020方案",重点推进与联合国教科文组织、创意城市网络、"一带一路"沿线主要城市、世界文化名城之间的交流合作,举办和参与一批国家级、国际化的对外文化交流活动,构建既有"中国味儿"又有"世界范儿"的国际文化交流平台,城市文化的国际影响力显著提升。2018年,粤港澳大湾区和社会主义先行示范区的"双区"建设,更是为深圳文化创新发展提供了难得的历史契机。第五个阶段(2021年至2025年),全面实施"文化软实力跃升行动",依靠三大支撑,推进十大工程,力争到2025年,城市文化软实力实现大幅提升,深圳文化基本实现社会主义现代化。

可以发现,深圳城市形象在短短 40 多年发生了多个层级的跃升,从无到有,从弱到强,越来越具有知名度、美誉度、影响力和感召力。

二 国际化城市的发展定位

（一）深圳发展定位的回顾

建市 40 多年来,深圳的定位一直处在变化发展之中。从 20 世纪 80 年代初的"经济特区"到 90 年代初的"现代化国际性城市",到 90 年代后期的"区域性经济中心城市""示范城市",再到后来定位的"中国改革开放的试验场"、对外开放的重点"窗口"、"国际化城市"、"全球创新创业创意之都"、"全球标杆城市"等。国家和政府在深圳发展的不同时期和深圳发展面临的新形势上的具体表现,有着高瞻远瞩的战略眼光。

1. 国际化城市

2009 年初国务院出台的《珠江三角洲地区改革发展规划纲要》（以下简称《珠三角纲要》）,首次从国家层面明确了深圳"一区四市"的战略定位,即国家"综合配套改革试验区""全国经济中心城市""国家创新型城市""中国特色社会主义示范市"和"国际化城市"。《珠三角纲要》从全局和战略高度强调"经济特区是全国改革开放的一面旗帜","深圳市要继续发挥经济特区的窗口、试验田和示范区作用",要"充分发挥经济特区的改革开放先行作用","允许在攻克改革难题上先行先试,率先在一些重点领域和关键环节取得新突破"。实际上,关于深圳发展定位,《珠三角纲要》"一区四市"的表述中,包括了以下基本情况:"全国经济中心城市""国家创新型城市""建设中国特色社会主义示范市",在名称上已经明确冠以"全国"或"国家"字样,"建设中国特色社会主义示范市"也是基于中国而言;"综合配套改革试验区",在体例上与上海浦东综合配套改革试验区、天津滨海新区综合配套改革试验区的表述相似。值得注意的是"国际化城市"的战略发展定位,相比前面四个对于深圳市定位的表述,没有"国家""全国"的定语,也没有和前面四个相类似的表述惯例，它对深圳的发展定位提出了一个全新的要求——"国际化城市"。由此，深圳的发展定位上升到参与国际城市竞争的行列。

2. 全球创新创业创意之都、全球标杆城市

2019年2月18日，中共中央、国务院印发《粤港澳大湾区发展规划纲要》（简称《大湾区纲要》），将深圳定位为粤港澳大湾区四大中心城市之一，强调"发挥作为经济特区、全国性经济中心城市和国家创新型城市的引领作用，加快建成现代化国际化城市，努力成为具有世界影响力的创新创意之都"。

2019年8月18日，《中共中央国务院关于支持深圳建设中国特色社会主义先行示范区的意见》（以下简称《先行示范区意见》）正式发布，赋予了深圳新的使命。根据《先行示范区意见》，面向下一个40年，深圳要"分三步"建设中国特色社会主义先行示范区：2025年要"建成现代化国际化创新型城市"；2035年要"建成具有全球影响力的创新创业创意之都，成为我国建设社会主义现代化强国的城市范例"；到21世纪中叶，"深圳以更加昂扬的姿态屹立于世界先进城市之林，成为竞争力、创新力、影响力卓著的全球标杆城市"。这牵涉一个重要关键词，那就是"国际知名度"，并且城市的发展定位是到2035年建设全球"创新创业创意之都"，建设全球标杆城市。"创新"是《先行示范区意见》这一重磅文件的关键词，其同类表述有：产业创新能力世界一流、建成现代化国际化创新型城市、建成具有全球影响力的创新创业创意之都，以及成为竞争力、创新力、影响力卓著的全球标杆城市。

2020年1月8日下午，深圳市六届人大八次会议召开，政府工作报告提出："2020年，深圳将聚焦建设综合性国家科学中心主阵地，打造全球创新创业创意之都。"这进一步提出打造全球创新创意创业之都这一新时代深圳发展的定位。

（二）深圳全球城市竞争力情况

全球城市，又称世界级城市，指在社会、经济、文化或政治层面直接影响全球事务的城市。2019年11月12日，中国社会科学院和联合国人居署合作研究形成《全球城市竞争力报告2019—2020：

第三章 深圳文化创新的现状分析

跨入城市的世界300年变局》。按照惯例，本次报告对全球1006个城市的经济竞争力和可持续竞争力进行了测评排位，5座全球城市为：纽约、伦敦、东京、北京、巴黎①（其中前3个为A+级；后2个为A级）。

深圳在全球经济竞争力200强中世界排第4名（见表3-2）；全球可持续竞争力200强中，可持续竞争力指数为0.7905（见表3-3），排第19名；全球城市分级排名中，深圳所属等级为C+，全球排名第108名。

表3-2　　　　　　2019年全球城市经济竞争力20强

城市	国家（地区）	排名
纽约	美国	1
伦敦	英国	2
新加坡	新加坡	3
深圳	中国	4
圣何塞	美国	5
东京	日本	6
旧金山	美国	7
慕尼黑	德国	8
洛杉矶	美国	9
上海	中国	10
达拉斯—佛尔沃思堡	美国	11
休斯敦	美国	12
香港	中国	13
都柏林	爱尔兰	14
首尔	韩国	15
波士顿	美国	16

---

① 《全球城市竞争力报告发布　北京跻身全球城市》，《中国经济时报》2019年11月15日。

续表

城市	国家（地区）	排名
北京	中国	17
广州	中国	18
迈阿密	美国	19
芝加哥	美国	20

资料来源：中国社会科学院城市与竞争力指数数据库。

表3–3　2019年全球可持续竞争力200强中国前十城市

城市	可持续竞争力指数	全球排名
香港	0.8894	7
深圳	0.7905	19
台北	0.7811	23
上海	0.7328	29
北京	0.7104	38
苏州	0.6769	58
广州	0.666	67
南京	0.6259	83
厦门	0.6077	94
无锡	0.5939	103

资料来源：中国社会科学院城市与竞争力指数数据库。

按照报告说法，它是指一个城市在全球的合作、竞争过程中，与其他城市相比较所具有的吸引、争夺、拥有、控制要素和市场，更多、更快、更有效率、更可持续地创造价值，为其居民提供福利的能力。

对比历史榜单，深圳在城市竞争力中一直保持着上升势头。2008年，深圳居全球经济竞争力排行榜的第20位，2015年上升至第6位，2018年上升至第5位，2019年上升至第4位。

从《先行示范区意见》对深圳的发展定位来看，深圳到2025年要"建成现代化国际化创新型城市"、2035年要"建成具有全球影响力的创新创业创意之都，成为我国建设社会主义现代化强国的城市范例",并且期许通过持续的全球竞争力,到 21 世纪中叶,"深圳以更加昂扬的姿态屹立于世界先进城市之林,成为竞争力、创新力、影响力卓著的全球标杆城市"。

三 深圳城市文化发展的契机

文化是一种丰裕哲学,可以凭借文化创意实现文化的"无中生有",并不断促进城市文化的丰富和爆发式发展,以此弥补文化资源不足的劣势。深圳市作为一座年轻的城市,文化资源本身较为薄弱,文化底蕴也较为欠缺,这对于深圳市的文化建设而言,可谓先天不足。所以,深圳市的文化建设没有走传统的文化资源型城市建设发展的老路,而是另辟蹊径,选择了文化创意型城市发展路线。近年来深圳市文化产业和城市文化发展所取得的成绩,主要就是依靠文化创意创新的驱动,并在此基础上先后提出要建设成为与现代化国际化创新型城市相匹配的文化强市和国际文化创意先锋城市。那么,如何更好地发挥深圳在文化创意创新方面的优势,促进深圳文化的大发展大繁荣,实现深圳城市经济与文化双轮驱动的发展格局呢?根据深圳市现有基础和优势,很明显,把深圳建设成具有全球影响力的文化创意名城,发挥和强化深圳在文化创意创新方面的优势,是深圳市破解城市文化发展"瓶颈"、走经济与文化双轮驱动发展战略的必然选择。

中共广东省委十二届四次全会提出,"要抓住粤港澳大湾区建设重大历史机遇,面向国际建设广州、深圳区域文化中心城市"。这是广东省委省政府站在面向未来的战略高度给予深圳发展的新定位,是着眼于粤港澳大湾区建设、对标国际一流城市,对深圳市文化建设发展提出的具体目标。最近,又提出了建设"深圳都市圈"的战略构想,以提升深圳市的整体经济和文化影响力,通过深圳市的发展带动影响周边城市协同发展,更好地满足人民群众对于美好生活的需要,进一步提升人民群众的获得感、幸福感。在深圳建设区域文化中心城市和"深圳都市圈"这一个系统工程中,深圳市城市文化建设都是其中的重中之重。考虑到深圳文化资源薄弱和文化底蕴较为欠缺的现状,以及当前深圳市在文化创意产业方面发展的既有优势，深圳市建设文化创意名城无疑成为深圳城市更新升级、更好地推进落实广东省委省政府提出的"区域文化中心城市"和"深圳都市圈"建设的必然要求。

就国家发展战略而言，更是对深圳的文化发展寄予了厚望，希望深圳通过自身文化创新创意能力的提升，成为向世界展示中国文化和社会主义先进文化的重要窗口。在《大湾区纲要》中，明确提出要发挥深圳作为经济特区、全国性经济中心城市和国家创新型城市的引领作用，加快建成现代化国际化城市，努力成为具有世界影响力的创新创意之都。在《先行示范区意见》中，更是明确要将深圳市建设成城市文明典范。其中提出到2025年要把深圳建设成现代化国际化创新型城市；到2035年建成具有全球影响力的创新创业创意之都，成为我国建设社会主义现代化强国的城市范例；到21世纪中叶，深圳市要成为竞争力、创新力、影响力卓著的全球标杆城市。可以看出，就国家层面而言，对深圳市的发展要求已经从单纯的经济层面考量更多地转向注重城市文化的建设与发展，而这恰恰需要文化创意的助力，推进粤港澳大湾区和深圳社会主义先进示范区建设，彰显社会主义先进文化所赋予深圳的必然使命。

综上所述，努力把深圳打造成具有全球影响力的文化创意名城，不断提升深圳市的国际文化影响力和文化软实力，不仅是深圳市破解城市文化发展"瓶颈"、实现城市发展宏远目标的必然选择，还是广东省推进深圳区域文化中心城市和"深圳都市圈"建设的必然要求，更是国家赋予深圳市建设社会主义先行示范区、彰显社会主义先进文化的必然使命。为此，当前大力推进文化创新，把深圳建设成"区域文化中心城市"和"彰显国家文化软实力的现代文明之城"，为深圳城市文化建设提供了历史契机。

第三节　文化产业

20世纪末期，全球化浪潮与知识经济的快速发展推动着各国经济文化与社会转型，文化产业成为城市发展的新增长点。文化产业经济与城市经济互相推动,我国文化产业已经成为城市的战略性新兴产业且得到迅速发展。在深圳,自20世纪90年代末到21世纪初,深圳大量的制造业开始转型,开始探索多种经营模式的转变。深圳、北京、上海、广州、杭州等大城市将文化产业、创意产业作为支柱性产业发展。构建以质量型内涵式发展为特征的现代文化产业体系,推动文化产业的迅速崛起和发展,是文化创新发展的重要内容。深圳是我国最早的经济特区及国家综合配套改革试验区,到现在已成为中国一线城市之一、中国特色社会主义先行示范区、全国经济中心城市。

一 文化产业综合实力强

作为全国首批文化体制改革试点城市,深圳充分利用市场经济较为成熟、高新技术发达、产业资本活跃等优势,在全国较早提出把文化产业打造成支柱性产业的目标,采取多方面举措,推动文化产业快速发展,产业综合实力不断增强,总体发展水平处于国内领先地位。

2012年,文化产业增加值占全市GDP的5.61%,2017年、2018年文化创意产业增加值分别占全市GDP的7.93%、7.9%。这表明文化产业已经成为拉动深圳经济增长的重要引擎(见表3-4)。深圳市第四次全国经济普查结果显示,2018年末,深圳全市有文化及相关产业法人单位10.23万个,比2013年末增长272.1%;从业人员102.94万人,比2013年末增长13.3%;资产总计1.38万亿元,比2013年末增长148%;全市文化及相关产业增加值为1996.11亿元,比2013年增长144.9%,占GDP的比重为7.90%。(统计局未公布2019年深圳文化产业增加值,但公布了规模以上文化企业的增加值为1849.05亿元,同比增长18.5%。按此估算,2019年全口径文化产业增加值应超过2200亿元,占全市GDP的比重为8%左右。按行业分,2018年文化制造业增加值为505.81亿元,占文化及相关产业增加值的比重为25.3%;文化服务业增加值为1337.51亿元,占文化及相关产业增加值的比重为67.0%;文化批发零售业增加值为152.79亿元,占文化及相关产业增加值的比重为7.7%。据《中国文化及相关产业统计年鉴2019》披露数据，2018年深圳规模以上文化企业法人单位达2775个（占全省30.59%），年末从业人员为53万人（占全省的29.28%），资产总计1.09万亿元（占全省的53.69%），营业收入7984亿元（占全省的43.13%），以上4项主要指标在15个副省级城市中均排名第一。2018年末，全市有经营性文化产业法人单位101106个，比2013年末增长277%；从业人员101.9万人，比2013年末增长13.8%；资产总计13686.89亿元，比2013年末增长146.5%；全年实现营业收入9488.68亿元，比2013年增长76%。2018年末，全市有公益性文化事业法人单位1221个，比2013年末增长80.1%；从业人员9931人，比2013年末下降22.4%；资产总计89.80亿元，比2013年末增长83.1%；全年支出（费用）50.46亿元，比2013年末增长143.2%。

表3-4　　　　　　　　深圳文化产业增加值情况

年份	文化产业增加值/亿元	文化产业增加值占GDP比重/%
2010	512.6	5.35
2011	622.5	5.41
2012	726.23	5.61
2013	813.97	5.74
2014	965.90	6.04
2015	1010.11	5.77
2016	1490.18	7.72
2017	1783.45	7.93
2018	1996.11	7.9

资料来源：《深圳市文化产业统计数据及分析报告2018》，深圳市统计局、深圳市社会科学院，2018年12月。

目前，文化产业已经成为深圳经济发展的新增长点。自2004年深圳提出"文化立市"以来，深圳文化创意产业年增加值保持20%以上的增速，已成为我国文化输出的重要基地和主要口岸。

近年来，深圳市文化产业综合实力不断增强。拥有"中国文化产业第一展会"文博会品牌的深圳,"文化+科技""文化+金融""文化+贸易""文化+旅游"等新业态迅猛发展,深圳文化创意产业保持了持续高速发展态势。2019年5月16日,第十五届深圳文博会开幕。本届文博会汇集了10万多件海内外文化产品、6000个文化产业投融资项目,大力推动了深圳文化产业向前发展。受新冠肺炎疫情影响,2020年11月16—20日,第十六届深圳文博会首次采用"云上"办展方式。尽管办展形式发生了很大改变,从线下到线上,从"面对面"到"屏对屏",但"中国文化第一展"的影响力却丝毫未减,仍吸引了来自全国31个省(自治区、直辖市)3243家企业和机构参展,参展企业较上届同比增长40.3%,法国、日本、巴西、土耳其等30个国家和地区组织企业参展。

二 文化产业结构优化升级

作为全国较早发展文化产业的城市,深圳早在2003年就将文化产业列为与高新技术产业、现代金融业、现代物流业并列的四大支柱产业之一。另三大产业为文化产业的创新发展提供了便利、高效、有技术优势的支撑,依托市场、产业和科技优势,做强文化产业的核心内容,大力培育新型文化业态,丰富产业文化内涵。鼓励传统制造型文化企业提高创意设计和研发环节比重及水平,推动文化创意和设计服务与相关产业融合发展,引导文化产业结构优化升级,使文化产业在促进经济转型升级和结构调整中发挥重要的示范作用。

深圳市文化产业类型多样,按照大类别划分有艺术设计类、创意设计类、广告出版类、数字娱乐类、动漫游戏类等,并以产业园区集聚分布在全市各行政区。同时,政、产、研、学、用的结合,研究已有文化产业的内容形态,提高传统制造型文化企业创意设计和研发环节比重及水平,推动文化创意和设计服务与相关产业融合发展,引导文化产业结构优化升级。

文化产业的大发展带动了数码产品、珠宝、服装、家具等传统制造业的转型升级,有力推动了"深圳效率"向"深圳质量"、"深圳制造"向"深圳创造"的转变。在政府的有力引领和推动下,深圳文化创意产业采用行业集聚、区域集群、空间集中等发展策略，建立了田面"设计之都"创意产业园、华侨城 OCT – LOFT 创意产业园、怡景动漫产业基地、深圳 F518 时尚创意园等 60 多个具有一定规模和影响力的国家与省市级文化产业园区和基地。

目前，深圳文化产业已经形成以外围层为主体、核心层和相关层为新兴增长点的产业结构体系。周边地区文化消费潜力大，深圳毗邻港澳，位于珠江三角洲核心位置。周边城市市民生活富足，文化消费能力较强，聚集了大量的潜在文化产品和服务消费者。珠三角快速轨道网构筑的"1 小时经济圈"，密布的高速公路网络将深圳与周边城市连为一体，大大提升了珠三角综合运输系统的能力。深圳独特的区位优势，使其文化市场具有良好的辐射周边城市消费群体的能力。

深圳市文化市场体系及运行机制进一步完善，各类文化市场日益走向成熟和规范，形成一批在华南地区乃至全国都具有较大影响力的批发市场。以资本、货币、技术产权、人才等一批要素市场为核心的大市场体系不断发展完善，文化产业集聚辐射功能显著增强，引领华南、服务全国的能力进一步提高。

深圳的设计业、动漫游戏业等都采用了集中式的空间发展模式。以园区为主、紧密结合旧城改造的文化产业布局模式，不仅有利于缓解土地资源的紧缺，也造就了一批各具特色的文化产业集聚区。各区均拥有具备较大影响力的文化产业龙头企业、重点项目和重要文化基础设施，文化项目作为区域增长极的带动作用日益凸显。

三 文化产业园区快速发展

自 20 世纪 90 年代以来，通过市场机制或政府引导的作用，深圳市重塑城市空间结构的形态、功能与性质，推进城市空间重构。深圳市文化创意产业园区主要结合城市空间的优化转型，将众多产业结构转型升级后所遗留下的空间资源（"三旧"，旧厂房、旧工业区、旧村庄）进行改造整合，辅以新建的方式，逐步形成以市场为导向、以民营企业为主体、以提供增值服务为主要盈利模式的文化产业园区及基地。截至 2021 年 11 月，深圳市级文化创意产业园区为 71 家，国家级文化产业示范园区 1 家（华侨城创意文化园）、国家文化产业示范基地 4 家（包括 1 家省级和 3 家市级）、另有省级文化产业示范园区 8 家、市级文化产业示范园区 58 家。具体详见表 3-5。据初步统计，61 家市级以上文化产业园区入驻企业超过 8000 家，就业人数近 20 万，总营收超过 1500 亿元，实现税收超过 150 亿元，已成为推动深圳市文化领域创新创业的综合载体和重要引擎。

国家级文化创意产业园区 1 个，即 OCT-LOFT 华侨城创意文化园。国家级文化创意产业基地 7 个，包括 F518 创意园、大芬油画村、中国丝绸文化产业创意园、中国·观澜版画原创产业基地、深圳古玩城、深圳国家动漫画产业基地、深圳文化创意产业园。

省级文化创意产业园区 3 个，包括深圳国家动漫画产业基地、深圳文化创意产业园、中国丝绸文化产业创意园。

市级文化创意产业园区包括中国（深圳）新媒体广告产业园、吉虹创意设计产业园、盐田国际创意港、深圳雁盟酒店文化产业园、深圳西部国际珠宝城（宝立方）、宝安艺术城、深圳市文化潮汕博览园、深圳动漫园、南海意库、蛇口网谷、深圳（南山）互联网产业园、深圳设计产业园、南山互联网创新创意服务基地、T6 艺术区、深圳大学城创意园、世外桃源创意园、百旺创意工厂、深圳市雪仙丽文化创意产业园、宝福李朗珠宝文化创意产业园、三联水晶玉石文化村、深圳市文博宫、182 创意设计产业园、力嘉创意文化产业园、坂田创意文化产业园、李朗国际珠宝产业园、2013 文化创客园、深圳 127 陈设艺术产业园、山水国画产业基地、深圳广电集团文化创意产业园、特区 1980 文化创意产业园、万众城家居文化产业园、深圳市坪山雕塑文化产业园、艺展中心、深圳水贝珠宝交易中心、笋岗工艺城、深圳市楼尚文化创意产业园、深圳市非遗文化创意产业园、明珠艺成（深圳市文化+旅游）示范园区、深圳出版发行集团、深圳广播电影电视集团、中芬设计园、T8 旅游创意（保税）园、深装总创意设计园、T-PARK 深港影视创意园、满京华艺展中心、C33+珠宝创新产业园、金展珠宝广场、深圳定军山数字电影文化科技创意园、高北十六创意园、万科云设计公社、

DCC 展览展示文化创意园、万科星火 OKLINE、华侨城甘坑新镇、注艺影视基地、天安云谷产业园、艺象 iD TOWN 国际艺术区、水贝金座大厦 57 家。

表 3-5　　深圳市部分市级以上文化产业园区一览

产业类型	文化产业园名称
综合性文化类 （32 家）	F518 创意园、深圳文化创意产业园、深圳古玩城、深圳西部国际珠宝城（宝立方）、宝福李朗珠宝文化创意产业园、笋岗工艺城、水贝国际珠宝交易中心、深圳市楼尚文化创意产业园、中国丝绸文化产业园、华侨城甘坑新镇、三联水晶玉石文化村、深圳市文博宫、山水田园画基地、DCC 展览展示文化创意园、万科星火 ON LINE、C33+珠宝创新产业园、水贝万山珠宝产业园、金展珠宝广场、水贝金座大厦、T8 旅游创意（保税）园、天安云谷产业园、世外桃源创意园、深圳大学城创意园、百旺创意工厂、深圳市文化潮汕博览园、坂田创意文化产业园、李朗国际珠宝产业园、2013 文化创客园、特区 1980 创意产业园、万众城家居文化产业园、盐田国际创意港、深圳雁盟酒店文化产业园
艺术设计类 （13 家）	OCT-LOFT 华侨城创意文化、T6 艺术区、127 陈设艺术产业园、观澜湖艺工场、中国·观澜版画原创产业基地、T-PARK 深港影视创意园、满京华艺展中心、大芬油画村、注艺影视基地、坪山雕塑艺术创意园、艺象 iDTOWN 国际艺术区、深圳市定军山数字电影文化科技创意园、深圳广播电影电视集团文化创意产业园
创意设计、广告出版类 （9 家）	南海意库、深圳设计产业园、182 创意设计产业园、万科云设计公社、高北十六创意园、深装总创意设计园、中国（深圳）新媒体广告产业园、吉虹创意设计园、雪仙丽文化创意产业园
数字娱乐类 （3 家）	蛇口网谷、南山互联网创新创意服务基地、深圳（南山）互联网产业园

续表

产业类型	文化产业园名称
动漫游戏类（3家）	深圳动漫园、深圳国家动漫画产业基地、1980油松漫城产业园

资料来源：笔者根据相关资料整理。

到 2018 年底，全国共有 1 个国家文化产业创新实验区、1 个国家动漫产业园、10 个国家级文化产业示范园区、10 个国家级文化产业试验园区和 335 个国家文化产业示范基地。在公布的 335 家国家文化产业示范基地中，广东省共有 27 家，其中深圳 10 家，是广东省文化产业示范基地最多的城市（见表 3-6），而且深圳的华侨城集团和华强集团 9 次被光明日报社和经济日报社评为"全国文化企业 30 强"。在广东省公布的省级文化产业示范园区创建名单中，深圳也是最多的，达到 6 家（见表 3-7），这足以说明深圳在文化产业方面的发展优势和领先地位。

表 3-6　　深圳市国家级文化产业示范基地名单

序号	年份	批次	基地名称
1	2004	第一批	深圳华侨城集团公司
2	2004	第一批	深圳大芬油画村
3	2006	第二批	雅昌企业（集团）公司
4	2008	第三批	深圳市腾讯计算机系统有限公司
5	2008	第三批	深圳古玩城
6	2010	第四批	深圳华强文化科技集团股份有限公司
7	2010	第四批	深圳市永丰源实业有限公司
8	2010	第四批	深圳市同源南岭文化创意园有限公司
9	2012	第五批	深圳市灵狮文化产业投资有限公司
10	2014	第六批	深圳市创意投资集团有限公司

表3-7　　深圳市省级文化产业示范园区创建名单

序号	年份	省级文化产业园区创建资格名单
1	2017	2013文化创客园
2	2017	深圳艺展中心文化产业示范园区
3	2018	UTCP大学城创意园集聚区
4	2018	中国（深圳）新媒体广告产业园
5	2019	DCC展览展示文化创意园
6	2019	蛇口滨海文化创意产业带

自2016年至今，深圳市文化产业园区按照"一区一项目"的原则，市、区联动，大力推进价值工厂、国际艺展、大芬油画产业基地、华强文化创意园、深圳电影文化创意产业园等重大项目规划建设，着力发展文化产业总部经济。统一市级文化创意产业园区和文博会分会场标识，提高园区软硬件建设标准，鼓励园区围绕"一带一路"倡议、创业创新等国家战略培育发展文化创意产业。

四　文化产业政策高位推动

深圳市一直非常重视文化产业的发展。2003年，确立"文化立市"，制定了一系列扶持推动文化产业发展的政策。2004年，在我国振兴和大力发展文化产业的大背景下，文博会应运而生，落户深圳。2008年，深圳率先出台《文化产业促进条例》；2015年底，又制定出台了《深圳文化创新发展2020（实施方案）》；2021年初，深圳又提出全面实施"文化软实力跃升行动"，均把创新摆在文化发展的核心位置。在政策的推动下，深圳市文化产业成效显著，一批文化科技企业迅速崛起，腾讯已进入世界500强企业行列，华侨城和华强方特连续多年入选全国文化企业30强。深圳文化建设取得了显著成绩，为后续文化建设、文化创新发展等工作的开展打下了良好基础。

据统计，近年来深圳市关于文化产业创新发展相关扶持政策包括：2008年7月的《深圳市文化产业促进条例》《关于加快文化产业发展若干规定》《深圳市文化创意产业百强企业认定和发布办法》

《关于促进文化和科技融合的若干措施》《关于促进创意设计产业发展的若干意见》；2015年12月的《深圳文化创新发展2020（实施方案）》《深圳市战略性新兴产业"十三五"发展规划》《深圳市文化发展"十三五"规划》；2016年2月的《深圳市文化创意产业创新发展政策（修订版）》《深圳文化创意产业振兴发展政策的通知》；2018年3月的《关于加快文化创意产业创新发展的意见（征求意见稿）》；2018年12月的《深圳市文化创意产业园区认定管理办法》；2020年1月的《深圳市文化产业发展专项资金资助办法》；2020年3月的《深圳市时尚产业高质量发展行动计划（2020—2024）》；2020年5月的《深圳市文化产业发展专项资金扶持计划操作规程》等。这些政策分别从资金扶持、房租减免、人才培养与引进等全方位对文化产业予以大力支持；在发展方向上，把创新放在文化产业的创新发展的核心位置，发展目的上以构建质量型内涵式发展为特征的现代文化产业体系等，尽可能多方面地为深圳文化创新发展提供政策支持和保障。

《深圳关于加快文化产业创新发展的实施意见》和《深圳市文化产业发展专项资金资助办法》是2020年1月由深圳市人民政府正式印发实施的指导性文件，是贯彻落实党中央、国务院关于构建现代文化产业和文化市场体系相关部署，以及《意见》的重要抓手和具体举措，也是2011年以来深圳市最高级别的文化产业发展政策。《深圳关于加快文化产业创新发展的实施意见》和《深圳市文化产业发展专项资金资助办法》坚持战略导向、需求导向和问题导向，以"发展更具竞争力的文化产业"为发展目标，为加快建设全球区域文化中心城市和国际文化创新先锋城市提供强有力的政策保障，进一步巩固和强化深圳文化产业的核心引擎和示范引领的作用。其中，《深圳关于加快文化产业创新发展的实施意见》取代原来的《深圳市文化创意产业振兴发展规划（2011—2015）》，侧重于产业发展的宏观性、方向性和指导性问题。《深圳市文化产业发展专项资金资助办法》作为配套政策，则明确产业发展的具体措施和扶持重点，以及专项资金资助的具体规定。

此外，深圳市各区也结合自身实际情况，出台了大量文化产业政策（见表3-8），像如此密集地出台发展文化产业促进政策在全国也是不多见的。这些地方文化产业政策与深圳市出台的相应政策密切配合，共同形成高质量的文化产业政策矩阵，为深圳市文化产业的高质量发展提供了坚实的政策保障。

表3-8　　　　　　　　深圳市各区文化产业相关政策

区	文件名称
宝安	《宝安区关于促进影视产业发展的若干措施》（深宝规〔2019〕10号）
	《宝安区关于促进文化创意产业发展的实施办法》（深宝规〔2019〕12号）
	《宝安区文化产业园区管理办法》（深宝文规〔2021〕1号）
	《宝安区关于创新引领发展的实施办法》（深宝规〔2020〕11号）
大鹏	《深圳市大鹏新区产业发展专项资金管理办法》（深鹏办规〔2017〕4号）
	《深圳市大鹏新区管理委员会关于支持文体产业发展的若干措施（暂行）的通知》（深鹏管规〔2017〕12号）
	《深圳市大鹏新区文化产业发展专项资金》（深鹏文体旅〔2018〕190号）
	《深圳市大鹏新区"鹏程计划"高层次文化产业人才及团队引进培育实施办法》（深鹏文规〔2020〕1号）
福田	《深圳市福田区支持文化旅游体育产业发展若干政策》（福府办规〔2019〕2号）
	《福田区宣传文化体育事业发展专项资金管理办法》（福府办规〔2020〕2号）
	《深圳市福田区支持时尚产业发展若干政策》（福府办规〔2019〕2号）
	《福田区文化创意产业园区认定与管理办法》
光明	《深圳市光明新区文艺创作与文化活动扶持和奖励办法》（深光文教〔2017〕470号）
	《深圳市光明新区文化发展"十三五"规划》
	《光明新区经济发展专项资金文化创意产业发展资助实施细则》
龙岗	《深圳市龙岗区经济与科技发展专项资金支持文化创意产业发展实施细则》（深龙文规〔2020〕1号）
	《龙岗区文化产业集聚空间认定与管理办法》（深龙文规〔2020〕2号）
	《龙岗区重点文化企业认定和考核管理办法》（深龙文规〔2020〕3号）

续表

区	文件名称
龙岗	《龙岗区文化创意产业公共服务平台认定与管理办法》（深龙文规〔2020〕4号）
	《深圳市龙岗区文化创客空间认定管理办法》
	《龙岗区文化创意产业园区认定与管理办法》
	《深圳市龙岗区深龙文化创意产业英才计划实施办法》（深龙人才通〔2016〕9号）
	《龙岗区宣传文化发展专项经费使用办法（试行）》
龙华	《龙华区文化创意产业发展专项资金管理实施细则》（深龙华文体〔2018〕1号）
	《深圳市龙华区文化创意产业园区认定与管理办法》（深龙华文规〔2021〕1号）
	《龙华区文化遗产保护利用扶持办法》（深龙华府办规〔2019〕1号）
	《龙华区文艺创作扶持与获奖文艺作品奖励办法》
	《龙华区关于大浪时尚小镇产业发展资金扶持的若干措施》
	《深圳市龙华区文化体育名家工作室扶持办法（试行）》
罗湖	《深圳市罗湖区产业转型升级专项资金管理办法扶持时尚创意设计产业发展实施细则》（罗府规〔2021〕1号）
南山	《南山区自主创新产业发展专项资金管理办法》（深南府办规〔2019〕2号）
	《南山区关于加快数字经济产业创新发展的实施方案（2021—2023年）》（深南府办函〔2021〕15号）
	《深圳市南山区关于支持电竞产业发展的实施意见》
坪山	《深圳市坪山区加快文化创意产业发展的若干措施》
	《深圳市坪山文化创意产业发展专项资金管理办法》
	《坪山区文化创意产业园区（街区）认定与管理办法》
盐田	《盐田区产业发展资金管理规定》（深盐府规〔2019〕3号）
	《盐田区全域旅游产业发展扶持办法》

资料来源：笔者根据相关资料整理。

自 2005 年起，深圳市文化产业之所以在短短的 15 年左右的时间就取得如此辉煌成绩,这与深圳市制定并实施的文化产业政策的引领和推动密不可分。深圳市和各区文化产业政策有效地加快了资本集聚,推动了文化产业重点领域和门类的发展,建成了一批文化产业园区,实现了文化产业的快速和高质量发展。

五 "文化+"发展模式引领示范

在社会系统的物质、制度与精神层面,依靠科学技术的社会生产越来越依赖于人文文化,科学实践与科学制度渗透着人文因子,科学建制体现文化惯例和社会价值。多年以来,深圳坚持创新驱动战略,培育"文化+"新型业态,打造领军企业和知名品牌,提升文化创意产业的发展质量,为供给侧结构性改革做出新探索。

文化与科技融合是时代发展的必然趋势。文化科技融合发展,一方面侧重于技术创新,致力于丰富文化内容的展现手段;另一方面侧重于内容创新,致力于提升文化科技融合的核心竞争力。深圳文化科技融合发展迅猛,尤其是文化和数字技术的融合发展。例如,深圳动漫园的入驻企业水晶石数字科技股份有限公司,是亚洲规模最大的数字视觉技术及服务供应商,核心业务是三维可视化开发和应用服务;深圳文化创意产业园培育的易尚展示股份有限公司,由一家初创公司逐渐成长为一家新三板上市企业,并在宝安区建设了一家以自身为核心的单体类产业园区。目前,深圳的文化科技融合发展正在逐渐由文化内容展示向文化内容创新转型。一方面,是以华强方特等大型文化科技企业为核心的单体类园区,依托现有技术优势,不断加大文化内容创新力度,推动文化科技融合发展;另一方面,是以国家动漫画产业基地为代表的聚集类园区,为文化内容企业提供技术与装备支持,推动文化内容创新转化为文化创意产品。

进一步发挥"文化+"的功能。强化文化创意和科技创新两大支撑,继续认定和支持奖励"文化+科技""文化+互联网""文化+创意""文化+金融""文化+旅游"等文化产业发展的新模式和新型业态。推动文化创意和设计服务与相关产业融合发展,支持制造业、金融业、建筑房地产业、软件业等龙头企业跨界融合发展，培育壮大时尚产业，构建时尚品牌群，开展时尚主题活动，扩大引导文化消费。

跨界融合发展，一方面是不同业态领域企业间的合作发展，另一方面是传统业态领域的模式创新。最为突出的是传统制造业领域，以创意设计为核心的跨界融合发展。深圳及其周边地区拥有强大的制造业生态系统。2014 年以深圳为核心的两小时车程范围内，有超过 1000 家电器制造商、300 家服装生产商、2000 家电子制造商、1300 家材料生产商、900 万平均年龄为 33 岁的劳动力。在传统经济模式向创意经济模式转型的背景下，大量制造业企业需要通过设计提升产品的市场竞争力，促进了创意设计与传统制造业融合发展，推动了洛可可、浪尖等一大批工业设计企业的发展。同时，大量传统制造业企业也纷纷设立设计部门。在笋岗工艺美术集聚区，中高端产品生产商均设有独立的设计部门；在水贝珠宝产业集聚区，具有一定规模的珠宝企业，拥有超过 100 名珠宝设计师，而部分大型珠宝生产企业拥有超过 300 名珠宝设计师。

第四节 公共文化

公共文化服务是现代社会文明的基本标尺，关系和保障着市民的精神需求与幸福指数。2017 年 3 月正式施行的《中华人民共和国公共文化服务保障法》，表明群众的基本文化权益和文化需求向标准化、均等化、专业化发展。深圳在将文化产业打造成支柱产业的同时，高度重视文化事业尤其是对公共文化服务体系的理论研究和实践探索，以此作为维护和发展广大人民群众基本文化需求与文化权利的出发点和落脚点，逐步构建优质便民的公共文化服务体系。

一 构建公共文化服务体系

在 2000 年第一届深圳读书月期间，深圳市率先提出了"实现市民文化权利"的命题。深圳市委宣传部提出，不同阶层"参与文化创造""享受文化成果"的文化权利落实与否，直接影响着一个城市、一个国家的文化能否得到发展。2003年，在深圳市政府主办的"第三届深圳读书月"活动上，"实现市民文化权利"被作为活动主题得到强调和宣讲。"文化权利"概念的提出体现了市场经济条件下公民权利意识的觉醒，这一命题的提出在全国产生了较大的影响。

公共文化服务旨在保障市民基本文化权益，增进市民文化福利，提高市民文化素养。与就业、教育、医疗、社会保障等民生事业一样，它是城市基本公共服务体系的有机组成部分，也是深圳建设现代化、国际化、创新型城市的重要文化支撑。公民文化权利指的是公民享受文化成果的权利、参与文化活动的权利、开展文化创造的权利和文化成果受保护的权利。以维护公民文化权利为出发点，深圳构建公共文化服务体系，主要包括四方面的内容：一是建立文化供给服务体系，保障公民享受文化成果的权利；二是建立文化参与服务体系，保障公民参与文化活动的权利；三是建立文化创造服务体系，保障公民开展文化创造的权利；四是建立文化保护服务体系，保障公民文化成果受保护的权利。①

党的十九大报告明确指出："我国社会主要矛盾已经转化为人民日益增长的美好生活需要和不平衡不充分的发展之间的矛盾"，"满足人民过上美好生活的新期待，必须提供丰富的精神食粮"。深圳市委市政府十分重视通过文化政策来引领、实现市民的文化权利，以高度的文化自觉积极改善文化民生，率先实践"实现市民文化权利""打造创新型智慧型力量型城市主流文化"等一系列先进的文化发展理念，推动普惠型公共文化服务领跑全国。②

到2018年，深圳市在建设公共文化服务体系、推行实现市民文化权利的过程中，不断规划和建设基础文化设施、标志性重大文化设施、基层综合文化服务中心、公共文化服务数字化建设等设施，完善公共文化服务体系。据不完全统计，2012—2018年，深圳市公

---

① 王京生：《把公共文化服务体系建设作为民生大事抓紧抓好》，《求是》2007年第24期。

② 翁惠娟：《领先的文化观念 领跑的文化民生》，《深圳特区报》2011年11月11日。

共文化服务的就业人数随着基本设施的全市铺开，文化馆、公共图书馆、博物馆（含美术馆）、档案馆四类场馆就业人数逐年增加（见表3-9），还不包括其他公共服务体系内的就业人员。如此，在实现公共文化服务体系的全过程中，带动了真正的惠民服务。加强公共文化服务体系建设，是推动社会主义文化大发展、大繁荣，激发文化创造活力，提高文化软实力的重要举措，是使人民文化权益得到更好保障、社会文化生活更加丰富多彩、人民精神风貌更加昂扬向上的重要途径。

表3-9　　　　深圳市2012—2018年公共文化服务体系就业人数

年份	2012	2013	2014	2015	2016	2017	2018
文化馆	102	596	222	234	247	247	298
公共图书馆	1170	1073	1050	1083	1189	1240	1298
博物馆（含美术馆）	293	269	484	470	554	449	489
档案馆	49	45	73	80	82	82	61

资料来源：深圳市统计局。

二　公共文化服务建设成效显著

在公共文化环境的营造、公共文化服务体系的创意发展方面，深圳市政府大力加强公共文化设施建设，为公众提供更为广阔的文化消费选择，同时充分挖掘当地的文化资源，将创意创新元素注入这些资源，使传统历史资源焕发新的生机和活力。另外，鼓励开展各类有利于文化产业发展的活动，举办专家研讨会、博览会、设计比赛和文化产业展示等活动，大力宣传和推广优秀文化产品和成果，引导文化产业的从业企业广泛参与，激励文化企业努力创新、积极求变，加强对文化品牌的宣传。

（一）推进新的大型公共文化设施建设

深圳当代艺术与城市规划馆、蛇口改革开放博物馆已建成并运营。深圳将坚持国际标准、文化价值、社会需求、多元运营的原则,掀起第三轮文化设施建设高潮,高水平规划建设深圳歌剧院、深圳改革开放展览馆、深圳创意设计馆、中国国家博物馆·深圳馆、深圳科学技术馆、深圳海洋博物馆、深圳自然博物馆、深圳美术馆新馆、深圳创新创意设计学院、深圳音乐学院"新十大文化设施",以及一批重大文化项目,打造大鹏所城、南头古城、大芬油画村、观澜版画基地、甘坑客家小镇、蛇口海上世界、华侨城创意文化街区、大万世居、华强北科技时尚文化特色街区、大浪时尚创意小镇"十大特色文化街区",提升深圳的文化特色和文化品位。此外,前海规划了11.2万平方米的文化用地,用于文化载体建设;在后海规划有"深圳湾文化设施带"。

进入新时代,深圳市更加注重大型文化基础设施建设,努力打造与城市经济、科技发展水平相匹配的文体设施体系,让全体市民共享改革开放和发展成果。

2018年,深圳出台《深圳市加快推进重大文体设施建设规划》,明确提出建设"新十大文化设施"(见表3-10)和提升改造"十大特色文化街区"(见表3-11)等112个市、区级项目。截至目前,"新十大文化设施"进展顺利,预计2024年前后,深圳"新十大文化设施"将基本建成。

表3-10　　　　　　　　深圳"新十大文化设施"

序号	新时代十大文化设施	简介
1	深圳歌剧院	由主体建筑、建筑群落和配套群落组成,将打造成现代化综合型艺术中心、国际化文化交流新平台、文化旅游目的地和深圳文化新地标
2	深圳改革开放展览馆	将成为展示和宣传改革开放重要成果的"窗口",并通过整合优化资源,打造改革开放的专门研究基地
3	深圳创意设计馆	展示和收藏国际前沿高端设计、历届中国设计大展的优秀作品及深圳设计界创作成果,开展当代设计学术研究,开展国内外设计艺术交流等

续表

序号	新时代十大文化设施	简介
4	中国国家博物馆·深圳馆	将建成面向东南亚、中亚、西亚、非洲乃至世界范围征求外国文物的重要基地，定期策划推出各种高水平文化和艺术展，为市民提供高水平公共文化服务
5	深圳科学技术馆	主要通过常设展馆、短期展览、互动体验区、参与制作等形式，以参与、体验、互动性展品及数字化展示手段，对公众进行科普文化教育及开展科学文化交流
6	深圳海洋博物馆	集历史性、文化性和艺术性于一体的标志性建筑，是打造深圳全球海洋中心城市的地标性文化设施
7	深圳自然博物馆	致力于建成全国领先的自然历史遗物收藏中心、自然标本陈列展览中心、自然科学研究中心和科普教育中心，建成现代化、智慧化、高科技应用程度最高的综合性自然博物馆
8	深圳美术馆新馆	集收藏、展览、研究、交流、教育、推广等于一体的大型现代化、国际化、数字化的综合美术馆
9	深圳创新创意设计学院	办学定位为建设国际化、高水平、创新性、实践型的世界一流设计学院，以产业需求为导向，聚集一批世界级设计大师，搭建国际交流合作平台，培养创新型设计人才
10	深圳音乐学院	建设一所国内外知名、与深圳城市地位相匹配的高水平创新型国际化音乐艺术高等院校

表 3-11　　　　深圳 "十大特色文化街区"

序号	十大特色文化街区	简介
1	大鹏所城	全称为 "大鹏守御千户所城"，是明清两代中国海防的军事要塞，已有 610 年历史，有 "沿海所城，大鹏为最" 之称，是鸦片战争肇始地，保留了大量历史文化遗迹，主要格局、街道及建筑至今保存相当完整，2001 年 6 月 25 日被中华人民共和国国务院公布为第五批全国重点文物保护单位
2	南头古城	包括牌楼、南城门、新安县衙、新安监狱、海防公署、东莞会馆、关帝庙、文天祥祠、鸦片烟馆、接官厅、聚秀楼、义利押当铺、陶米公钱庄等十余处人文历史景观，被誉为 "深港历史文化之根""粤东首府、港澳源头"，是深圳城市的原点，承载见证了深圳中心的 "迁移与回归"
3	大芬油画村	大芬村被誉为 "中国油画第一村"，是全国最大的商品油画生产、交易基地，也是全球重要的油画交易集散地，是全国首批和深圳市首个国家级 "文化产业示范基地"，也是深圳文博会分会场的开创者和分会场举办纪录的保持者
4	观澜版画基地	观澜版画村在具有 300 年历史的观澜大水田陈氏、凌氏客家村落的基础上改扩建而成，位于龙华区观澜大水田社区，核心区 31.6 万平方米，它是集版画创作、制作、展示、收藏、交流、研究、培训和市场开发为一体的中国版画事业与产业并进的综合性项目和国家级版画产业示范基地
5	甘坑客家小镇	甘坑客家小镇是深圳十大客家古村落之一，华侨城集团打造的荟萃深圳本土客家民俗、客家围村建筑、客家民间艺术、客家传统美食、客家田园风光为一体的文化旅游景区，2017 年 7 月，入选首批国家级文旅特色小镇，2019 年 10 月入选首届 "小镇美学榜样" 名单

续表

序号	十大特色文化街区	简介
6	大浪时尚创意小镇	位于深圳市龙华区大浪街道西北部大浪社区，以"时尚硅谷、生态城区"为发展目标，打造"时尚产业中心地""创意休闲目的地""龙华绿色第三极"
7	大万世居	又称大万围，是一处客家围村，为深圳十大客家古村落（古民居）之一，是全国最大且保存最完整的方形客家围屋之一，占地2.5万平方米，建筑面积1.66万平方米，共有房屋400余间。1984年，被列为深圳市重点文物保护单位。2002年7月，被列为广东省重点文物保护单位，并成立大万世居客家民俗文化博物馆
8	蛇口海上世界	海上世界即"明华轮"，是以万吨轮为主体的海上多功能娱乐中心。"海上世界"泊地东南方1.32海里内的6.5万平方米海域，已辟为我国第一个人工鱼礁游钓区，向旅游者提供钓鱼、游艇、风帆、滑水、沙滩海水浴、快艇、潜水等娱乐服务
9	华侨城创意文化街区	位于深圳华侨城原东部工业区内，是由旧厂房改造而成的创意园区，占地面积约15万平方米，建筑面积超过20万平方米，引进各类型创意产业，如设计、摄影、动漫创作、教育培训、艺术等行业，还有一些有创意特色的相关产业如概念餐厅、酒廊、零售、咖啡等。园区多年来始终以文创产业为依托，深耕社区和城市核心文化创意圈，已形成融合"创意、设计、艺术"于一体的产业经济
10	华强北科技时尚文化特色街区	有"中国电子第一街"之称的深圳华强北，依托完善的产业链和全球电子产品中心的地位，转型为将科技、时尚、文化融合在一起的特色体验街区

（二）推行"一区一书城、一街道一书吧"发展模式

书店是城市文化生态窗口，是城市人文精神寄托，是读书人眼中最美的地方。深圳是一座创新之城、文明之城，而小书店则是这座文明城市的闪闪星光。在《深圳文化创新发展2020（实施方案）》中，为弥补原特区外基层文化设施的不足，深圳市提出"大书城小书吧"的建设构想，推进"一区一书城、一街道一书吧"的发展模式，加快深圳书城光明城、龙华城、湾区城、大鹏城和深圳数字书城（坪山）总部基地等规划建设，支持建设创意特色书吧和社区阅读创新创业平台，让书城和书吧成为便民的基层文化阵地。深圳勇当书业融合发展的"探路者"，以大书城为主阵地、小书吧为网络的空间布局，有效地构筑起覆盖读者家门口的"10分钟文化圈"。星罗棋布的书吧倡导"简单生活、自在阅读"，恰似城市中的"文化绿荫"，以其优雅的环境、丰富的功能、美好的气息，融入城市、融入生活、融入文化、融入未来，放缓了城市节奏，提升了文化质量，让人们的内心更加安静。在深圳，还有尚书吧、我们书房、紫禁书院、覔书店、书啡生活、微微书吧等众多小书店，闪耀在城市各个角落，众多缤纷"书空间"让城市生活更富有层次和美感，也凝聚成一座城市前进路上生生不息的力量。

（三）建设基层综合文化服务中心

每个街道基本建成1个街道综合文体中心，推进建设集宣传文化、党员教育、科学普及、普法教育、体育健身等多功能于一体的社区综合文化服务中心，打通公共文化服务"最后一公里"。建设流动文化服务网，重点在原特区外和来深建设者集聚的厂区、生活区开展文化服务，将文化志愿服务融入社区治理，大力推动文化服务数字化建设。

近年来，深圳公共文化基础设施不断完善。据统计，目前深圳市拥有大型文化设施约50个（建筑面积1万平方米以上），大型体育场馆21个（3000个座位以上），博物馆25家，群众艺术馆和文化馆（站）62个，各类文化广场381个。深圳当代艺术与城市规划馆、市民中心、博物馆、少年宫科技馆、深圳市书城、音乐厅等公共文化基础设施成为深圳市标志性文化设施。深圳市通过政府主动

参与公共文化设施建设，推动生活方式书店、影剧院、博物馆、文化艺术中心、书城等新型公共文化业态的发展，不断优化公共文化设施结构，丰富公共文化产品供给。

第五节 文化品牌与文化传播

一 打造深圳文化品牌

文化品牌是文化竞争力的核心要素，是城市的重要形象标志。城市文化品牌作为城市有形资产和无形资产的结合体，凝聚着城市文化精华，占据着城市文化的高端，对于发展城市文化产业具有集聚资本、引导消费、延伸链条、倍增利润等多重功能。以城市文化品牌引领城市文化产业结构调整，促进城市文化产业发展方式转变，已经成为许多国际先进城市复苏崛起的基本规律。

对于城市而言，品牌是市场竞争中的王牌，树品牌、创品牌，对于每一个城市的持续发展都有着十分重要的意义。深圳作为中国最具经济活力和最富战略眼光的城市之一，强力实施"文化立市""文化强市"战略，陆续创办了具有扩展功能和裂变效应的文博会、文交所和大芬油画村等文化产业品牌，先后打造了"设计之都""钢琴之城""图书馆之城"等城市品牌，同时建立了"读书月""市民文化大讲堂""社科普及周""深圳大剧院艺术节""中外艺术精品演出季""文博会艺术节""音乐交响季""鹏城金秋艺术节""设计周""创意十二月"等一系列"城市文化菜单"，引进、举办一批国际性、国家级品牌文化节庆和体育赛事活动，每年全市各类文化活动均在10000场左右；涌现出以腾讯、华强、雅图、雅昌等为龙头的文化品牌企业，拉动文化产业以年均20%以上的速度快速增长。

深圳进入由"拼经济、拼管理"到"拼文化、拼品牌"的新阶段，以文化论输赢、以品牌较高低成为未来发展的关键。深圳要充分意识到"品牌"这一无形资产对于提升城市魅力、文化"软实力"和国际知名度的重要牵引作用，对于吸引人流、物流、资金流和信息流所表现出的强大磁力,将品牌思维贯穿到建设社会主义先行示范区的全过程,但这些品牌的国际知名度仍有待提升。根据全球知名的城市评级机构 GAWC 发布的 2018 年版的世界城市评级报告,"Alpha+"一线强城市中国有 3 座城市入围,分别是香港、北京和上海,台北和广州则入围"Alpha"一线中城市,深圳则属于"Alpha-"一线弱城市。《中国城市营销发展报告(2018)》显示,北京、上海、香港、杭州、成都、广州、深圳、重庆、南京和天津荣登 2018 年度中国城市品牌 10 强,深圳排名第 7 位,与其经济社会地位及未来发展定位不相匹配。

可以说,深圳在国际知名度的综合评价体系中,品牌感弱是一个亟须解决的问题。《中共中央国务院关于支持深圳建设中国特色社会主义先行示范区的意见》特别指出,深圳要"践行社会主义核心价值观,构建高水平的公共文化服务体系和现代文化产业体系,成为新时代举旗帜、聚民心、育新人、兴文化、展形象的引领者","要把社会主义核心价值观融入社会发展各方面,加快建设区域文化中心城市和彰显国家文化软实力的现代文明之城"。这意味着深圳的国际知名度不仅关乎自身成长,而且关乎新时代中国特色社会主义在世界舞台的呈现,从一定程度上说,也是中国形象、中国经验、中国力量的展示。

二 搭建深圳文化对外传播平台

深圳作为中国改革开放的先锋城市,在大力发展城市硬实力的同时,理应更加重视城市文化软实力,特别是文化传播力。从全球城市发展趋势看,文化在未来的城市竞争力中所占的比重越来越大。城市文化软实力不仅包括文化精神价值的传播、吸引,还包括文化物质价值的提升与拓展,以及文化管理体制的不断完善等。[①]深圳的文化产品和文化服务在国际文化市场上影响微弱,文化竞争力和文化影响力与深圳的经济体量和经济影响并不相称。

文化传播力已经成为城市文化软实力的决定性因素。文化传播

---

① 陶建杰:《上海文化软实力的国际比较及优劣势分析》,载《复旦大学信息与传播研究中心会议论文集》,2011 年 12 月 29 日。

力一直是深圳的短板。在建设区域文化中心的过程中,深圳应着力发展文化传播力,充分研究文化传播规律,创新传播模式、手段和方法,打造国际一流的文化传播力,力争在城市文化软实力方面取得一定的国际地位及影响力。

文化传播力由网络传播、对外联系和文化贸易三个维度构成。①对标伦敦、纽约等国际大都市,以及北京、上海、广州等国内大城市,这三个维度中深圳唯一略有优势的是文化贸易,文化传播力方面亟须加强。

一是积极发展媒体(网络)传播能力。放眼全球文化中心城市,无一例外拥有著名的传媒品牌,纽约有《纽约时报》《华尔街日报》《时代周刊》和《新闻周刊》,巴黎有《费加罗报》和《ELLE》等一大批时尚杂志,伦敦有《泰晤士报》、BBC,东京有《读卖新闻》《朝日新闻》《每日新闻》三大报和NHK,新加坡有《联合早报》,中国香港有"凤凰卫视"……缺乏有影响力的媒体,就无法有效地传播深圳的声音。深圳未来应加快构建技术领先、理念新颖、手段先进、方法方式灵活、覆盖全球的文化传播体系,增强当代中国的文化影响力。

二是加强对外联系。2017年,深圳机场运送国际旅客295.4万人次。目前深圳机场已顺利通过国际机场协会(ACI)的机场碳排放(Airport Carbon Accreditation,ACA)一级认证,成为继首都机场后内地第二家通过ACA认证的机场。这也意味着深圳机场的碳管理水平获得国际专业机构认可,实现与国际接轨。在最新的国际机场协会(ACI)旅客整体满意度测评中,深圳机场以4.96分位列全球第13。

从国际旅游收入来看,2017年深圳旅游总收入1485亿元,已成为具有重要国际影响力的旅游目的地城市。深圳是全国最大的口岸出入境城市,机场、港口、铁路基础设施齐备,具备打造中国最大的出入境旅游集散地的优势。深圳应持续大力推进国际航线和邮轮母港的宣传推广,密切深圳与世界的连接,成为全球城市网络中

---

① 陶建杰:《上海文化软实力的国际比较及优劣势分析》,载《复旦大学信息与传播研究中心会议论文集》,2011年12月29日。

的重要节点。

三是继续扩大文化贸易。深圳的文化贸易在国际上存在较大份额，但与纽约、伦敦等全球城市相比距离较远。深圳应努力形成强大的文化原创、文化生产、文化输出和文化传播能力，代表国家抢占国际文化话语权，形成中国文化的辐射中心之一。

三 增强深圳文化传播力

深圳市委市政府高度重视三大国有文化集团的改革发展，大力支持深圳报业集团、广电集团、出版发行集团这三大集团做优做强做大。三大集团始终坚持正确的政治方向，不断深化改革，努力打造新时代深圳文化传媒品牌。①

为推动做大做强国有文化集团，深圳市财政从 2015 年起给予报业、广电集团专项资金资助，并持续加大力度，明确资金主要用于支持两大集团深化改革、舆论阵地建设、媒体融合发展等重点领域。从 2016 年开始，根据《深圳文化创新发展 2020（实施方案）》，三大集团进行了媒体融合发展、体制改革，取得了很好的成绩。

构建以媒体融合发展为标志的现代文化传播体系，打造信息资源的高地和文化传播的重镇，是国际化城市的重要一环。世界一流城市无一不是信息资源的高地和文化传播的重镇，纽约有美联社、《纽约时报》，伦敦有路透社、BBC、《泰晤士报》，巴黎有法新社。深圳要建设国际化城市，必须把握正确舆论导向，加强传播手段和话语方式创新，打造一流文化传媒机构，形成现代文化传播体系，提高新闻舆论传播力、引导力、影响力、公信力，巩固壮大主流思想舆论，扩大城市的影响力、辐射力。当前，媒体格局已发生深刻变化，亟待转型发展、融合发展、创新发展。

（一）构建以媒体融合发展为目标的文化传播体系

面对新媒体形态和传播技术的更新迭代，深圳媒体不断深化改

---

① 《"改"出新格局 "创"出新活力！深圳三大国有文化集团不断深化改革》，2020 年 6 月 6 日，羊城晚报金羊网（https://k.sina.cn/article_2131593523_7f0d893302000iu1q.html? from = news&subch = onews）。

革,加快传统媒体与新兴媒体的融合发展,实现"全程媒体、全息媒体、全员媒体、全效媒体"的全媒体深度融合:打通"报网端微屏"的移动媒体建设;"一次采集、多媒体呈现、多渠道发布"的采编流程再造;5G等新技术助力新传播格局构建……随着媒体融合的不断深化,深圳全媒体传播格局初步形成。

应对日益激烈的市场竞争,三大集团不断挖掘资源优势,通过大力发展"文化+""互联网+"等新型业态,推动集团所属企业与深圳其他龙头企业优势互补,创新业务增长模式,打造新的经济增长点,实现良性循环。报业集团重点将《深圳特区报》办成有重要影响的大报,推动《深圳商报》《深圳晚报》《晶报》转型融合,做强深圳新闻网,构建"一主报融媒体多平台"的发展新格局。广电集团打造以深圳卫视、CUTV为龙头的传播体系,强化差异化发展,做精视听内容和文化服务,形成"双核心矩阵式多元化"的发展模式。出版发行集团实施以出版和发行主业为核心、以书城文化综合体为平台、以数字化转型为重点的"两核心一平台一重点"的发展战略,大力输出以中心书城为代表的"文化万象城"模式。深圳大力建设了"读特""读创""壹深圳""全民阅读""掌上书城"等媒体融合重点项目。

1. 深圳报业集团已构建起"一主报融媒体多平台"的发展新格局

深圳报业集团形成了以深圳特区报、深圳新闻网、读特、读创领衔,"纸媒+网站+客户端+官微+自媒体+代运营"全覆盖的融媒体矩阵,用户量持续增长。截至目前,集团全媒体用户数(含粉丝数)达1.1亿[①],新闻舆论"四力"得到有效提升。

2019年5月,深圳报业集团与华为签署战略合作框架协议,双方将在大数据中心、媒体混合云、融合媒体平台建设、5G+人工智能创新、虚拟现实等多方面开展合作。此外,深圳报业集团与深圳地铁集团成功组建报业控股的地铁传媒合资公司,平面广告资源约

---

① 周斌:《媒体融合发展成效要靠内容来体现要靠作品来检验》,2020年6月6日,人民网传媒频道(http://media.people.com.cn/n1/2018/0910/c40606-30284096.html)。

占深圳轨道交通总线网的80%。深圳广电集团与深圳巴士集团合资组建了公交电视网络传媒公司，推出"智慧大屏"公交电视服务。广电集团天威公司全面推进全市有线电视网络高清化改造和"普及高清电视服务"惠民工程，不断创新增值业务。

"文化+金融"效应初显，有力拓展了三大文化集团新的经济增长点。报业集团深圳新闻网在新三板挂牌上市，成为广东省第一家依托传统报业集团、整合数字媒体业务登陆新三板的新媒体公司。报业集团一本传播投资公司自成立以来，发挥集团资本运作平台作用，已成功投资5个项目，累计投资3.07亿元。广电集团前海天和基金完成投资项目8个，累计投资额2.25亿元，并获得财政部5000万元出资。三大集团积极参与发起中国文化产业投资基金，截至目前，已获得分红收入近5亿元。

2. 广电集团已形成"双核心矩阵式多元化"发展模式①

深圳广电集团建成全媒体新闻指挥中心，改版升级新媒体平台"壹深圳"客户端，积极推进"CUTV广电云"、IPTV、OTT等业务发展。深圳卫视全国入网率为99.1%，覆盖国内11.6亿人口。

深圳出版集团在"阅读永恒，载体创新"理念的指引下，推动深圳全民阅读逐渐形成"互联网+"热潮。"全民阅读"App吸引近120万读者加入"全民阅读计划"，"掌上书城"App实现四大书城阅读文化资源的线上整合，培育数字阅读新风尚。深圳连续三年获得"全国十大数字阅读城市"称号，在2020年的"全国十大数字阅读城市"评选中排名第一。

3. 出版集团实施"两核心一平台一重点"的发展战略

深圳出版集团以出版和发行为核心，以书城文化综合体为平台，以数字化转型为重点，实施"两核心一平台一重点"发展战略，力争成为具有较强全民阅读指引力、城市文化影响力、文化消费带动力、经营效益显著的阅读服务提供者和大书城运营商，建设与现代化国际化创新型城市相匹配的国内外一流的现代文化创意产业集团。

---

① 《深圳文化创新发展2020亮出中期"成绩单"》，2020年6月6日，《深圳特区报》、人民网深圳频道（http://sz.people.com.cn/n2/2018/0817/c202846-31943791-4.html）。

一是坚守出版和发行的核心地位,坚持把社会效益放在首位,做精内容出版,做强图书发行,持续创新全民阅读推广模式,进一步提升全民阅读影响力,着力打造文化品牌,提高文化价值转化能力,建立差异化的市场竞争优势,形成"文化+"产业格局。

二是凸显书城的公共文化服务平台价值,践行深圳市加快特区一体化的发展要求,推进"一区一书城"战略布局落实,改进书城投资建设模式,创新书城业态模式,丰富书城的文化创意内涵,加强平台资源开发利用,激发书城平台聚合效应。同时依托"一街道一书吧"建设,将书城的功能向基层延伸,加速公共文化服务均等化进程,打造"书城+"新型业态。

三是紧扣数字化转型这一重点,紧抓深圳建设智慧城市发展机遇,推进文化与科技深度融合,加快传统媒体与新兴媒体融合发展,增加信息化的投入,利用以数字化技术为代表的各种高新技术改造传统业务模式,开辟文化产业"新蓝海",重塑集团价值链,实现"互联网+"转型升级。

2017年,深圳出版集团初步完成公司化改革,按照现代企业制度制定了新的公司章程,加快推进"一区一书城、一街道一书吧"和异地书城,龙岗书城、开封书城正式开业,龙华书城即将启幕,合肥、哈尔滨书城项目积极推进,市内外已建成运营40多家书吧。深圳书城龙岗城于2018年7月开业后,深圳书城模式更实现了从"文化创意书城"到"智能化书城"的又一次升级。

(二)人事制度改革,实施"瘦身计划"

随着资源配置的优化、盈利模式的更新、运营机制的转换,三大集团的改革路径不断明晰。

2019年,深圳报业、广电集团将改革利刃向内,对存在的"机构庞杂、人员臃肿"问题下手,实施"瘦身计划",扎实推进改革举措落地。报业集团完成总部人事改革目标,领导班子职数从17名减至11名,减幅达35%;集团本部由25个部门精减为15个,减少40%;中层干部职数由72人减少到43人,减少40.3%;对长期亏损、扭亏无望的企业坚决"关停并转",8家"僵尸企业"已完成注销,4家进入收尾阶段。下属企业妥善推进富余人员分流,共分流减员 400 多人。完善全面预算管理和目标考核管理，管理效能进一步提升。

广电集团推进组建卫视中心、融合媒体中心、广播中心和专业频道运营中心"四大中心"，做强数字电视、文化金融、产业园区、会展影视"四大运营板块"，从经营、人力、技术、管理等多方面优化体制机制，取得初步成效。集团领导班子成员由 13 人核减至 9 人，减幅 31%；职能部门核减编制 43 个，缩减 8%；集团人员至目前为止比改革前缩减 700 多人；关停并转 4 家经营不善的下属公司。

以深化干部人事制度改革为例，报业集团在采编系统推出名编辑、名记者、名评论员"三名工程"，广电集团在五个电视频道试点推行干部带任务上岗工作，已初见成效，有力调动了业务骨干的工作积极性和干事创业热情。

报业集团着力构建"一主报融媒体多平台"发展新格局，《深圳特区报》《深圳商报》《深圳晚报》《晶报》和深圳新闻网围绕中心，服务大局，新闻报道稳中出新，融媒体爆款频出，屡获大奖。广电集团做强品牌栏目，《深视新闻》《直播港澳台》《军情直播间》《关键洞察力》等影响力不断提升，深圳卫视全天收视排名保持在全国前十行列。"2019 开年笔谈"系列报道回答"深圳之问"，《飞阅大湾区》5G 全媒体直播全景展示大湾区建设场景，"无人花店"报道得到中央媒体官微的头条推送，《戏精女护士》第二季一经推出火遍全网……近期，一批"百万+""千万+"融媒体产品不断涌现，在网络平台唱响深圳主流声音。

经过平台、人员、产品和流程等方面的融合，深圳的传媒主力军通过各种方式加速投入互联网这个舆论的主阵地、主战场，用一批优秀的新媒体作品抢占舆论场，在网络空间全方位营造深圳改革创新、开放自信的良好形象。

第六节 《深圳文化创新发展 2020（实施方案）》绩效评估

《深圳文化创新发展 2020（实施方案）》是推动深圳文化繁荣

兴盛的总抓手。2015年12月,深圳推出了《深圳文化创新发展2020(实施方案)》,以传承和创新的精神,针对深圳文化发展进程中面临的挑战和存在的问题,打基础、补短板、强弱项、谋长远,增强深圳文化的综合实力,建设与现代化国际化创新型城市相匹配的文化强市,打造国际文化创意先锋城市。①

根据《深圳文化创新发展2020(实施方案)》,深圳在2016—2020年,逐步打造成精神气质鲜明突出、文化创新引领潮流、文艺创作精品迭出、文化活动丰富多彩、文化设施功能完备、文化服务普惠优质、文化传媒融合发展、文化产业充满活力、文化形象开放时尚、文化人才群英荟萃的国际文化创意先锋城市,努力建设与现代化国际化创新型城市和国际科技、产业创新中心相匹配的文化强市。在工作目标上,它具体提出了7个方面的内容。结合《深圳文化创新发展2020(实施方案)》,我们梳理了深圳市近年来文化创新理论与实践领域的工作举措及目标完成情况,简要总结如下。

一 革新思想价值观念

弘扬社会主义核心价值观,开展"新时代深圳精神"大讨论。社会主义核心价值观深入人心,城市精神得到塑造和弘扬。开展"新时代深圳精神"大讨论,2020年概括提炼"新时代深圳精神"并择机发布,建好用好"学习强国"深圳学习平台,高标准打造新思想的融媒体学习矩阵。认真梳理总结特区精神,更好反映、塑造深圳人的精神风貌,为率先建设社会主义现代化先行区提供精神动力。

培育和践行社会主义核心价值观,积极培育现代文明市民,争创第六届"全国文明城市"。2017年11月,中国文明网公布第五届全国文明城市,深圳第五次荣膺"全国文明城市"称号,已经完成实施方案第五届"全国文明城市"目标。2020年,深圳市正争创第六届"全国文明城市"。

推进《深圳市培育和践行社会主义核心价值观实施方案》,修

---

① 李小甘:《坚定文化自信,推动深圳文化繁荣兴盛》,《深圳社会科学》2018年第1期。

订《深圳市公益广告管理办法（暂行）》，推进公益广告管理立法，开展"我的价值我的城"系列主题教育实践活动，办好"设计之都（中国深圳）公益广告大赛"，使社会主义核心价值观深入人心。

积极落实《深圳市民文明素养提升行动纲要（2016—2020年）》，积极培育遵法纪、守诚信、讲道德的现代文明市民。深化"关爱之城""志愿者之城"建设。2019年，深圳市注册志愿者175万名，占常住人口的14.5%，高于实施方案12%的目标。

二 加强理论建设和学术创新

（一）建设社科研究和智库平台，繁荣发展哲学社会科学

以"天下名校为我所用"的决心和气度，重点引进一批知名社科专家，用"天下之才"补齐学术短板。发挥综合开发研究院等高端智库的引领作用，大力推动新型智库建设。

实施"深圳市哲学社会科学学术名家计划"，建立哲学社会科学学术名家库，发布重大课题，举行高端学术论坛，编辑《学术名家策论》，培育学术新苗，吸引国内外知名学者开展深圳研究，用"天下之才"补齐学术短板。依托深圳大学、南方科技大学、中山大学深圳校区、香港中文大学（深圳）等高校，建设一批优长学科，深化经济特区、粤港澳合作、城市文化形态等特色学术研究。

加强社科研究机构建设，增强哲学社会科学研究力量。围绕"改革开放历史经验研究"等重大课题，推进马克思主义中国化创新理论和实践研究，支持建设一批重点研究基地和平台。制定《深圳经济特区社会科学普及条例》，支持综合开发研究院（中国·深圳）做好国家高端智库建设试点工作。将智库纳入政府决策参考体系，构建智库信息数据平台，完善研究成果评价和应用转化机制。

（二）继续深化"深圳学派"建设

专项基金资助，宣传文化事业发展。推动哲学社会科学创新发展。对习近平新时代中国特色社会主义思想、"四个走在全国前列"、社会主义现代化先行区、粤港澳大湾区等加强研究，推出一批高水平、有特色的学术精品，为率先建设社会主义现代化先行区提供理论支撑。开展与深圳学派建设相关的高端学术活动，鼓励深

圳本地学人具有原创性的社科类论著出版，加强深圳学派宣传推广及与深圳学派建设有关的各项基础建设，培养学术骨干，增强深圳学派人才队伍建设等。创办公开出版的《深圳社会科学》，做强《深圳大学学报（社会科学版）》、《特区实践与理论》等学术阵地，提升《深圳学派建设丛书》《深圳改革创新丛书》质量水平，打造"深圳学术年会"等高端平台，推动在深圳举办高水平国际学术会议。

三 打造文化品牌活动和文艺精品

（一）举办系列品牌文化节庆活动，凸显城市文化魅力

不断提升文博会、高交会、读书月、创意 12 月、深圳国际创客周等重大文化活动的水平，精心打造深圳"一带一路"国际音乐季、深圳国际科技影视周、深圳国际摄影大展、深圳设计周、中国图片大赛等一系列新的文化品牌活动，建立"城市文化菜单"，形成"月月有主题，全年都精彩"的文化生活新局面。

（二）创作"深圳原创"文艺精品，唱响"深圳好声音"

紧扣重大纪念活动庆典时间节点，在文学、音乐、影视、舞台剧、美术、出版等领域创作出一批能在国家和国际级平台亮相的精品力作，使深圳成为重要的文艺精品生产基地，争取有更多的作品入选中宣部"五个一工程奖"。筹拍大型纪录片《创新中国》《深圳四十年》和电视连续剧《面朝大海》，力争在央视播出。做强影视产业，推动制作一批既叫好又叫座、票房超亿元的电影，创作一两首在全国有重大影响的主旋律歌曲，推出一件高水平的交响乐作品，推动一部原创舞台剧在国内外市场巡演，制作一档收视率跻身全国五强的综艺类电视栏目，生产一两部精品电视剧。推动成立"深圳网络作家协会"，扶持网络剧、网络电影、网络音乐、网络动漫等新兴文艺类型。探索设置文艺孵化机构，通过实行艺术家工作室制、客座制、签约制和招聘制等方式，吸引国内外知名艺术家来深采风创作。

（三）深化文艺院团改革，夯实文艺创作基础

探索新机制新模式新方法，深化文艺院团改革，做优深圳交响

乐团，扶持深圳粤剧团，筹办深圳歌舞剧院、深圳话剧团，推动民间文艺团体发展。提升深圳大剧院、深圳音乐厅的运营管理水平，增强服务功能，探索融合发展的新路子。改进文艺院团治理结构，设立艺委会和艺术总监，开展艺术职务序列改革。积极发展演艺经纪机构，培养深圳"大腕"明星。

（四）汇集"超级赛事和明星队伍群"，建设运动活力都市

将中国杯帆船赛、中国网球大奖赛、深圳国际马拉松赛打造成国际知名赛事，办好WTA国际女子网球公开赛、ATP公开赛、2019男篮世界杯赛，力争每年都有多个国家级、国际性顶级赛事在深圳举办。建设与城市地位相匹配的一流体育竞技队伍，支持深圳马可波罗篮球队、八一深圳女子排球队进入全国职业联赛上游，制定并实施《深圳市足球振兴行动计划》，培育高水平的中超足球队，引进网球、乒乓球等职业俱乐部。用好市体育产业发展专项资金，推动体育事业和体育产业跨越式发展。

（五）设立高水平文体院校，培育文体基础力量

支持深圳大学做大做强艺术类院系。支持深圳艺术学校提升办学水平，探索组建高等艺术学院，推动创办艺术类、体育类特色学院，为深圳提供职业型、实用型的艺术设计和体育人才。鼓励有条件的中高等院校开展艺术、体育特色教育。探索在深圳交响乐团设立乐队学院，与专业院校联合培训乐手。开办剧本写作培训班，举办影视剧本创意大赛，孵化优秀剧本。

四　促进融媒体发展

（一）深化国有文化集团改革，打造新型主流文化传媒集团

深圳报业集团将重点《深圳特区报》办成具有较强国内外影响力的大报，推动《深圳商报》《深圳晚报》《晶报》转型融合，做强深圳新闻网，构建"一主报融媒体多平台"发展新格局，实现新媒体用户大幅增长。出版发行集团要实施以出版和发行主业为核心、以书城文化综合体为平台、以数字化转型为重点的"两核心一平台一重点"发展战略，海天出版社进入全国城市出版社排名前5，3座书城经营规模进入全国前10，成功输出以中心书城为代表的

"文化万象城"模式。三大集团要加快建立现代企业制度,搞活内部运行机制,坚决关停并转长期亏损企业,实施"瘦身计划",根治"体型臃肿、开支庞大"弊端。

(二)建设媒体融合重点项目,拓展新兴传播平台

报业集团、广电集团要加快建设媒体融合新闻中心和媒体融合重点实验室,构建新型高效、技术先进的融媒体新闻采编平台,建设一批精品专栏和节目,重点打造"读特""读创""壹深圳"等在全国具有显著影响力的新闻客户端,建设CUTV深圳台等具有聚合功能的网络内容服务平台和深圳Zaker、深圳网易等移动新媒体集群。出版发行集团要加快构建数字出版生产流程,建设融媒体阅读创新实验室,将全民阅读App、掌上书城App打造成"互联网+读书"的重点平台。建设技术标准统一的内容、用户、云版权数据库,建立信息内容数据交换机制。积极融入"智慧深圳"布局,推进"互联网+家"项目建设,加快有线广电网络数字化、双向化、宽带化改造升级。

(三)实现政务新媒体全覆盖,培育建设"网络深军"

推动政务公开移动化升级,实现政务新媒体对重点民生部门100%覆盖,形成包括网站、论坛、微博微信、App等在内的"多媒一体化"政务传播格局。鼓励打造本土化、实用型公众账号,推动掌上政务办理等公共服务业务。实施"五个100工程",建设深评小组、网络名人、新媒体人、网络评论员和网络志愿者队伍。

(四)拓展"大外宣"工作格局,塑造国际化城市形象

打造外宣新媒体,建设运营城市英文门户网站和深圳外宣网,构建"城市外宣互联网平台"。服务"一带一路"建设,提升对外文化交流层次,积极参与国家"丝路书香"工程和"影视桥"工程,承接文化部海外中国文化中心的共建和项目合作,配合做好文化部"欢乐春节"等重要节庆海外活动。加强与联合国教科文组织在文化、教育、城市规划等领域的合作,建立与友城、创意城市网络、"一带一路"沿线主要城市以及其他世界文化名城之间的常态交流机制。推进在友城图书馆开展"阅读深圳工程",积极参与世界城市文化论坛和"世界博物馆日"相关活动。策划在海外举办

"深圳文化周"，在国际重要城市、国际航班、世界著名地标性建筑等平台推广深圳形象。

五 完善公共文化服务体系

（一）规划建设"新十大文化设施"，建设一批标志性重大文化设施，构建城市文化新地标

建成深圳当代艺术与城市规划馆、深圳文学艺术中心，推进深圳美术馆新馆、深圳文化馆新馆、深圳图书馆调剂书库的建设，加快深圳歌剧院的研究论证和选址工作。推动中国改革开放博物馆、深圳自然博物馆、世界博物馆大厦的规划建设和深圳博物馆老馆维修改造，构建以公立博物馆为主体、民间博物馆为补充的博物馆体系，打造具有国际水准的博物馆群。

对华侨城创意文化园、欢乐海岸文化休闲区、蛇口海上世界、大芬油画村、观澜版画基地、笋岗工艺美术集聚区、南山荷兰花卉小镇、甘坑客家小镇、大鹏所城、鹤湖新居、大万世居、中英街等服务设施进行优化完善，规划建设华谊兄弟文化城、上合孝德园等新的特色文化项目，打造一批特色文化街区和文化小镇，形成相互呼应的城市文化群落。有效整合和连接各类文化空间，逐步形成两三处现代化国际化的城市文化核心区。

（二）打造文化与旅游融合发展的"十大特色文化街区"

重点打造大鹏所城、南头古城、大芬油画村、观澜版画基地、甘坑客家小镇、大浪时尚创意小镇、大万世居、蛇口海上世界、华侨城创意文化街区、华强北科技时尚文化特色街区。

（三）推动原特区外文化设施建设，实现全市文化设施均衡化

建成坪山新区文化综合体、龙岗中心区"三馆"、宝安中心区青少年宫和石岩书城文化综合体，加快启动建设光明新区文化艺术中心、布吉文体中心、观澜文体公园和龙华文体中心等一批区级标志性文化设施。加快深圳书城龙岗城、宝安中心城、光明城、龙华城、大鹏城和深圳数字书城（坪山）总部基地等规划建设，支持建设创意特色书吧和社区阅读创新创业平台，基本形成"一区一书城、一街道一书吧"格局。

（四）建设基层综合文化服务中心，形成"十分钟文化服务圈"

认真贯彻落实《国家基本公共文化服务指导标准（2015—2020年）》意见，进一步完善基层综合性文化设施建设标准，加大建设力度，按照《深圳市推进基层综合性文化服务中心建设实施意见》（深府办函〔2016〕228号）的相关规定，结合深圳市的实际情况，借力深圳市数字技术发展优势，深入推动公共服务数字化建设，实现文化"一站式"服务。推行"互联网+公共文化"，实现公共文化场所Wi-Fi全覆盖。

六 促进质量型内涵式文化产业发展

在2019年3月21日文化创意产业创新发展座谈会上，深圳发布了《关于加快文化创意产业创新发展的意见》。其指出到2020年，深圳市内容产业和创意设计、数字文化等新兴业态占比超过60%，文化创意产业年均增速保持10%以上，文化产品和服务出口规模不断扩大，产业质量和国际竞争力持续提高；全深圳市文化创意产业增加值突破3000亿元，占深圳市生产总值的比重超过10%，文化创意产业的战略性新兴产业和国民经济支柱产业地位进一步强化。

突出"一带一路"国家倡议，突出质量型、内涵式发展，突出社会效益，每年重点办好一两个特色主题展馆，更好地承担加快中国文化产业发展、推动中华文化"走出去"的责任。着力提升文博会国际化、市场化、专业化水平，健全更具竞争力、影响力和充满活力的市场运作模式，完善文博会质量管理服务体系，探索设立文博会海外分会场。完善"1+N"模式，利用好文博会资源举办系列文化创意专业展会。实行文博会分会场考核末位淘汰制，提升分会场的文化内涵和产业发展质量。支持文博会公司与国内外品牌会展机构开展合作，推动规划建设文博会产业园区。

培育新型文化业态，推动产业结构优化升级。进一步发挥"文化+"的功能。强化文化创意和科技创新两大支撑，继续认定和支持奖励"文化+旅游""文化+科技""文化+互联网""文化+创意""文化+金融"等文化产业发展的新模式和新型业态。推动文化创意和设计服务与相关产业融合发展，支持制造业、金融业、建筑房地产业、软件业等龙头企业跨界融合发展，培育壮大时尚产业，构建时尚品牌群，开展时尚主题活动，扩大引导文化消费。

培育文化领军企业，做强做大市场主体，促进小微创意企业加快成长。培育发展文化类行业协会、产业联盟组织。

实施"大项目驱动"行动，优化产业空间布局。完善国家级文化和科技融合示范基地服务机制，建设文化科技产业"硅谷"。

创新文博会办展办会机制，打造国际知名展会品牌。积极办好中国设计大展、深圳创意设计新锐奖、深港城市建筑双城双年展、深港设计双年展等国际性和国家级创意设计展会活动，提升深圳"设计之都"的国际影响力。建成国家对外文化贸易基地（深圳）公共技术服务平台和"一带一路"专业服务平台，扩大对外文化贸易。

完善国家级产业服务平台，集聚盘活文化市场要素资源。推动深圳文交所搭建新闻出版、广播影视内容版权以及文化企业无形资产的登记和交易平台，积极开展市场化业务，拓宽文化投融资服务领域。建成广东国家数字出版基地深圳园区，形成国内领先的数字出版产业链。

七 提升国际化形象

在进一步提升国际化城市形象辨识度的同时，落实"一带一路"倡议，重点推进与联合国教科文组织、创意城市网络、"一带一路"沿线主要城市、世界文化名城之间的交流合作，举办和参与一批国家级、国际化的对外文化交流活动，构建既有"中国味儿"又有"世界范儿"的国际文化交流平台，显著提升城市文化的国际影响力。

（一）升级推广"创意城市""设计之都"城市品牌

"创意城市"这一品牌，成功吸引了全球设计界的目光。近年来，澳大利亚墨尔本、德国汉诺威、西班牙毕尔巴鄂设计代表团纷纷到深圳开展交流，寻求合作。

作为对外开放的"窗口"，深圳也是中国文化交流的"窗口"。

近年来，深圳积极搭建对外交流平台，在碰撞中融合，在融合中贯通，南山国际化交流中心的开厅正是其生动缩影。在推进《深圳文化创新发展2020（实施方案）》重点工作开展的进程中，深圳已率先构建起以全面开放新格局为方向的对外文化交流体系，建设人文湾区和国际文化交流中心，将更多中国故事展示给世界。

（二）以文化促进国际交流，不断发力打造更有魅力的国际化城市

2016—2020年，深圳深入落实《深圳文化创新发展2020（实施方案）》，扎实推进各项工作开展。深圳率先构建起以全面开放新格局为方向的对外文化交流体系，建设人文湾区和国际文化交流中心。2019年6月29日，深圳南山区招商街道的南山国际化交流中心举行开厅仪式，按照"一站一馆一平台一基地"模式建成集外国人"一站式"咨询服务大厅、中外文化融合交流馆、外国人线上线下管理服务综合平台、国际学校管理交流基地于一体的国际化交流中心。这也是深圳目前最大的国际文化交流平台。

（三）推动中国文化输出

深圳以"品牌活动＋设计合作＋媒体联动＋影视输出"多措并举的方式撬动文化建设。深圳紧抓粤港澳大湾区建设机遇，助力人文湾区建设，成为文化输出的前沿担当。

深入贯彻习近平总书记繁荣社会主义文化系列重要讲话精神，响应国家"一带一路"倡议，深圳创办了"一带一路"国际音乐季，如今已成功举办3届。连接中外，沟通世界，深圳"一带一路"国际音乐季已成为国家"一带一路"文化交流的标志活动，成为影响深远的深圳城市文化品牌。在影视文化"走出去"的过程中，深圳借助中国国际新媒体短片节这一活动平台，十年来不断加强与境外平台合作，向业界输送新人、新项目、新科技。如今，短片节还成功入选深圳参与"一带一路"建设重点项目。

对于国际文化传播，深圳也全方位加码，不仅在深圳航空、南方航空和中国国际航空公司投放全新深圳城市形象宣传片，还对深圳英文网站进行改版等。此外，深圳还通过境内外媒体、网络媒体等渠道展示深圳改革开放成果。

第四章　深圳文化创新的理论探索

作为中国最有活力的创新型城市，深圳在体制机制创新、科技研发和成果转化创新、新兴产业创新等领域都有重要贡献，这些创新最终形成一种独特的创新文化。在40多年的快速发展中，深圳文化建设的蓝图徐徐展开，文化创新成为这座南海之滨的文化绿洲。从"小城故事"到"大国叙事"，从文化立市到国家政策，深圳文化创新的理论探索之路越走越宽，文化建设的使命也更加重大、担当更加凸显。而从狭义的文化创新角度来看，深圳创造了独特的文化创新发展模式，形成了具有先行先试价值的文化流动理论、文化科技融合创新理论、非物质文化遗产活化理论。

第一节　文化流动理论

文化积淀作为文化在时间上的结晶，长期以来受到人们的重视和肯定，以至于很多人认为如果一个城市或地区没有深厚的文化积淀，在文化上就不可能有大的作为。当我们肯定文化积淀的社会效益和经济效益时，往往也忽略了文化积淀给改革创新戴上的沉重的历史枷锁，让创新难以前行。因此，当我们看重文化积淀为民族、国家或城市的身份认同带来的存量作用时，也应该注重文化流动为我们带来的增量作用。王京生认为，文化积淀论存在六个误区，其一便是"文化的发展和进步就是要不断地挑战传统的界限，而不是对传统的坚守和对积淀的膜拜"①。新时代，充分流动的文化要素使

---

① 王京生：《文化积淀论陷入6大误区》，《人民日报海外版》2013年8月14日第7版。

得城市或地区的文化持续发展与创新成为可能。早年的深圳市一直被视为没有文化、缺少积淀，甚至被扣上"文化沙漠"的帽子，但现今的深圳，新兴文化业态层出不穷，文化科技不断融合创新，文化创意在其发展中扮演着重要的角色，在发展过程中形成了独特的创新发展模式。

一　文化流动理论的提出

国外学术界关于文化流动的研究与论述早已有之，学者们分别对文化流动的本质、文化流动的形式、文化流动的载体、文化流动的影响与结果这四个方面做出了论述。首先，在文化流动的本质方面，美国人类学家、社会学家阿尔君·阿帕杜莱在《消散的现代性：全球化的文化维度》一书中指出：纵观历史的发展，凡文化就一定会发生流动。[①] 在相当长的一段时间内，文化在历史中表现为纵向的流动，不同社会群体间的文化交往通常是有限的，有时受地理或生态条件所限，有时是主动抵制与他者的互动。凡是持久的跨区域文化交往，通常都涉及商品的长途贩运（以及与其利益攸关的商人）和形形色色的旅行者与探险家（Helms, 1988；Schafer, 1963）。在空间层面，文化流动最突出的表现莫过于随着全球化进程的不断发展和深入，以及区域史向世界史的过渡，不同文化之间在传播速度、交往深度和影响程度上不断深化，愈演愈烈。其次，在文化流动的形式方面，美国文化学者 Richard A. Rogers 指出文化流动的形式主要有文化交换（cultural exchange）、文化主导（cultural dominance）、文化掠夺（cultural exploitation）、文化嫁接（transculturation）。美国知名全球化学者 Jan Nederveen Pieterse 在 "Globalization as Hybridization" 一文中提出 "混杂" 这一概念。他将全球化定义为一种在混杂化进程中持续进行的 "全球杂烩"（global melange）生产，并认为混杂化视角有利于将人们的文化认识从领土/静态的模式（territorial/static mode）转向跨地域/流动的运动（translocal/fluid movement），从而意识到文化本质上是多种文化相互

[①]　[美] 阿尔君·阿帕杜莱：《消散的现代性：全球化的文化维度》，刘冉译，上海三联书店2012年版。

混杂的过程与结晶。再次，在文化流动载体方面，阿帕杜莱在《消散的现代性：全球化的文化维度》一书中将当前新的全球文化经济看作复杂、交叠又散裂的秩序。他认为现代社会媒体和大规模"无地域感"的移民的想象作用共同造就了全球化的无规律性，形成了变化的、难以预测的关系。因此，他主张从金融、族群、科技、媒体等景观（scapes）入手来探究这些要素与文化流动之间的关系。采用"景观"一词，意在强调这些维度之间流动的不规律形态，以及展现文化流动在当下呈现的丰富图景。最后，在文化流动的结果与影响方面，学者开始从特殊性、地域性和差异性角度去思考西方全球化本身的局限，进而提出"全球本土化"（glocalisation）这一新的理论表述。美国知名全球化学者 Roland Robertson 提出，虽然全球化以同一性为原则，但我们应该把本土看作全球化的"微观"表现，与"地方意味着文化、种族或种族同质性"的含义相反。在这一方向上，阿帕杜莱将新的全球文化经济看作复杂、交叠又散裂的秩序。他以人类学家之眼，关注现代社会媒体和人群迁移同时移动的联合效应，认为移动的影像与去疆域化的观赏者相遇，二者一同造就了全球化的无规律性，形成了动态的、不可预见的关系。

国内关于文化流动理论的研究日臻完善，从文化流动的原因、文化流动的规律、文化理论的构建、文化流动与文化创新四个方面展开论述。何一、青萍从文化势差与质差的角度解读文化流动的真实动因，提供了一种有参考价值的视角。顾乃忠在《文化流动的规律性》（2003）一文中将文化流动与文化交流两者的概念进行了区分，认为文化交流是双向的，而文化流动是单向的。陈少雷在《文化流动视域下的城市价值观念创新——以"深圳十大观念"的生成为例》一文中探讨了文化流动与城市价值观念创新的关系，对本书不断凝练和培育城市层面的核心价值观，进一步推动大湾区城市的文化创新发展有重要意义。[①]

著名文化学者、国务院参事王京生对文化流动理论进行了全面、深入和系统的思考与探讨。他提出的文化流动理论就是基于深圳的

---

① 陈少雷：《文化流动视域下的城市价值观念创新——以"深圳十大观念"的生成为例》，《特区实践与理论》2015 年第 2 期。

文化实践以及对文化积淀论的批判而提出来的,并成为推动深圳文化发展与文化创新的重要理论支撑。王京生在《文化是流动的》一书中,辩证地统合上述学者的观点并广泛吸取借鉴中西方学者的论述创立了全新的"文化流动理论"。[①] 它打破了人们理解文化的传统,揭示了文化流动的本性,并深入探讨了文化流动的丰富内涵、多彩形式和复杂特点。此外,在文化的流动中,他认为移民、经济、文化产业、技术和城市五大要素最为关键,我们需一一剖析这些要素与文化流动相互作用的机制及其当代表现。正是由于王京生等人对于深圳市文化创新与文化流动相关理论的深入思考与深厚积淀,2004年,以王京生为首席专家组成的研究团队以《文化是流动的》一书前期成果申报了国家社科基金并获得立项支持。最终,课题组申报的"新兴城市文化流动与文化创新研究"项目被确定为2014年度国家社科基金艺术学重大项目。这标志着深圳市的文化流动和文化创新研究获得了学界的认可,也标志着对其研究进入到更深层次的阶段。自此,对于深圳市文化创新与文化流动的研究逐渐成为深圳市文化研究领域的一大热点。其关注点主要在于文化流动与深圳市文化创新的内在关系,特别是文化流动对于深圳市文化创新的内在驱动机制等。

自2015年起,"新兴城市文化流动与文化创新研究"课题组每年举办"文化流动与文化创新高端论坛",共同研讨诸如深圳市这样的新兴城市与文化创新的相关议题。同时,由王京生主编的《文化流动与文化创新研究报告》(见图4-1)在广东人民出版社出版,从2015年迄今已连续出版4本,分别是《文化流动与文化创新报告2015》《文化流动与文化创新报告2016》《文化流动与文化创新研究报告2017》《文化流动与文化创新研究报告2018》。其中,《文化流动与文化创新报告2015》主要关注我们需要什么样的文化繁荣、文化繁荣与城市命运变迁的历史启示、我们需要什么类型的文化繁荣的深圳样本等内容;《文化流动与文化创新报告2016》较为关注国家创新战略与文化软实力、"一带一路"倡议实施中推动

---

① 王京生:《文化是流动的》,人民出版社2013年版。

中华文化"走出去"以及深圳文化创意产业创新发展等内容；《文化流动与文化创新研究报告2017》从总报告、专论、文化创新、文化流动、文化产业、文化与阅读六个栏目对文化创新与文化流动进行了研究；《文化流动与文化创新研究报告2018》除了总报告、文化创新、文化流动以外，还聚焦于文化自信、文化治理、创意城市。可以说，国家社科基金艺术学重大项目"新兴城市文化流动与文化创新研究"与《文化流动与文化创新研究报告》是对深圳文化流动和文化创新本土经验的深入研究和详尽总结。从它们所取得的成果和社会及文化影响力来看，无论是项目研究成果还是该套丛书的成型与发布，其本身就是深圳市文化创新的直观和生动体现。

二 文化流动是文化创新的重要原动力

万物皆流动，无物常住。宇宙间的万物都处于永恒变化、流动的过程之中，昼夜交替、四季变换、生命成长、朝代变迁……大到天体星辰，小到细胞原子，这些物质时时刻刻都处在变化和流动之中。人类社会也是如此，经历了从海洋到大陆的变迁，发现新大陆、殖民运动等。这种流动改变着我们的文化和社会，创造了移动社群，开展身份认同。以往的同质人口正在经历着令人眼花缭乱的语言、宗教和文化习俗多样化的进程。①

德国著名社会学家、经济学家马克斯·韦伯在《新教伦理与资本主义精神》一书中揭示新教伦理与资本主义精神在资本主义发展中的重要作用。该书在肯定精神与文化因素对经济社会发展具有巨大推动力的前提下，阐述了新教伦理与潜藏在资本主义发展后面的某种心理驱动力（即资本主义精神）之间的某些关系。② 深圳在短短40多年里取得如此重大的成果，一个重要的原因就是文化的流动。文化流动的过程就是深圳文化创新的过程，形成了以创新、开放、包容、公共精神、权利意识、法治意识、市场意识以及科技、

---

① 联合国教科文组织：《世界报告：着力文化多样性与文化间对话》，联合国教育、科学及文化组织，2010年，第15页。

② ［德］马克斯·韦伯：《新教伦理与资本主义精神》，袁志英译，上海译文出版社2019年版。

效率和务实精神等为特质的文化精神。"深圳十大观念"是深圳人普遍认同的集体记忆和价值诉求,集中反映了深圳人的文化观念和价值理念,体现了深圳人的文化自觉、文化自信和文化自强。"时间就是金钱、效率就是生命""敢为天下先""让城市因热爱读书而受人尊重""来了,就是深圳人"等口号都体现了深圳人的集体意识、归属意识和价值共识,也代表着深圳文化流动、文化创新的内涵。"改革"和"创新"已经成为这个城市的代言词,开放、包容、敢闯敢拼、不断创新更成为这个城市独有的城市魅力,吸引着更多的年轻人来这里创新发展、释放活力。

三 深圳文化流动的要素

在市场经济的运行规则之下,经济特区将资本、劳动、技术、土地等要素聚集在一起释放出巨大的城市进步动能,形成深圳"充满活力、动态、促成改变的特质"①。人作为文化的基本载体,流动着的人群代表着流动着的文化。每个人在成长和生活过程中既是文化的作品,又是文化的创造者。作为特定文化的作品,他们有着鲜明而不同的文化基因和文化习俗,带着文化水平流动而来到城市,互相碰撞、影响和融合。作为文化的创造者,他们必须形成一种大家都能适应的文化环境。这种环境既要适应他们各自的文化习惯,保留文化的多样化,如饮食、风俗等,又要能使他们拥有共同的社会价值准则、思想观念乃至文化习俗。这些就为深圳生机勃勃的文化创造提供了肥沃土壤。正如著名学者胡经之先生所说,深圳是一个典型的移民城市,改革开放以来,从四面八方涌入深圳的大量人口,带来了各自的文化,使得各种文化在这里交汇、碰撞,而各种文化的交汇必然会产生一种新的文化格局,这种文化格局可以自发形成,也可以自觉建构。②

深圳作为中国最大和最活跃的移民城市,人口的流动与文化流

---

① [英]约翰·汤林森:《速度文化:即时性社会的来临》,赵伟妏译,(台北)韦伯文化国际出版有限公司2011年版,第44页。
② 胡经之:《区文化研究的可贵探索》,载杨宏海《文化深圳》序,海天出版社1997年版,第6页。

动之间的互动表现明显。1979 年深圳市年末常住人口 31.41 万人，到 1985 年深圳市年末常住人口已经达到 88.15 万人，从 1981 年到 1985 年人口年均增长 21.5%。2012 年深圳市年末常住人口达到 1054.74 万人，其中户籍人口 287.61 万人，非户籍人口 767.13 万人；2018 年深圳市年末常住人口为 1302.66 万人，其中户籍人口 454.7 万人，非户籍人口 847.96 万人。2019 年深圳市年末常住人口达到 1343.88 万人，其中户籍人口 494.78 万人，比上年增加 40.08 万人，增长 8.8%，占常住人口比重 36.8%；非户籍人口 849.10 万人，增长 0.1%，占 63.2%（见表 4-1）。[①] 深圳的移民主要来自中国各省、直辖市、自治区，会聚了中国 56 个民族。

表 4-1　　深圳市 2012—2018 年末人口统计

序号	统计时间	年末常住人口/万人	户籍人口/万人	非户籍人口/万人
1	2012 年	1054.74	287.61	767.13
2	2013 年	1062.89	310.47	752.42
3	2014 年	1077.89	332.21	745.68
4	2015 年	1137.87	354.99	782.88
5	2016 年	1190.84	384.52	806.32
6	2017 年	1252.83	434.72	818.11
7	2018 年	1302.66	454.7	847.96
8	2019 年	1343.88	494.78	849.10

资料来源：根据深圳统计官网有关资料整理。

作为典型的移民城市，深圳市外来人口占比极高，"来了就是深圳人"的口号也代表深圳的开放、包容、激情，吸引着众多年轻人前往。官方数据显示，2017 年，深圳外来人口中以广东人居多，其中以潮汕人和客家人为主；深圳外来外省人口中以湖南人为首，多达 192 万人，其次是湖北人、广西人、四川人（见表 4-2、图 4-2）。在深圳的置业者户籍排行榜中，广东人遥遥领先于其他

---

① 深圳统计（http://tjj.sz.gov.cn/ztzl/zt/sjfb/nmczrk/index.html），2021 年 8 月 23 日。

(单位：万人)

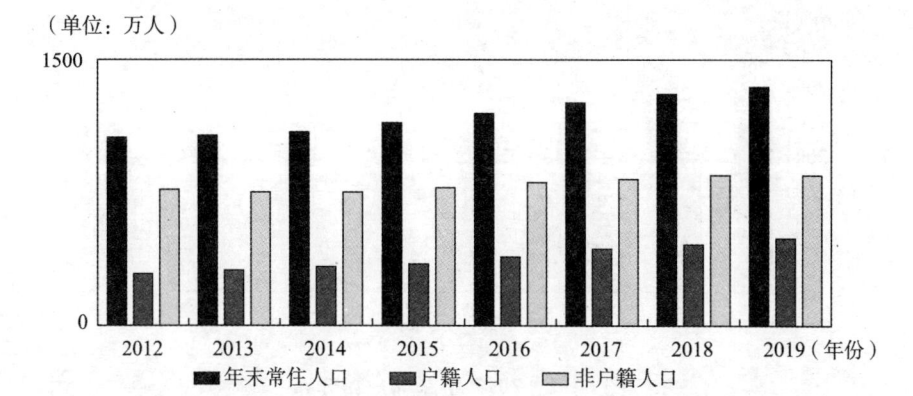

图 4-1　2012—2019 年深圳市年末人口统计

省份，占到 25.2%。但是，外省人比例接近八成，达到 74.8%，其中占比较高的分别是湖南 14.1%、湖北 12.8%、江西 11.4%。湖南和广东接壤，距离较近，改革开放时期，大量的湖南人涌入广东打工、创业，其中大部分人都来到深圳，为深圳初期的建设做出了重大的贡献。这部分常住人口购房成家落户于此，为老人孩子提供了居住空间。购房者的家人将成为深圳流入人口的主力军，不断为这个城市注入新鲜的"血液"。

表 4-2　　2017 年深圳市户籍人口分布统计

户籍所在地	人数/万
广东	295
湖南	192
湖北	120
广西	100
四川	95
河南	50
重庆	50
贵州	30
深圳	80
其他	150

(万人)

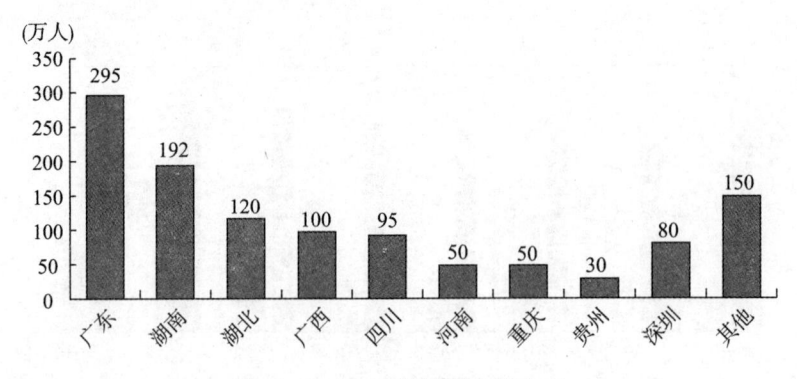

广东	湖南	湖北	广西	四川	河南	重庆	贵州	深圳	其他
295	192	120	100	95	50	50	30	80	150

图 4-2 2017 年深圳户籍分布

人口本身就带有文化属性，全国各地的人源源不断地流动、聚合到深圳，带着自己家乡的文化，成为来源地文化的传播者；聚合到深圳后又开始受到深圳多元文化的影响，成为外来文化的接受者，更是新文化的创造者。随着人口的流动，全国的文化也在流动着，深圳就是在这样的文化流动中不断生成着文化，也不断解域着文化，就像一个块茎，既没有开端，也没有终结，它从中生长又四处蔓延出去。荆楚文化、岭南文化、湖湘文化在此交互影响，相互碰撞，竞争、革新、创新、开拓、先锋、多元等种种要素聚集在一起，不断形成新的活力，深圳这座新兴的移民城市也因此焕发出强大的生命力。粤港澳大湾区以岭南文化为基础，形成了广府、客家和潮汕等灿烂的族群文化。湾区内文化资源丰富。以国家级非物质文化遗产为例，深圳有大船坑舞麒麟、沙头角鱼灯舞等 8 项，在文化创意、演艺、文化资讯、文物博物、公共文化、非物质文化遗产传承保护等方面合作交流不断深入。多元均衡的人口来源以及年轻化的人口年龄结构，使得各地的风俗习惯和民俗文化在深圳得到广泛的接受。自深圳经济特区成立以来，正是由于各种资源、不同人群迅速集聚于此，不同文化相互碰撞交流、吸收借鉴，形成了具有深圳特色的多元文化交融创新的格局。

第二节 文化科技融合理论

在国家政策、经济、社会、科技等条件的支持下,我国文化产业呈现高速、高质量发展的态势。在文化与科技等行业融合趋势凸显、文化产业内部结构调整升级、文化消费模式和需求发生变化的新时期,文化产业发展迎来了新的机遇。随着消费升级以及全民消费文化意识的提升,文化产业总体营收规模不断扩大,成为构建新型产业体系新的增长点、提升城市竞争力的重要增长极。[①] 科技已交融渗透到文化产品创作、生产、传播、消费的各个层面和关键环节,以网络、5G、信息技术为代表的新一轮科技革命正在深刻影响和重构文化的形态、结构与价值追求,是新时期文化创新性转化和创造性发展的重要引擎。[②]

文化产业在一定程度上已经成为现代社会中文化流动的基本形式。文化流动与文化产业的发展是相互作用的关系:文化产业的发展有利于加快文化流动,同时也影响着文化的流向;文化的流动反过来又促进了文化产业的发展。在深圳,这一表现最为明显。在文化流动理论的指导下,这些年来,深圳在全国率先探索并形成了系统的"文化+"发展战略,如以华侨城为代表的"文化+旅游"、以华强文化科技集团为代表的"文化+科技"、以文化产权交易所为代表的"文化+金融"、以腾讯为代表的"文化+互联网"、以雅昌为代表的"文化+艺术"等诸多文化产业新业态。其中"文化+科技"的特色最为鲜明,成效最为显著,影响最为深远,实现了深圳文化产业从弱到强的跨越式发展。

---

① 陶玉祥:《文化创新与科技创新深度融合 创意产业发展春风得意》,《科技日报》2020年5月28日。
② 续超前:《应对时代变革,积极推进文化和科技深度融合》,《旗帜》2020年第1期。

一 技术景观下的文化要素流动

文化流动理论认为，技术与传播是文化流动的五大要素之一。[①] 技术景观表现了机械或信息类技术在空间内的流动形态。很长一段时间，人们认为技术是工具理性的扩张，往往会遮蔽文化。但历史和现实告诉我们，技术与文化之间的牵扯远远不是这么简单。借助技术的力量，文化流动的速度、规模乃至质量都有持续不断的提升。无论我们愿意不愿意、承认不承认，技术对文化的影响都日益深远，并且文化的流动与技术的进步日益走向正相关。技术正在成为文化流动的主要动力之一。

深圳市在寻找自身的文化出路时，就基于其良好的产业基础和科技优势，率先探索出"文化＋科技"的文化创新路径，即以文化为核心，以科技为依托，以文化为内容，促进科技与文化的深度融合。在这种模式下，科技在文化创新过程中所扮演的角色由核心驱动转变为赋能升级，文化打破了以往由科技驱动的被动态势，转而发挥自身主动性，成为科技转型升级的内在动力。因而，各种文化资源得到了有效开发，文化潜藏的价值得以释放，文化产业发展的地域壁垒也逐渐被打破。文化产业能够更好地与新兴技术融合，有更高的创造力。在内容上，文化产业更加注重创新；在形式上，文化产业会随着新兴消费习惯及新技术的运用而自发地融合创新。

文化创意产业是在高科技手段催化下文化创意资源与传统产业的有机融合，具有高附加值、高融合性、高辐射力等特点。它不仅可以通过跨界融合带动传统产业的转型升级，而且能够实现区域经济的可持续增长。[②] 一方面，文化创意产业的跨界融合可以促进关联产业的发展；另一方面，关联产业的发展又为文化创意产业提供了更为广阔的发展平台与动力。所以，文化创意产业的跨界融合就

[①] 王京生：《文化治理创新的深圳表达——在中国浦东干部学院的专题演讲》，载《文化流动与文化创新研究报告2015》，广东人民出版社2016年版。

[②] 陈颖：《文化创意产业化融合的路径、障碍与对策》，《深圳大学学报》（人文社会科学版）2018年第2期。

是不同产业系统之间相互协调、相互耦合的协同发展过程。①

近年来，华为、TCL、中兴通讯、比亚迪等25家企业入选2017年中国电子信息百强，占全国的1/4；腾讯、网易、有米科技、迅雷等10家企业入选2017年中国互联网企业100强；华为、中兴、金山等19家企业入选全国软件业务收入前百家企业。拥有信息技术领域上市公司123家，数量超过北京和上海之和，总市值1.32万亿元，居全国首位。在一些细分行业中涌现出一批单项冠军，海思半导体、中兴微电子等4家入选2016年中国集成电路设计十大企业，全国人工智能排名前100的企业中，广东占16家，大疆科技是全球消费级无人机领域的领军企业。

二 文化+科技：助力传统文化焕发新生

科技创新作为文化创意产业发展的重要引擎，与文化的每一次融合都将产生巨大的变革。文化为产品注入更多的设计元素和人文内涵，提升附加值；科技则以先进的手段优化生产要素。

科技、创意、创新是深圳文化创意产业的优质基因。正是通过文化与科技的融合，深圳市提高了文化创意产业的核心竞争力和可持续发展能力。传统产业发展模式下生产出来的产品已经不能完全满足人们对高层次精神文化的追求，高附加价值的文化创意产品和高科技含量的技术表现手段，越来越成为现代产业发展的灵魂。相比于传统产业发展所依赖的工业制造优势，文化创意产业有着敏锐的市场洞察力，可以迎合和满足经济发展到特定阶段后所派生出的精神文化需求。而文化创意元素的无形性与高科技表现手段的多样性，为文化创意元素与传统产业的融合渗透奠定了较好的现实基础，两者之间相得益彰，实现了有形与无形、载体与灵魂的有机融合。传统产业与文化创意元素的融合可以充分发挥有形资产作为载体的作用和无形资产提升价值空间的优势，为产业发展提供广阔的空间。相比较而言，传统产业主要由有形的物质生产要素构成，价值内涵与高科技附加价值较低；而文化创意产业的跨界融合可以促

---

① 林秀琴：《产业融合与空间融合：文化产业融合发展的思维创新》，《福建论坛》（人文社会科学版）2016年第6期。

成文化创意因子与传统产业生产要素的有机渗透，使原本属于不同产业范畴的生产要素交叉渗透到对方领域，实现了不同产业之间的跨越，各种有形材质与文化创意元素相结合，形成各种不同形态的全新产业发展模式。①

以腾讯游戏学院和 NEXT Studio 共同孵化出品的移动端叙事型音游《尼山萨满传》为例。《尼山萨满传》是中国北方少数民族传承千年的传说，讲述的是一位名叫尼山的女萨满为无辜孩童找回灵魂的故事。② 本游戏改编自《尼山萨满传》，玩家需要扮演尼山萨满，通过敲击手中的萨满神鼓穿行诸界、降服妖灵，经历一段奇幻的冒险旅程。在游戏中，《尼山萨满传》以音乐剧的模式，分章节叙述故事。游戏画面及人物形象的设计运用了中国传统剪纸艺术，搭配民族风的配乐及满语旁白，让玩家在闯关的过程中逐章解读萨满文化。如游戏中需要玩家击杀的怪物，选取了满族传说中的鱼、蛇、龙、蒙高勒代、色勒图等形象。

目前，在很多经济领域，文化创意与不同产业已经融合形成许多新的产业业态，并且产生了良好的经济效应。一方面，将文化创意因素结合到传统产业中，可以开发出新的产品，赋予传统产品更高的附加价值，这种结合能够使传统产业中隐藏的许多消费需求转变为现实的市场需求；另一方面，文化创意资源自身的价值能够通过具体的创意产品最大限度地释放和展现，实现了无形资源的合理利用和市场化推广。同时，将文化创意因素结合到经营管理中，依托文化创意资源的博大精深和丰富多彩的价值内涵，可以创造出各具特色的经营风格和商业模式。③

文化产业是以创造力为核心的新兴产业，具有附加价值高、融合性强、辐射力大、产业链条长、关联效应强等特点。文化创意与传统产业的融合渗透，使产业价值创造空间得到了拓展，不同的市

---

① 梁学成：《产城融合视域下文化产业园区与城市建设互动发展影响因素研究》，《中国软科学》2017 年第 1 期。
② https://www.taptap.com/app/135063.
③ 郭健、甘月童：《文化创意产业与制造业融合的内在机理与策略选择》，《现代传播》（中国传媒大学学报）2018 年第 5 期。

场需求也可以得到满足，文化创意资源与传统产业各自的价值得到最大的体现和利用。而通过有意识地推动文化创意产业跨界融合，可以带动关联产业协同发展，由此打破产业分立的传统与局限，催生出新的产业形态和新的经济增长点，拉长传统产业价值链，提高传统产品的附加价值。这对于区域经济增长与产业结构转型升级具有极其重要的作用与意义。

三　文化+科技：催生新兴文化产业业态

近年来，我国文化产业跨地区、跨行业发展，极大地推动了"文化+旅游""文化+创意""文化+科技""文化+金融""文化+艺术"等新兴业态的形成，成为文化经济创新发展的最大内驱力。文化科技推动短视频、网络文学、网络游戏等新业态、新模式不断涌现，并在全球实现了"弯道超车"。更重要的是，在"文化+"模式驱动下，文化产业实现了跨界融合、跨越发展，有力催生了各行业创新创意阶层的崛起。深圳数字创意产业发展迅速，数字创意企业已超过1万家，动漫游戏营收规模约占全国的一半，游戏市场收入占全球的10%以上，数字出版营收达到千亿元级，各类设计师和创意人才的总人数都在急速增长，目前已达到40万人左右。这个群体每天都在迸发奇思妙想，创造出形态各异的各种产品。可见，深圳在发展数字创意产业具有先发优势和绝对实力。

聚焦游戏电竞、音乐影视等数字文创产业细分领域，深圳南山区正在整合粤港澳电竞资源，打造电竞产业链。对标上海、西安、成都等地，制定特色电竞条款，吸引电竞俱乐部、战队落户南山，打造电竞产业园区、直播产业基地，推动"文创+""科技+"融合驱动。通过打造文化科技产业园区，可聚集与产业发展相关要素人才、技术、资金、市场以及其他服务，提供机会让企业相互碰撞、合作发展，打造数字经济新的增长点。

四　深圳文化科技融合的"南山模式"

深圳市南山区是中国经济百强区，连续多年位居全国第一，也是全国最早提出并实施"文化+科技"发展模式的地区。南山区在推动文化产业多元化深度跨界融合发展方面先行先试，充分借助"互联网+"的产业发展机遇，推动文化产业跨门类、跨要素、跨行业、跨地域、跨文化融合发展，实现文化、科技、创意、资本、市场、人才、品牌、渠道等要素的高度聚集与裂变效应。通过文化与科技的深入融合，创意与创新的水乳交融，深圳市南山区日渐形成以"文化为内核、科技为支撑、企业为主体、创意为源泉、制度为保障"的文化科技融合的"南山模式"。南山模式因其前沿性、新颖性和引领性，对全国文化产业都产生了深远而广泛的影响。这一模式不仅提升了南山区的核心文化产业综合竞争实力，实现了对文化外围产业的牵引带动作用，而且极大地激发了南山区的文化创新能力，在科技强区的战略中彰显了文化软实力。

  文化科技融合的"南山模式"具有鲜明的特色和明显的成效，主要表现在以下方面。一是促进了产业链要素融合。主要是从原来企业内部文化和科技的简单相加发展到现在的企业之间、产业链条之间、文化和科技之间的融合裂变效应。二是培育了特色行业领军企业。比如雅昌印刷技术与数码艺术的融合，华强方特动漫影像技术与主题公园的融合，腾讯社交软件与在线游戏的融合，大疆无人机与影像拍摄的融合，易尚展示3D技术与数字博物馆的融合等。南山区培育了包括腾讯、A8新媒体、劲嘉、三诺、雷曼、方直、迅雷、华强方特、文旅科技、博阅科技、天际数字等在内的诸多上市公司。三是催生了新兴业态，推动信息技术、数字技术、移动互联网等新技术进入文化产业领域，在新媒体、动漫游戏、数字影视、数字出版、创意设计等领域催生了新兴业态及微创新业态。比如，机器时代公司将AI应用于文创领域，推出多种文创智能设备；声光行公司将科技手段运用于新媒体公共艺术，为大众提供优秀的新媒体公共互动艺术作品；来画公司将智能绘画技术运用于视频，是中国首家、全球第二家AI动画短视频创作平台。四是探索了新兴产业路径。文化科技融合打破了文化企业与科技企业之间的界限，着力打造以文化为内容、以科技为手段的新兴产业发展路径，为打造新经济形态和建构现代产业体系奠定了坚实的基础。

2017年,中国社会科学出版社出版了《风起南山——文化科技融合创新的深圳之路》一书(如图4-3)。该书由时任南山区人民政府副区长曹赛先和深圳大学文化产业研究院院长李凤亮担任主编,入选了《深圳改革创新丛书·第4辑》,是对文化科技融合"南山经验"的全面调查和系统总结。全书追溯了"文化+科技"发展理念从南山走向深圳又从深圳走向全国的历史轨迹,全面展示了南山文化产业的物理空间、产业业态与创新环境的形成过程,并对南山文化产业的未来发展提出战略思路。全书采用口述史、创客小传、数字视觉图表、历史相册等形式,生动、形象、真实、客观,在深度剖析的同时注重可读性与借鉴性。

图4-3 曹赛先、李凤亮主编:《风起南山——
文化科技融合创新的深圳之路》

2019年,南山区获批"国家文化和科技融合示范基地"(集聚类),开始了文化科技融合的升级发展,具体来说,就是将原来的"文化+科技"提升为"文化×科技"。实现从"文化+科技"到

"文化×科技"的模式升级,将大大推动南山区文化与科技融合从单一要素融合走向全方位融合,从被动融合走向主动融合,从浅层次融合走向深层次融合,从企业内部融合走向行业链、社会域融合。实现从"文化+科技"到"文化×科技"的模式升级,同时也是南山区区域创新模式从封闭式创新走向开放式创新、从生产者创新走向用户创新、从一维创新到多维创新的跨时代变革。它既因应了企业均衡协调内外部资源为创新活动服务的创新范式升级的诉求,满足了后工业时代人们精神文化消费的个性化需求,又促进了文化创意主体创造潜能开发的乘数效应和文化科技融合创新成果经济效益的"井喷式"增长。

第三节 非物质文化遗产活化理论

非物质文化遗产被称为"民族的记忆",其最大的特点便是不脱离民族特殊的生活生产方式,它是民族个性、民族审美习惯的"活"的显现。查尔斯·兰德利在谈到文化遗产时说过这样一段话:文化遗产是以往创造力的总和,而维持社会运作,并促使它向前迈进,正是发挥创造力的成果。语言、法律、理论、价值观、知识等,文化的各层面在传递给下一代时,都需要重新加以评估……从历史的角度看,使城市命脉得以存续的,正是能挑战传统界限的创意。这提示我们,城市的命脉不在于遗产式的文化积淀,而在于代表着创意和创造力的文化流动。[①]

在城市化进程中如何保护和传承非物质文化遗产,如何实现非遗的现代转型成为我们需要直面的一个重要的时代命题。在城市化进程中如何保护好非物质文化遗产,这引起了很多学者的关注。江玉祥指出,城市化进程中非物质文化遗产的保护存在"重申报、轻保护,重开发、轻投入"的问题,城市化进程中的非物质文化遗产保护需要以《保护非物质文化遗产公约》和《中华人民共和国非物

---

① 王京生:《文化积淀论陷入6大误区》,《人民日报海外版》2013年8月14日第7版。

质文化遗产法》为指导。①吴安新、邓江凌在分析非物质文化遗产保护与城市化的关系时，认为城市化是历史趋势，非物质文化遗产保护与城市化二者不该完全对立，我们要看到城市化对非物质文化遗产保护产生助推作用的一面，非物质文化遗产要善于利用城市化带来的有利条件，进行现代化转型，只有这样，最终才能实现城市化与非物质文化遗产保护的兼容、共生发展。②安丽哲以山东潍坊风筝为例，谈到非物质文化遗产在城市化中要结合现代社会发展的各种因素，发挥自身优势，实现在新的历史环境下的转型，最终实现复兴。③黄江平认为城市化进程中非遗的保护存在着农村非遗的变异、城市非遗的变迁、非遗在城市化进程中的身份认同等难题，并提出应加强非遗在城市化进程中的社会治理等方法。④张军军从海南城市化进程中非遗保护面临的挑战和问题出发，从市场化、产业化和品牌文化出发探索海南非遗保护和发展的模式。⑤综合以上研究，我们发现有一个共同点：不论是从整体上看，还是从区域和局部着眼，城市化虽然对非物质文化遗产的保护提出了新的挑战，但两者之间并不存在着不可调和的矛盾，虽然现阶段存在着一些问题，但总体还是向着好的方向发展。联系到身边的实际，似乎也印证了这一点。近年来，深圳在非遗保护与传承中采取了一些创新的举措，取得了显著的成效。通过对深圳在非物质文化遗产保护中所采取的一些创新举措进行梳理，可以探索如何在城市化中更好地保护和传承非物质文化遗产，实现非遗的现代转型。

一　深圳非物质文化遗产资源现状

深圳作为经济特区的历史只有40余年，但深圳地区可考的历史

---

① 江玉祥：《城市化进程中的非遗保护》，《中国文化报》2011年6月10日第7版。
② 吴安新、邓江凌：《谋求城市化与非遗保护的共生发》，《中国文化报》2013年3月27日第3版。
③ 安丽哲：《城市化中"非遗"项目如何复兴？以潍坊杨家埠风筝为例》，《中国美术报》2016年9月12日第11版。
④ 黄江平：《城市化进程中的非遗保护》，《浦东开发》2016年第7期。
⑤ 张军军：《海南城市化进程中"非遗"保护与发展策略》，《史学集》2012年第5期。

可上溯到7000年前。在深圳市东部大鹏湾咸头岭村考古发现的咸头岭遗址，出土了大量新石器时代中期罕见文物。在明末清初至今的400年间，随着客家人大规模地迁入，深圳的文化更加厚重和多彩。"深圳"名称的由来，也与客家人密不可分。在客家话中，称田野间的水沟为"圳"，这种带有"圳"字的地名在客家地区是十分常见的。深圳正因其水泽密布，村落边有一条深水沟而得名。如今的深圳，已由昔日的小渔村成长为与北京、上海、广州并列的全国性经济中心和国际化城市。2004年，深圳成为全国首个无农村、无农民的城市。按理来说，在深圳这样一个现代化、国际化的城市中，与非物质文化遗产等传统文化应该是绝缘的。然而事实恰恰与此相反，深圳的包容性使得传统与现代、东方文化与西方文明在这里完美地交融。尤其是近年来深圳重视对本土文化的挖掘和整理，使得深圳在非物质文化遗产的保护、传承和研究方面甚至走在全国的前列。

自2008年至今，深圳先后公布了四批"非遗"代表性项目名录以及项目保护单位、"非遗"代表性传承人，已经逐步建立起相对完善的国家级—省级—市级—区级四级非物质文化遗产名录体系（见表4-3）。目前，深圳共有各级非物质文化遗产代表性项目名录203项，其中包括大船坑麒麟舞、坂田永胜堂麒麟舞、沙头角鱼灯舞、松岗七星狮舞、下沙祭祖习俗、安琪广式月饼制作技艺、平乐郭氏正骨医术、上川黄连胜醒狮舞等9项国家级"非遗"项目，甘坑客家凉帽制作技艺、大鹏山歌、黎围舞麒麟等27项省级"非遗"项目，西乡北帝古庙三月三庙会、南山醒狮舞、观澜客家山歌等62项市级"非遗"项目，以及105项区级"非遗"项目。此外，还有为数众多的非物质文化遗产项目正在发掘当中。深圳市在积极挖掘和保护非物质文化遗产项目的同时，在非物质文化遗产传承方面也做了许多工作。目前，全市有非遗代表性传承人153人，其中国家级代表性传承人3人、省级19人、市级30人、区级101人。已建成非物质文化遗产传承传习所共有18个，非遗博物馆（展馆）有7家。2012年，平乐郭氏正骨法及福永醒狮两个项目保护单位成为广东省第一批非物质文化遗产传承基地。深圳职业技术学院被列入第一批广东省非物质文化遗产研究基地名单,成为深圳首个列入广东省非物质文化遗产研究基地名单的研究机构。2015年,红釉彩瓷"满堂红"烧制技艺被列入广东省第二批生产性保护基地。2016年,塘朗小学被深圳市非物质文化遗产保护中心授予"客家山歌传播基地",成为首家被授予非遗传播基地的学校。现在,"非遗"进校园、进社区及相关培训已成常态。深圳市每年用于扶持市级以上非遗项目和传承人、"非遗"进校园、"非遗"进社区、"非遗"传承培训等活动项目的经费在不断增加。

表 4-3　　　　深圳市级以上非物质文化遗产名录一览

序号	名称	级别	类别	保护区域
1	沙头角鱼灯舞	国家级	传统舞蹈	盐田区
2	大船坑麒麟舞	国家级	传统舞蹈	龙华区
3	坂田永胜堂麒麟舞	国家级	传统舞蹈	龙岗区
4	松岗七星狮舞	国家级	传统舞蹈	宝安区
5	上川黄连胜醒狮舞	国家级(扩展项目)	传统舞蹈	宝安区
6	平乐郭氏正骨医术	国家级	传统医药	罗湖区
7	贾氏点穴疗法	国家级	传统医药	盐田区
8	安琪广式月饼制作技艺	国家级	传统技艺	龙华区
9	下沙祭祖习俗	国家级	民俗	福田区
10	望烟楼的传说	省级	民间文学	宝安区
11	应人石的传说	省级	民间文学	宝安区
12	大鹏山歌	省级	传统音乐	盐田区
13	石岩客家山歌	省级	传统音乐	宝安区
14	福永醒狮	省级	传统舞蹈	宝安区
15	龙城舞麒麟	省级(打包项目)	传统舞蹈	龙岗区
16	黎围舞麒麟	省级(打包项目)	传统舞蹈	罗湖区
17	观澜舞麒麟	省级(打包项目)	传统舞蹈	龙华区
18	坪山麒麟舞	省级	传统舞蹈	坪山区
19	龙岗舞龙	省级	传统舞蹈	龙岗区
20	平湖纸龙舞	省级	传统舞蹈	龙岗区
21	剪纸(剪影)	省级	传统美术	南山区

续表

序号	名称	级别	类别	保护区域
22	剪纸（田氏剪纸）	省级	传统美术	罗湖区
23	棉塑	省级	传统美术	宝安区
24	张氏传统灯笼制作工艺	省级	传统美术	龙岗区
25	甘坑客家凉帽制作技艺	省级	传统技艺	龙岗区
26	深圳云片糕制作技艺	省级	传统技艺	宝安区
27	红釉彩瓷（满堂红）烧制技艺	省级	传统技艺	龙华区
28	骆氏腹诊推拿术	省级	传统医药	福田区
29	李氏筋伤点穴推拿术	省级	传统医药	福田区
30	大鹏追念英烈习俗	省级	民俗	大鹏新区
31	"辞沙"祭妈祖大典	省级	民俗	南山区
32	南澳渔民娶亲礼俗	省级（打包项目）	民俗	大鹏新区
33	疍家人婚俗	省级（打包项目）	民俗	大鹏新区
34	疍民过年习俗（舞草龙）	省级	民俗	大鹏新区
35	赛龙舟	省级	民俗	宝安区
36	下沙大盆菜	省级	民俗	福田区
37	陈仙姑的故事	市级	民间文学	光明区
38	龙岗皆歌	市级	传统音乐	龙岗区
39	观澜客家山歌	市级	传统音乐	龙华区
40	盐田山歌	市级	传统音乐	盐田区
41	东山渔歌	市级	传统音乐	南山区
42	古琴艺术（虞山琴派·深圳）	市级	传统音乐	大鹏新区
43	古琴艺术（岭南派·深圳）	市级	传统音乐	福田区
44	南山醒狮舞	市级	传统舞蹈	南山区
45	南山麒麟舞	市级	传统舞蹈	南山区
46	水田舞麒麟	市级	传统舞蹈	宝安区
47	凤凰舞麒麟	市级	传统舞蹈	宝安区
48	安良舞麒麟	市级	传统舞蹈	龙岗区

续表

序号	名称	级别	类别	保护区域
49	万丰粤剧	市级	传统戏剧	宝安区
50	潮俗皮影戏	市级	传统戏剧	大鹏新区
51	辛氏杂技	市级	传统体育、游艺和杂技	罗湖区
52	螳螂拳（华林）	市级	传统体育、游艺和杂技	宝安区
53	咏春拳	市级	传统体育、游艺和杂技	罗湖区
54	肘捶	市级	传统体育、游艺和杂技	罗湖区
55	洪佛拳	市级	传统体育、游艺和杂技	宝安区
56	六步大架拳	市级	传统体育、游艺和杂技	罗湖区
57	太极拳（陈氏）	市级	传统体育、游艺和杂技	龙岗区
58	一帆内画	市级	传统美术	南山区
59	面塑（王氏）	市级	传统美术	罗湖区
60	潮彩	市级	传统美术	宝安区
61	贺氏剪纸	市级	传统美术	龙岗区
62	手指书画	市级	传统美术	罗湖区
63	面塑（张氏）	市级	传统美术	南山区
64	剪纸（袁氏）	市级	传统美术	福田区
65	剪纸（范式剪偶）	市级	传统美术	龙岗区
66	麦秆（麦金）画	市级	传统美术	龙华区
67	凉帽、围裙带编织技艺	市级	传统技艺	福田区
68	香云纱染整技艺	市级	传统技艺	罗湖区
69	红木家具（祥利）制作技艺	市级	传统技艺	龙华区
70	陈氏中山装制作技艺	市级	传统技艺	龙华区

续表

序号	名称	级别	类别	保护区域
71	月饼传统制作技艺（安琪广式月饼制作技艺）	市级	传统技艺	龙华区
72	喜嫁礼饼（合成号）制作技艺	市级	传统技艺	宝安区
73	金石传拓技艺（深圳）	市级	传统技艺	罗湖区
74	传统奶茶（麦氏）制作技艺	市级	传统技艺	宝安区
75	工夫茶艺（深圳）	市级	传统技艺	南山区
76	上川黄罟方粽制作技艺	市级	传统技艺	宝安区
77	粤式酥点制作技艺	市级	传统技艺	宝安区
78	金包银制作技艺	市级	传统技艺	龙岗区
79	杨氏旗袍制作技艺	市级	传统技艺	龙岗区
80	皮雕技艺（深圳）	市级	传统技艺	龙岗区
81	南澳海胆粽制作技艺	市级	传统技艺	大鹏新区
82	葵涌客家茶果制作技艺	市级	传统技艺	大鹏新区
83	红烧乳鸽（五谷芳）	市级	传统技艺	盐田区
84	郑氏金银细工制作技艺	市级	传统技艺	罗湖区
85	萃华金银制品（花丝镶嵌与錾刻）工艺	市级	传统技艺	罗湖区
86	平乐郭氏正骨家传秘方和配制秘方	市级	传统医药	罗湖区
87	不孕不育症中医疗法	市级	传统医药	福田区
88	黄氏中医诊疗法	市级	传统医药	宝安区
89	道家龙门派（嗣广）点穴牵顿脊椎整复术	市级	传统医药	福田区
90	雷火针疗法	市级	传统医药	福田区
91	针灸（杨氏针灸疗法）	市级	传统医药	龙岗区
92	杜氏肛肠疗法	市级	传统医药	福田区
93	徐氏中医外科特色外治法	市级	传统医药	福田区
94	开丁节	市级	民俗	南山区

续表

序号	名称	级别	类别	保护区域
95	沙井蚝民生产习俗	市级	民俗	宝安区
96	天后宝诞祭典	市级	民俗	盐田区
97	向南侯王诞祭典	市级	民俗	南山区
98	西乡北帝古庙三月三庙会	市级	民俗	宝安区
99	大万祭祖	市级	民俗	坪山区

资料来源：根据深圳市文化广电旅游体育局、深圳文物局官网相关资料整理。

在非物质文化遗产的研究上，深圳也陆续出版了一系列具有较高学术水平的研究成果。如天后宫博物馆先后出版了《赤湾天后宫》《赤湾天后宫志》《妈祖传》《赤湾妈祖文化》；万丰粤剧团出版了《万丰粤剧史话》；光明区出版了故事集《陈仙姑的故事》；大鹏新区的大鹏街道文体中心编印了《大鹏山歌》；宝安区石岩街道文体中心编辑出版了《石岩客家山歌》《石岩民间故事》《应人石传说》，福永街道出版了《福永故事》；龙华区观澜街道文体中心编辑出版了《观澜百年客家山歌》；深圳市"非遗"保护中心资助出版了重点反映深圳"非遗"内容的《深圳民俗寻踪》等。

综上所述，我们看到，深圳在非物质文化遗产的发掘保护、传承、研究三个方面都取得了显著的成效。

二 深圳非物质文化遗产活化策略

非物质文化遗产的活化与传播，是其保护、传承与发展的必经之路和新型思路。就非物质文化遗产而言，传播是活化的方式，活化是传播的目的，二者互为依存。[①] 长期以来，深圳市非常重视非物质文化遗产的保护、活化与传播，从法律、政策与保障等方面对非物质文化遗产项目名录体系的建立完善、传承人的奖励帮扶、"非遗"传习所的投资与建设、"非遗"人才的教育宣传与培养等方面给予大力支持。

---

① 朱晓波：《河南省非物质文化遗产活化与传播策略研究》，硕士学位论文，河南大学，2019年。

(一) 建立健全"非遗"活化机制,加强"非遗"分类指导

21世纪初,我国"非遗"保护运动兴起,各地政府也随之将传统文化、艺术、技艺的保护提上了日程,出台了系列优惠政策。深圳市政府启动深圳文物和历史遗迹保护条例立法,如《深圳市非物质文化遗产名录申报评审管理办法》《深圳市非物质文化遗产项目代表性传承人认定及保护暂行办法》等,非物质文化遗产的长效机制进一步完善,实现创造性转化和创新性发展。明确好文物的产权、转移和价值评估,界定好非物质文化遗产活化的范围、对象、目标。加强与民间协会、志愿者团体、高校、科研机构的合作,对全市的非物质文化遗产开展全面普查,列制清单,并进行分类指导和出台相关政策。注重非物质文化遗产保护规划与建设规划的有机结合,保障非物质文化遗产的生存空间,实现寓保护活化于建设之中。对已失去传承能力的非物质文化遗产,要开展影像和文字的记录工作;对至今在生活中仍有一席之地的非物质文化遗产,加快对传承人的培育培养,努力尝试与市场接轨,使其保持活力。设立"非遗"专项资金,创新活化利用模式。明确相关财政支持政策,及时足额拨款,加大核算和监督力度,通过政策导向,鼓励多方筹集资金,通过社会捐资、市场经营、旅游开发等不同参与模式,实现多元资金的投入,为"非遗"活化奠定坚实的基础。

(二) 注重"非遗"人才培养,保障非物质文化遗产持续传承

在人才培养方面,深圳市政府积极培养非物质文化遗产传承爱好者、志愿者和继承者,并给予必要的培训和政策支持,保障非物质文化遗产持续传承。采取命名称号、资金扶持等方式,鼓励代表性传承人(团体)进行项目传习活动。主动开展知识产权与保护非物质文化遗产的对接工作,使非物质文化遗产的成果得到应有的法律保护。要营造尊重、支持、服务传承人的良好社会氛围,激发传承人责任感和使命。积极推动非物质文化遗产进校园、进课堂、进教材等活化措施。

(三) 以文旅融合为契机,拓宽"非遗"数字传播渠道

产业化和数字化是深圳市拓宽"非遗"数字传播渠道的两个重要路径。产业化通过创意设计让非物质文化遗产的呈现形式迎合了现代

文化审美和文化消费习惯；数字化通过数据库、数字典藏和数字游戏等的尝试推动了非物质文化遗产的数字化保护和开发的进程。以华侨城集团旗下的甘坑客家小镇自创客家凉帽的人物 IP 为例，华侨城甘坑客家小镇围绕客家民俗、建筑、餐饮等内容设计客家小凉帽人物IP，将文化旅游景区升为 IP 特色小镇，其 IP 产业链涉及餐饮、住宿、旅游纪念品、亲子乐园等板块。《小凉帽之白鹭归来》动画片（如图4-4 所示）再现了客家的生活化场景，以主人公阿凉和阿妹帮扶弱小、与黑商等反面角色斗智斗勇的故事，传递了客家人尊老爱幼、互帮互助、热爱自然等文化价值观。此外，还融入 VR/AR 技术，推出了立体影视片段的互动体验，如 VR 版《小凉帽之白鹭归来》数字电影和小凉帽 AR 古诗、AR 绘本等衍生品。

图 4-4　动画片《小凉帽之白鹭归来》

　　以文旅融合为契机，借助 ACG 全产业链助力非物质文化遗产产业升级，有利于非物质文化遗产的呈现形式多样化和表达方式年轻化。这不仅可以培养低龄人群的文化审美，也能打破新旧之间的传播壁垒，接触更多年龄层的消费者。此外，继承是创新的基础，离开传统的创新是无本之木，缺少创新的传统将成为"现代古董"。龙岗区政协委员、深圳大芬文化创意产业联盟主席、深圳市文化创意行业协会监事长栾立银认为，要进行保护性开发，既保护又传承，并且在保护中留下时代的印记。龙岗鹤湖新居成立了一个客家民俗博物馆，这是一种对古建筑保护得很好的形式。今后，也可以把文创基地设置在古建筑里，让古建筑在使用中真正"活"起来。立足本土，充分挖掘本土现有资源与人才优势，孵化培育出一批符合深圳城市特色的本土传统文化品牌。比如支持推广麒麟舞、舞龙等传统舞蹈，大鹏山歌、龙岗皆歌等传统音乐，大鹏古城、鹤湖新居、大芬油画村（如图4-5）、甘坑客家小镇等文化品牌。在5G时代，通过VR/AR等技术推动文化遗产数字化，以及通过快手、抖音和网络直播等方式促进非物质文化遗产的传播，可以让非物质文化遗产活化利用更容易被接受，更具影响力。

图4-5 大芬油画村

三 深圳非物质文化遗产活化的路径

深圳非物质文化遗产保护所取得的卓越成效，一方面，与其近年来大力加强文化建设有关，尤其是较早地出台了"文化立市""文化强市"等一系列文化发展战略；另一方面，也与其包容、创新的文化观念有着密切的关联。这使得深圳在非物质文化遗产保护中敢于创新、善于创新。其中有两个最为重要的创新之处：一是提出了"非地非遗"这一新概念新模式；二是探索了一条"非遗+文创""非遗+会展"的融合发展路径。

（一）非地非遗

"非地非遗"是深圳率先提出来的一种独特的非物质文化遗产保护新模式。该模式充分地体现了文化的流动性。"非地"指非本土本地，"非地非遗"特指那些非深圳本土本地产生，而是随着"非遗"传承人来到深圳发展超过15年，有一定的历史积淀和社会影响，并在深圳申请非物质文化遗产资格、获得扶持保护的非物质文化遗产项目。深圳是一座移民城市。改革开放以后，人们从四面八方流入这里，文化随着人的流动而迁移和传播。深圳开放、包容、创新的环境使得那些随着"非遗"传承人来到深圳的非物质文化遗产能够在这里落地生根、传承发展，这也正是深圳"非遗"保护的独特之处。客家文化是深圳的本土文化之一。在如今深圳挖掘出的丰富多彩的非物质文化遗产之中，有很多"非遗"项目都与客家人有关，如客家麒麟舞、客家山歌、凉帽制作技艺等。但是在这些深圳本地"非遗"项目之外，还有很多"非遗"项目是在改革开放之后，随着一大批外地"非遗"传承人来到深圳，在深圳被列入了非物质文化遗产保护名录的。

平乐郭氏正骨医术是深圳的一项国家级非物质文化遗产，是深圳"非地非遗"的例证之一。平乐正骨医术其历史可以追溯到1796年，产生于河南省洛阳市平乐村，1985年随着第五代传人郭春园来到深圳，在深圳落地生根并最终成功申报为国家级"非遗"项目。始源于周代但自20世纪初消失了近一个世纪的佾舞，也在深圳得到有效的传承与保护，不仅进入大学校园进行传授教学，作为弘扬传统文化的项目课程加以扶持，还举办中国佾舞保护与传承论坛，加强学术研究，使佾舞这一古老"非遗"在深圳有"传人"，在现代化大都市得以发扬光大。① 笔者曾获邀参加在深圳职业技术学院举办的佾舞传承与研讨活动，亲眼见证了佾舞在深圳"非地非遗"的发展历程。此外，深圳的"非地非遗"项目还包括源于陕西省宜君县的田氏剪纸，源于潮汕地区的潮俗皮影戏、潮彩、红釉彩瓷（满堂红）烧制技艺，源于山东临清的肘捶。

---

① 《传承中华文化，深职院首开佾舞传承班》，深圳新闻网（http://www.sznews.com/news/content/2017-03/22/content_15724012.htm）。

"非地非遗"，从保护手段来说，它是深圳非物质文化遗产保护的重要方式；从项目内容来说，它又是构成深圳非物质文化遗产的重要组成部分。据不完全统计，目前深圳市级以上的非物质文化遗产名录中，有四分之一强属于"非地非遗"项目。

（二）非遗+文创

"非遗+文创"是深圳非物质文化遗产保护的另一大亮点。"非遗+文创"是对中华优秀传统文化进行创造性转化和创新性发展的重要展现。非物质文化遗产是具有重要转化价值的文化资源，"非遗+文创"则是在保护"非遗"本真性的前提下，通过创意的方式对其进行转化，是对非物质文化遗产生产性保护的重要方式之一。当前，"非遗"正在紧密地拥抱其他业态，努力尝试实现跨界融合和现代化转型，一些资本、技术、品牌等也开始逐步进入"非遗"保护领域。以2017年深圳举办的第十三届中国（深圳）国际文化产业博览交易会为例，非物质文化遗产馆是其八个专业展馆之一。在非物质文化遗产馆，非遗与文创紧密融合，带来了一股创新时尚的风潮。譬如场馆内的潮绣手工箱包等，吸引了大量的关注。此外，深圳不少企业对非物质文化遗产也表现出极大的兴趣。在深圳不仅产生并成长起来了一批依托"非遗"进行设计、制作衍生产品的文创企业，甚至腾讯和华侨城等企业在产业布局上也非常重视对非物质文化遗产的开发和利用。腾讯让电子游戏、动漫与非物质文化遗产等传统文化产生了交集。《百心百匠》是一档探寻民间匠人、致敬匠人精神的大型公益文化节目。腾讯近年推出的一款国民游戏《王者荣耀》不仅为《百心百匠》独家冠名，还深度参与到节目的选题和制作，向游戏玩家详细地展示了传统工艺和"非遗"艺人的匠人匠心，引导大家关注传统文化。另外，蔚县刻纸艺术、绛州木版年画等"非遗"项目在腾讯动漫中也有很好的运用。

华侨城集团是一家以文化旅游为主营业务的企业。早在1991年，华侨城便打造了中国第一个荟萃各民族民间艺术、民俗风情和民居建筑于一园的大型文化旅游景区——中国民俗文化村，它一直被当作发展民俗文化旅游的范本。目前，华侨城依托省级"非遗"项目甘坑客家凉帽制作技艺打造的小凉帽IP，在运营上也十分成功。自小凉帽的形象诞生，到在深圳创意十二月活动中首次面世，只有3个月的时间，而后即开发出了充电宝、绘本、手机壳、小凉帽表情包等系列小凉帽衍生品，举办小凉帽国际绘本大赛等活动，依托小凉帽IP衍生的VR电影《小凉帽之白鹭归来》夺得威尼斯国际电影节的两项大奖，在国际舞台完美绽放。

深圳市"满堂红"红釉彩瓷烧造艺术是广东省非物质文化遗产项目，第五代传承人刘权辉通过对传统陶瓷烧造技艺的创新、创意，实现了文化创意产业与传统手工技艺的融合，走出了一条"文化+创意"的"非遗"产业发展之路。国瓷永丰源公司通过引进欧美创意设计师，将现代元素和传统文化融入传统陶瓷产业，同时在陶瓷的烧制过程中，以清洁能源取代传统的煤炭，使得产品无铅无镉无毒，开创了中国陶瓷"绿色制造"的先河。如今，国瓷永丰源已成为一家集高档陶瓷产品的研发、设计、生产、销售为一体的民营企业，2010年企业获评"国家级文化产业示范基地"。

上述"非遗+文创"的实践，只是深圳非遗与文化创意产业融合实践中的一个缩影。通过"非遗+文创"的方式，深圳市大大提升了传统文化和"非遗"产品的人文价值、经济价值。

（三）非遗+会展

深圳在城市文化建设和文化创新实践中，一直重视以节庆会展为平台，来展示、传承本土特色文化和"非遗"项目。比较有影响的"非遗"节庆会展活动如"深圳客家文化节""深圳麒麟文化节""深圳市沙头角鱼灯节""龙舟文化艺术节""羊台山全国实景山歌邀请赛"等。

龙华区主办的龙舟文化艺术节，从2012年开始举办，每年一届，至今已举办8届，一届比一届丰富，一届比一届精彩。龙舟艺术节将观澜流传170多年历史的"扒龙舟"民俗提升为包括数十项文艺盛事的龙舟文化嘉年华，将延续百余年之久的各项客家民俗诸如扒龙舟、舞麒麟、客家山歌、醒狮表演等精彩呈现出来。

深圳麒麟文化节是由深圳市非物质文化遗产保护中心和龙华区大浪办事处联合举办，创办于2013年，至2019年已连续举办6届。麒麟文化是中国的传统民俗文化，在深圳有着悠久的历史和很好的传承。其中

2 项列入国家非物质文化遗产名录：大船坑舞麒麟、坂田永胜堂麒麟舞；4 项列入广东省非物质文化遗产名录：龙城舞麒麟、黎围舞麒麟、观澜舞麒麟和坪山麒麟舞；4 项列入深圳市非物质文化遗产名录：南山麒麟舞、水田舞麒麟、凤凰舞麒麟和安良舞麒麟。它们集中分布于深圳的龙岗、龙华、坪山、宝安和南山等地。深圳市充分利用麒麟舞这一珍贵的非物质文化遗产的丰厚资源优势，修建了麒麟博物馆，秉承"届届有突破、年年有创新，新创意、新特色、新亮点"的原则，通过麒麟舞表演赛、麒麟时装秀、历史图片展、麒麟文化学术研讨会等丰富多彩的文化形式，让麒麟舞这一"非遗"文化进社区、进学校，很好地弘扬了麒麟文化、深圳本地客家文化和岭南文化。

沙头角鱼灯舞是 2008 年被列入国家级非物质文化遗产名录的深圳本土"非遗"。它起源于清代康熙年间，至今已有三百多年的历史，是一种以鱼灯为道具的广场男子群舞，流行于广东省深圳市沙头角镇及香港新界沙头角一带。为积极发挥国家级非物质文化遗产名录项目的带头引领作用，促进非物质文化遗产传承与保护工作，2011 年深圳市盐田区委宣传部（文化体育局）、中英街历史博物馆与深圳市非物质文化遗产保护中心等单位精心策划，以项目办节日，联合创办了"深圳市沙头角鱼灯节"。截至 2019 年，深圳市沙头角鱼灯节已连续成功举办了八届。近年来，沙头角鱼灯节不断丰富内涵，创新形式，提升品质，扩大社会影响，已发展成深圳市重要的市级公益文化活动和深圳市宣传文化基金常设资助项目。

自 2015 年起，因为自身工作和所学专业的关系，笔者曾多次参与主办客家文化艺术节、深圳麒麟文化节和羊台山全国实景山歌邀请赛等活动（如图 4-6）这些极具历史文化特色的非物质文化遗产，以节庆会展为载体，通过一系列活动的展演，在当代重新被唤醒和活化，也让人们直观地感受到深圳市的历史文化和民俗风情。

如果说"非地非遗"是突破了"非遗"的地域限制，让"非遗"保护有了更宽阔的发展空间，那么"非遗+文创""非遗+会展"则是让更多的人了解、接受、欣赏"非遗"，让"非遗"与现代生活进行更广泛的连接，让"非遗"源于生活又归于生活、融入生活，从而获得源源不断的生命力。此外，深圳在非物质文化遗产

图 4-6　深圳市第十一届客家艺术节暨第四届麒麟文化节

保护上还充分调动民间的力量，发挥市场的作用，这体现了非物质文化遗产传承的民间立场和现代化传承，表明了非物质文化遗产的保护和发展需要坚持民众主体化、传承活态化。①

"非遗"由曾经的衰微到时下的热点这一华丽转身，与我国当下倡导的传承和弘扬中华优秀传统文化的时代背景密不可分。"非遗"作为我国传统文化的重要组成部分被赋予了更加重要的文化使命。城市化给非物质文化遗产的保护和传承提出了新的挑战，因此，我们需要加强研究，积极探索非物质文化遗产在城市中实现活态传承和创新发展的可行性路径。多数研究也指出，非物质文化遗产应当积极适应城市化的进程从而实现现代化转型，参与到提升城市文化软实力、城市文化的建构当中。深圳是一座因创新而生的城市。当前，深圳正在发挥它的创新优势，为"非遗"的保护传承注入新的活力。近年来，深圳的非物质文化遗产工作卓有成效，形成了独具特色、行之有效的保护经验和工作模式。我们希望这个非物质文化遗产保护的"深圳经验"和"深圳模式"，能为我国其他省份的非遗保护提供有益的借鉴参考。

---

① 周建新、肖艳平：《非物质文化遗产传承的民间立场与现代化传承——以赣南客家太平堡龙船盛会为中心的考察》，《民俗研究》2015 年第 5 期。

第五章 深圳文化创新的成效特色

文化创新是一个国家永葆生命力的重要基础，也是一座城市创新发展的不竭动力。作为我国第一个经济特区，经过40多年的建设发展，深圳经济崛起举世瞩目，科技创新广受赞誉，城市建设日新月异，"深圳速度"成为全国的一面旗帜。近年来，深圳文化建设也后来居上，实现了跨越式发展，创造了与经济奇迹一样的文化奇迹，深圳由昔日的"文化沙漠"华丽转身为生机勃勃的"文化绿洲"。深圳文化建设之所以能够取得如此辉煌的成就，关键在于40多年来深圳文化创新的扎实推进。深圳文化创新，从改革开放史诗般的历程中汲取了丰富滋养，取得了历史性成绩，形成了鲜明的特色，实现了深圳文化软实力的全面跃升。

第一节 文化体制机制创新

深圳自2003年提出"文化立市"以来，它作为当代中国的先锋城市，在城市文化发展上提出了许多新理念，进行了许多新探索，对深入推进文化治理创新具有重要意义。经过多年的建设，深圳已初步建立起比较完善的公共文化服务体系，市民和外来建设者的基本文化权利已得到初步实现。深圳移民文化的生成与发展，既受到市场经济基础和社会成员日常交往互动的影响，也受到公共政策的影响。公共部门通过建设公共文化基础设施和创新公共文化服务体系，开展各类文化活动、发展文化体育类社会组织、实现市民文化权利等，可以使公民突破自发形成的市场和社会场域，构建新的文化资本和社会资本，从而促进文化在不同群体中的流动创新。

一 在文化制度创新中推进文化建设

制度创新是指人们在现有物质文化前提下,通过开创全新的、能够有效激励相关主体的制度和规范体系来实现社会发展和变革目标。① 制度创新需要不断地摆脱僵化的思维,通过创造性的社会活动,用制度化的方式来巩固创新活动。文化制度创新与经济制度创新不同,它根植于人性发展之中,在人性假设、目的及其功能等各方面都有深刻的人文性特征,这是文化属性在文化制度创新中的具体体现。② 文化制度创新是促进文化发展的根本性措施,它与人口发展、社会变迁和文化发展密切相关,而人口发展是文化制度创新的根本目的和基本依据。③ 新中国成立以来,中国的文化建设经历了从文化单向灌输到文化治理重建的曲折过程。在现代中国,公共文化服务作为文化治理的重要维度依然肩负着文化建设的政治属性,即"通过各类公共文化活动,形成公共文化生活和公共文化空间,从而促进对社会公共价值和核心价值的认同,提升全社会文明程度和全民族精神文化生活质量"④。

党的十九大报告明确指出:"我国社会主要矛盾已经转化为人民日益增长的美好生活需要和不平衡不充分的发展之间的矛盾","满足人民过上美好生活的新期待,必须提供丰富的精神食粮"。深圳党委政府十分重视通过文化政策来引领、实现市民的文化权利,以高度的文化自觉积极改善文化民生,率先实践"实现市民文化权利""打造创新型智慧型力量型城市主流文化"等一系列先进的文化发展理念,推动普惠型公共文化服务领跑全国。⑤ 深圳在文化治理与发展中,也创造了文化+科技、文化+金融、文化+旅游的文

---

① [美]道格拉斯·诺斯、罗伯特·托马斯:《西方世界的兴起》,厉以平、蔡磊译,华夏出版社1999年版,第5页。
② 于丽娜:《制度创新与和谐文化的构建》,《长白学刊》2010年第2期。
③ 王世巍:《深圳人口变迁与文化制度建设》,《特区实践与理论》2013年第4期。
④ 颜玉凡、叶南客:《文化治理视域下的公共文化服务——基于政府的行动逻辑》,《开放时代》2016年第2期。
⑤ 翁惠娟:《领先的文化观念领跑的文化民生》,《深圳特区报》2011年11月11日。

化产业发展的新模式、新业态。

深圳市委、市政府大力实施"文化立市"战略，以科学发展观引领文化建设发展，公益性文化事业充分发挥了保障市民文化权利的积极作用，经营性文化产业成了经济发展的重要支柱，城市文化软实力明显提升，深圳的文化也从过去发展的"短板"变成了如今一张亮丽的城市名片。群众精神文化生活的发展，不仅是国民个体自我发展的主观追求，也是增强民族文化自信的客观要求，更是改善民生的重要组成部分。在新的历史时期，丰富群众精神文化生活，需要不断优化公共文化供给，加强文化基础设施建设，完善公共服务。

二 推动公共文化基础设施建设，树立城市文化品牌

为了推动政府文化职能从管理转向服务，为社会大众提供基本的文化产品，满足其文化生活的需要，在履行政府文化职能方面，深圳市从单一的政府行为转向政府与社会的共同运作，形成网络化、立体化、全覆盖的文化治理结构。具体实践体现在公共文化的基础设施建设和公共文化服务的体系建设上。

针对当前深圳市文体设施规划建设存在的问题和短板，结合城市未来发展需要，高标准规划、高质量建设、高品质配套、高效率运营，深圳正式发布"新十大文化设施"，建设一批与深圳城市发展定位相匹配、具有国际先进水平的重大文体设施，打造一批新的现代化国际化城市文化核心区，加快建成布局合理、配套齐全、运营持续的高水平文体设施体系，进一步提升深圳作为粤港澳大湾区核心城市的文化影响力、聚合力和辐射力。例如，深圳美术馆新馆以国家重点美术馆为目标，建成一个集收藏、展览、研究、交流、教育、推广等于一体的大型现代化、国际化、数字化的综合美术馆；歌剧院是代表城市文化发展水平的最高艺术殿堂，深圳歌剧院将打造成现代化综合性艺术中心、国际化文化交流新平台、文化旅游目的地和深圳文化新地标；深圳改革开放展览馆将建设以改革开放为主题的专题博物馆，将其打造成展示和宣传改革开放重要成果的"窗口"以及研究改革开放的专门研究机构；在"新十大文化设

施"中,还包括三个博物馆的建设。其中中国国家博物馆·深圳馆,市政府已与中国国家博物馆签署合作协议明确在深圳建分馆,将建成面向东南亚、中亚、西亚、非洲乃至世界范围征求外国文物的重要基地;深圳自然博物馆将建成自然历史遗物收藏中心、自然标本陈列展览中心、自然科学研究中心和科普教育中心,力争打造为"中国领先,世界一流"的现代大型综合性自然博物馆;深圳海洋博物馆将结合深圳海滨城市的特色,建设展示世界海洋自然、海洋科技和海洋人文史,展示人类从认识海洋到开发海洋和保护海洋的过程的博物馆,助力深圳加快打造全球海洋中心城市。

三 创新公共文化服务体系,打造文化精品

文化活动是提供公共文化服务、满足人民群众基本文化需求的重要载体。深圳市在"文化立市"战略的引领下,在全国率先建成市、区、街道和社区四级联动的公共文化服务体系,建立了齐全的硬件文化设施,在全国率先实行美术馆、图书馆、博物馆、文化馆等公共文化场所向公众免费开放,降低了人们享受文化成果的成本,推进了文化权利均等化;"十分钟文化圈"基本形成,每年全市各类文化活动均在10000场左右;同时打造了一系列文化品牌活动吸引市民热情参与,包括"深圳读书月""市民文化大讲堂""社科普及周""深圳大剧院艺术节""中外艺术精品演出季""文博会艺术节""音乐交响季""鹏城金秋艺术节""创意十二月"等万余场文化活动。其中,"深圳读书月"至今已举办20届,创出了深圳读书论坛、经典诗文朗诵会、年度十大好书、领导荐书、诗歌人间、中小学生现场作文大赛、书香家庭、赠书献爱心、绘本剧大赛、青工阳光阅读、手机阅读季、海洋文化论坛、温馨阅读夜等许多知名品牌活动,年度参与人次逐年上升,由首届的170多万人次上升至逾千万人次。作为由政府推动的一项公众文化节庆,深圳读书月已经走进千家万户,融入市民生活,成为深圳市民的文化庆典、城市的文化名片和实现市民文化权利的重要载体,影响遍及全国和港澳地区,让千万市民受惠。

深圳还大力发展文化体育类社会组织,积极建设虚拟网络平台和文化资源平台，培育文化市场发展主体，以科技创新和创意推动公共文化服务体系创新发展，不断提升公共文化服务水平，为人民群众提供更多、更优、更便捷的公共文化服务，形成了"文化+科技"的产业发展模式，建立了完备的文化产业发展体系。① 在新冠肺炎疫情防控期间，各地推出的"线上博物馆""线上图书馆""线上剧院"等线上公共文化服务，为群众提供了免费、便捷、丰富的文化产品，极大丰富了群众疫情防控期间的精神文化生活。线上公共服务业态为广大群众超越时间、空间限制，享受优秀公共文化产品提供了可能，也让中国的优秀文化能为最广大的人群所了解和感知，是技术推动公共文化服务质量提升的重要手段。公共文化资源的数字化、公共文化产品的线上展示以及公共文化线上互动、体验性新产品的开发，将成为公共文化服务体系建设的方向。此外，深圳市的"文化惠民"工程通过文化演出下乡、文化节庆活动、文化消费券等多种形式为群众提供公共文化服务，丰富群众性文化活动，通过补贴方式鼓励民众的文化消费。②

政府要使文化建设贴近公众生活，一方面离不开丰富多样的文化产品的供给，另一方面也仍需不断提升公共文化服务的质量。文化产品的生产需要做到既受普遍欢迎又符合社会主义审美价值观，使其在满足公众文化需求的过程中弘扬美德、培育情操。文化产品具有生产属性，同时更应强调其文化属性的内涵，特别是在公共文化产品的供给上，使其成为提供社会健康发展保障的文化生产，这也是优化文化治理、提升公共文化建设质量的重要保障。

致力于公共空间重建，推进面向公众生活的公共文化建设，切实提升百姓生活质量、消除阶层隔阂以实现社会和谐，是其推行公共文化服务的生活逻辑；通过建立政府主导、多方参与的公共文化服务供给机制，挽回文化产业转型中的价值损失，建构能够保障社会健康发展的公共文化生产方式，是其在公共文化服务供给领域遵

---

① 刘洪霞：《新技术媒体与增强深圳文化产业研究优势》，载《文化强市建设与城市转型发展》，社会科学文献出版社2011年版。
② 吴丽：《优化供给 满足群众精神文化需求》，《中国旅游报》2020年5月29日。

循的生产逻辑。这套融政治逻辑、生活逻辑和生产逻辑于一体的政府行动策略体系，推动着公共文化服务治理的宏大实践进程。

第二节 文化价值观念革新

文化创新的实践必然是从价值观念、文化产业、文化事业、城市文化形象等方面共同进行的。而文化价值观念的创新体现在文化的传承和创新上。创新是在文化传承基础上的创新，离不开对本土文化的挖掘、继承和再开发。文化是城市的名片，城市中人们的价值观念是城市的灵魂。深圳的文化创新发展首要的是文化价值观念的创新。什么是文化价值观念呢？价值观念是人们在长期社会实践中形成的偏好、认知和理念，蕴含在人们的处事方式、集体智慧、生活风格、社会实践中。在一个具有一定历史的城市中生活的人们的生活方式、价值信念和道德信仰会逐渐趋同，以城市为单位形成共同的道德信仰和价值观念。

一 文化价值观念创新与深圳创新发展

可以说，观念是城市精神文化的核心内容。一个城市的创新发展需要城市价值观念的创新作为支撑。价值观念创新有利于引领城市向创新发展的方向前进。城市建设中，不管是基础设施的规划、建造、维持、更新，城市地标和建设的设计、落实、使用，还是城市景观和风貌的不断完善和美化，城市功能的日益完善和丰富都需要在相应的理论指导下进行实践并完成。城市的创新型转型或者发展既离不开领路人的理论指导，也离不开城市居民在城市发展理念上达成的共识。对深圳来说，深圳的发展理念既包含了对城市居民和人才的理解、对发展的自觉意识、对城市的整体认知以及对社会、自然、文化、经济等环境因素的理解。不管是领路人的思想理念还是城市共同的思想理念都脱胎于价值观念，并受限于价值观念。价值观念的创新可以激发创新型的思想理念，从而有利于深圳市创意之都和区域创新中心的建设。

价值观念创新如何促进深圳文化创新发展呢？城市承载着各种社会文化活动的集体记忆、鲜活的文化生态以及流变的思想观念。城市的发展与价值观念的演变必然是相互影响、相辅相成、相互促进的。城市的发展催生出与其发展相匹配的价值观念和思想文化风潮。反之，价值观念的创新也会促进城市创新发展。城市里一般个体的观念往往是易逝的，其影响力是微小的。然而对群体来说，群体公共价值观念是经过较长时间发展、选择、沉淀而形成的，有相对稳定的思维方式和偏向，体现的是群体的共同需要和诉求。深圳作为典型的移民城市，不同文化背景的人在这里相遇，多元的思想观念在这里碰撞，并最终积淀形成了属于深圳这座城市人们的共同的价值观念，如"时间就是金钱，效率就是生命"。新的群体价值观念的形成会影响到加入这座城市的每个人的观念，影响个人的行为方式。可以说，培育新的价值观念意味着激发城市活力，推动城市创新发展。

同时，价值观念的创新在一定程度上是城市居民集体意志的反映，体现着城市发展的最根本需求。促进价值观念创新也是不断为城市发展注入新的活力，给城市的创新发展提供前进的目标。价值观念的创新往往伴随着城市最广大人民的呼唤和心声，而广大人民的集体诉求往往蕴含着巨大的能量。促进价值观念的创新是释放居民创造力、活力的有效手段。居民的基本诉求在价值观念创新中得到表达，同时价值观念创新也意味着城市居民对自身发展、城市发展、历史发展的认知不断深入。这种深入对于城市建设、文化创新具有重要意义。对于一座城市来说，认知加深有利于催生新的产业形态，塑造新的发展理念，并促进城市文化发展。

深圳的发展历程展示了价值观念创新所带来的城市发展的巨大成功。深圳是我国改革开放的样本城市，为全国展示了价值创新和制度探索的伟大意义。深圳今天取得的经济成就与深圳市的价值观念创新是分不开的。现阶段，深圳市形成了自己的城市价值观念，如"时间就是金钱，效率就是生命""空谈误国，实干兴邦""敢为天下先""来了就是深圳人"等。可以说，创新是深圳的魂。在深圳这片土地上的人们正是在不断创新、不断自我塑造中为深圳经济特区的发展提供了重要的现实基础。

二 文化的传承和创新与文化价值观念创新

文化价值观念的创新是在文化传承基础上的创新。文化的定义虽然纷繁复杂，但广义的文化泛指在人类历史进程中所创作、形成、保存的全部物质和精神财富之和，既包括固态的建筑、器具，也包括非固态的制度、心理文化等。狭义的文化指人的精神财富及相关的创造活动。文化是一个民族或国家的共同认同和身份符号。城市文化是指生活在城市组织中的人们所拥有或具有的知识、艺术、道德、法律、风俗、信仰以及习惯和能力之和。也可以说，城市文化是人们在城市中创造的物质和精神财富之和，反映了城市人群的意识形态、思想方式、精神特征、行为方式等。

城市文化是我国文化的组成部分。鉴于历史基础和发展历程的不同，不同城市拥有着截然不同的城市文化，不同城市文化共同构成了我国的文化体系。例如，北京和上海的文化风貌就很不相同。城市文化的内涵广泛，包含服饰特色、饮食习惯、民风民俗等要素。可以说，城市发展过程中形成的社会文化、精神文化、经济文化和形态文化都是城市文化的有机组成部分。城市文化已经成为城市竞争力的重要影响因素。深圳文化创新离不开深圳城市文化的创新和发展，而深圳城市文化的创新也是我国文化创新的一部分。

文化创新发展有必要继承中华优秀传统文化。文化创新发展是在已有传统文化的基础上的创新和发展。中国文化是中国人民在千百年实践中创造的物质和精神财富之和。文化也对人们有深远持久的影响，潜移默化地影响着一代代中国人，影响着民族心理、民族传统、民族精神和民族性格的构建。传统文化指那些自古相传的，一直存在于社会中的思想观念和信仰偏好。中国传统文化指的是以儒家文化为核心的，包含了佛家文化和道家文化的，具有中华民族的民族特质和民族风貌的各种观念和思想的总体表征。文化本身兼具历史传承性和时代创新性。文化创新必然是在已有文化上的创新。在文化创新发展的实践中正确认识我国传统文化，并在已有文化的基础上进行创新，也是可取之法。

继承优秀中华传统文化是现代化城市文化创新发展的必然要求，离开了中华优秀传统文化推行文化创新就是无源之水。可以说，继承优秀传统文化是建立城市文化自信、构建城市文化认同的必要基础。人们在面对外来多元文化时容易处于思想立场动摇和文化自信缺失的境地。只有充分尊重优秀传统文化才能提高文化认同和文化自信，并形成文化认同和文化自信的良性循环。一个城市的文化创新也是如此。如果不加深对传统文化的学习和传承，那么在城市文化创新中容易割断民众精神命脉。深圳市在建设区域文化中心时，也应该坚定有效地继承中华优良传统文化，这样才能坚定民族文化自信，增强深圳这座城市的文化自信，使得深圳自身的城市文化特色具有强劲的生命力。

文化的创新是城市文化创新建设的首要前提。创新是文化自身发展的需要，也是时代发展的需要。继承传统文化不是目的，而是为了站在传统文化之上，结合现在的时代背景，通过创新文化为现代服务。文化创新也不意味着对所有传统文化要素的创新，而是有针对性地、有选择性地对部分中华传统文化进行创新。创新需是在了解传统文化精髓的基础上的实践。文化创新必须结合新时代的特点和背景。深圳市文化创新也需要结合新的时代背景下深圳在国际上、国内所处的位置，以及自身的城市定位和文化发展目标。

第三节 城市文化形象焕新

城市形象是城市文化的表征，既指能激发人们思想和感情的城市特征和城市形态，也指城市外部公众和城市内居民对城市外显活力、内在实力、发展前景、人文环境等因素的整体观感和综合评价。一个城市的城市形象涵盖这个城市的精神文明、"物质文明"和政治文明。"城市形象"一词最早由美国城市规划理论家凯文·林奇（Kevin Lynch）在1960年提出。他在《城市意象》（*The Image of the City*）一书中指出城市形象是公众意象（public image），是很多人的意象复合而成的公众意象。公众对城市环境观察或在城市中体验而得到印象,很多的意象共同构建出一个城市的形象。①

一 城市形象的创新和发展

城市形象对城市发展起着非常积极的促进作用。有学者提出,城市形象是城市发展的核心,塑造良好的城市形象,创造国际知名的城市美誉度,对外可以增强城市的吸引力、亲和力、感染力,对内可以加强城市的凝聚力、推动力和向心力。从某种意义上说,城市形象反映了城市内在的文化内涵和素质,是一个城市区别于其他城市的深刻印象。从意象上看,好的城市形象应该能激发并维持人们对该城市的正面想象。城市形象的传播也意味着对城市主要功能、定位、特色、精神风貌、风土人情等城市形象元素的主动扩散和整合传播。

城市形象需基于城市的功能和定位。深圳市文化建设的主要目标是建设区域文化中心和全球创新创意之都。这一战略性的城市定位是城市形象创新和传播的出发点与目标。可以说,城市的定位也是城市形象设计、创新、宣传中的主要内容和方向。一方面,深圳的定位规定了在深圳城市形象创新和宣传中的大方面和"硬内容"。城市形象的设计和创新实际上是对城市形象元素的提炼和整合。城市形象元素指城市的遗存记忆、集体文化和历史文化积淀,以及城市发展过程中形成的物质文明和精神文明的集合。这些都构成了城市形象设计和传播的资料库。城市形象塑造既取决于社会大众对城市形象的认知、对城市发展的了解,也包括大众对城市历史文化、文化意识、城市个性的认同。不管是在传播策略上,还是在传播战略上,这些都是城市形象传播浮雕叙事和多维扩散的素材库。

城市形象构建是一个城市形象元素整体性向外传播和扩散的过程。在城市形象构建中,除了要充分贯彻城市定位外,还需要尽可能地将城市利益相关者联系起来。城市政治、经济、文化的发展,使得城市形成了利益相关群体或者群体组织。群体组织在城市形象的传播上呈现不同程度的情感卷入、行动卷入或者意愿卷入。也就

---

① [美]凯文·林奇:《城市意象》,方益萍、何晓军译,华夏出版社2001年版。

是说，城市中会有一个较为稳定的、庞大的市民群体可以参与到城市形象的传播中，形成传播共同体。那么，在城市形象创新和构建中要充分考虑这一部分因素，考虑到城市相关利益群体的诉求或想象。只有这样，利益相关者才会激发并相互促进城市形象的传播和巩固，并加强城市与公众之间的密切联系，鼓励公众更多地参与到城市发展的过程中。

在深圳城市形象的传播中还需要导入城市营销策略。这就要求明确深圳这一城市营销的目标群体，并针对目标群体凸显出相应的城市形象。城市形象包括高效专业的政府服务、积极健康的产业发展、宜居舒适的生活环境和友好文明的旅游文化等。通常，城市一般是以城市政府为主体的。城市管理者可以考虑将城市形象，如城市的基础设施、公共服务、城市发展愿景等作为产品来营销，在营销过程中应该塑造关于城市形象的概念（新形象），激发受众的想象，并以创新的方法将筛选出的城市信息传递到目标群体中，这样才能使得城市形象的设计和传播有的放矢、事半功倍。

城市形象的发展除了通过文化地标的建设和创新外，还包括以下内容。第一，可以通过策划节庆和会展来吸引人流，提升城市的曝光度和关注度、美誉度和知名度。具有特色和影响力的节庆活动可以成为城市的名片，对城市形象的正面塑造大有裨益。展会包括交易会、会议、博览会、论坛、各行业展览等。展会和节庆活动可以吸引大量城市外来人员。外来人员的涌入，一方面促进了城市经济的发展，另一方面能够近距离地接触城市，形成关于城市的印象。事实上，利用展会节庆等活动提升城市形象已经成为一种成熟的、完善的城市营销方式。第二，可以举办体育赛事和演艺娱乐活动。体育赛事可结合城市的自然条件，既包括职业性的体育赛事，也包括业务的全民参与类型的体育活动，如城市马拉松比赛。演艺娱乐活动既包括商业化的演唱会、歌友会、音乐会，也包括自发组织的歌舞会演等。第三，可以通过政府公关活动来消解对城市形象不利的社会事件的影响。公共活动注重组织与组织之间、组织与公众之间的沟通、交流和反馈，是提升城市形象的有效手段。公关活动包括常规性公关和危机性公关两种。常规性公关通过开展、参与公众活动，并在活动中配合以有针对性的宣传报道来提升城市或政府的形象。危机性公关主要指通过危机管理、化解矛盾等手段在城市出现危机或突发事件时，挽救危机对城市形象的冲击，以获得城市内外人员对城市的好感。

二 文化地标的建设和创新

最能体现城市文化传承和创意精神的是该城市的文化地标，文化地标对构建、展示、强化、提升城市形象有着重要作用。文化地标的建设和创新是城市文化创新的重要组成部分。文化地标对于城市形象构建的价值主要体现在以下三个方面。

第一，文化地标会深化公众的城市记忆。文化地标往往烙印着城市的集体记忆，积蓄着城市形成的风土人情，凸显着城市的人文风貌。法国社会学家莫里斯·哈布瓦赫（Maurice Halbwachs）在他的知名著作《论集体记忆》中指出，个人记忆是包含在集体记忆之下的。[①] 历史街区等文化地标，一方面，可以唤醒城市中人们的集体记忆；另一方面，文化地标不断地构建城市新加入人口的个人记忆，实现个人记忆与集体记忆的勾连。可以说，文化地标一般都经历了漫长的时间变迁，本身承载着城市和城市中人们的记忆。随着事件的推演，文化地标会演变成独特的文化符号，能轻易唤醒人们的情感记忆。在对文化地标进行改建中，也应该充分考虑到其在公众城市记忆中的重要位置，进行合理再开发和科学创新。

第二，文化地标重构城市文化认同。城市文化地标对于构建文化认同具有重要作用。文化认同群体拥有的共同的倾向性认识、偏好和强烈的归属感。文化地标既是对城市共同文化认识的固态表现，也能促进人们萌发对城市的文化认同。每个城市各有其文化传统和特色、经济发展历程和成就、社会风貌和人文气质。文化地标给人们提供了一个共同的对象，汇聚了人们对于城市的理解，并产生强烈的凝聚力。或者可以说，文化地标可以从情感到意识唤醒人们关于城市的记忆和对城市文化的认同。深圳市在进行文化地标的

---

① [法] 莫里斯·哈布瓦赫：《论集体记忆》，毕然等译，上海人民出版社2003年版。

选择或者建设中，也应该善于抓住城市形象中的独特记忆点。只有这样，选取或者创新的文化地标才能在人们心中生根落地，强化人们对城市的文化认同。

第三，文化地标能加强城市的形象辨识度。东方明珠之于上海，"小蛮腰"之于广州，世贸大厦之于纽约，这些地标性建筑都极具辨识度。看到这些地标，我们就能知道它代表的城市。文化地标也有类似的作用。成功的文化地标能彰显城市特色，加强城市的形象辨识度。文化地标一方面充实了城市形象，是城市形象的代表；另一方面，让城市形象的独特性得到凸显，使得一个城市的形象区别于别的城市，有利于人们感受到城市的独特魅力。文化地标成为现代旅游中的"打卡"之地，是城市的文化名片，象征着城市的文化和精神。需要注意的是，文化地标并非孤立存在，只有与周围环境或者城市历史共同作用形成意境时，它才能充分发挥其魅力。从这个角度讲，深圳文化地标的建设必须与深圳的历史文化、城市定位、开发战略、人文风貌相统一。

城市的文化地标应该具有三个特征：深刻的文化内涵和丰富的文化信息、广泛的影响和普遍认可、丰富的时代记录和共同的公众记忆。文化地标的表现形式有以下几种。第一，名人标签。文化名人由于其在思想、文化、艺术、政治等领域的杰出贡献，从而受到人们的膜拜和追随，也对当下和后世社会产生着重要影响。历史名人既可以看成一个时代的缩影，也可以看成一种精神文化的象征。以名人标签作为支撑来开发文化地标是现在较为常用的方法。第二，旅游胜地。旅游是跨时空消费的主要形式，具有良好自然和人文环境的城市可以将旅游胜地开发成文化地标。第三，城市客厅。城市客厅是指将城市的历史、现在和未来中的城市形象元素与文化元素有选择地展示在人文景观上，如天安门广场。

深圳市有过两次文化体育类设施的建设高潮，目前已经拥有了深圳歌剧院、深圳国家博物馆（深圳馆）、深圳科技馆、深圳海洋博物馆、深圳自然博物馆、深圳美使馆新馆、深圳青少年活动中心等十大文体设施，并集中开发了大鹏所城、南头古城、大芬油画村、观澜版画基地、大浪时尚创意小镇、甘坑客家小镇等文化街区或文化小镇。这些文化设施或者文化街区的打造意味着深圳文化地标的建设已经取得了一定成就，但是已有的文化地标和文化设施的国际影响力还较为有限。参考天安门之于北京，东方明珠塔和金茂大厦之于上海，解放碑和人民大礼堂之于重庆，天塔之于天津，布达拉宫之于拉萨，雷峰塔之于杭州，黄鹤楼之于武汉，岳麓书院之于长沙，中银大厦之于香港，八一英雄纪念碑之于南昌，深圳市文化地标的影响力和知名度确实有待提高。

深圳市需要能凸显城市特征和风貌的文化地标，并借助文化地标提升城市文化形象，推进区域文化中心城市的建设。深圳文化地标的建设和创新，一方面要充分考虑到城市建设区域文化中心、国际创意之城的目标，另一方面应该充分注意到文化地标的市民性。地标不是孤立存在的，是城市市民活动的场所。对文化地标的建设要统筹区域建设，要与地标周围的居民生活、人文环境相适宜。在文化地标的选择中，要融入区域文化，寻找城市地标与城市文化、城市文化景观、风土人情、文化遗址的关联，提取出融合点，并以个性化和创新性的表达来诠释。这样文化地标因为地方文化的渗入而品位独特，也因承载了地方文化特性和居民共同情感，加深了人们对城市文化的理解和城市形象的记忆。

文化地标的建设应该综合考虑多种形式，不仅包括地标类建筑的建设，也包括对名人标签、旅游胜地等带有城市形象元素的地标的建设。旅游地标的形态选择具有多元性，从吸引游客和提升城市形象来讲，应该具有地方性或民族性，具有地方文化特色或者人文情怀，能够吸引人流并触动人心，达到展示城市形象的功能。建设一个易识别的高层建筑是地标设计中经常采用的方案。除此之外，采用具有地方特色和风格的文化城镇、名人形象、节庆会展等作为文化地标进行建设也是较为常用的方案。

深圳是一座飞速发展的城市，在改革开放之后取得了举世瞩目的经济成就。城市的飞速发展必然带来新与旧的同时存在。文化地标的设计者和规划者面临着传承还是创新的选择。对于文化地标采用传统设计风格还是新潮风格，也取决于城市的发展定位和城市形象的基本设定。除了建设新的地标，对深圳而言，也可围绕城市已有的核心景点和文化设施,以主题形式协同优化地标区,或者利用自然地形进行统筹和设计,或将已有的文化遗址进行再开发以地标的形式展示。不管是哪种方法,文化地标都应该与地方自然和人文环境相融合与协调。在建筑的艺术性和造型上做文章,并在建筑材质的生态性和地方性上有所注重,强调地标建筑与城市原有特点和气质的沟通与展示。

第四节 文化产业驱动创新

加快文化产业创新是深圳文化创新的重要组成部分,科学地选择主导产业是加快文化产业创新的基础。科学选择主导产业是促进文化产业高质量发展、加快文化产业创新的必要手段。深圳市具有良好的科技支撑,市内产业基础良好,创意氛围较为浓厚,应适当推进文化创意和设计服务、文化旅游业、信息科技产业的融合发展。在创意阶段充分融合中国元素和中国风格,在设计上充分利用虚拟现实、人工智能等现有的视觉或信息处理技术,在传播中充分利用大数据、云计算、5G等互联网和数据处理技术,形成创意牵头、品质先行、产业优化的产业特点。

一 重点发展主导文化产业

基于深圳市文化创意产业发展的基础、特点和定位,深圳市委办公厅、深圳市人民政府办公厅于2020年1月发布了《关于加快文化产业创新发展的实施意见》,明确指出要加快十大重点文化创意产业的发展。这十大产业也是深圳市选择的主导产业。

第一,创意设计。借助创意设计,文化可以焕发出巨大的影响力、感召力和辐射力。创意设计可增加产品附加值,赋能创新产业。一方面,使得创新和创意与实体经济深度融合,促进文化元素在实体经济中的表达;另一方面,设计创意能促进传统文化的现代表达,是文化的传承与创新在当代的完美融合。深圳正规划建设深圳创新创意设计学院和设计馆,计划建设一批国际文化创意孵化中心，进一步办好深圳设计周、中国设计大展、深圳创意设计新锐奖等，提升深圳设计周暨深圳环球设计大奖的级别和水平，提升深圳设计在国际上的影响力和美誉度。

第二，影视和动漫。影视和动漫是深圳市文化创意产业的重要组成部分，也是极具发展潜力和社会影响力的文化创意产业形态。动漫产业主要以动画和漫画为表现形式，包含动画片、报刊、网络动画、数字动画、漫画书、数字漫画、动画电影、OVA等。影视和动画产品具有很强的衍生产品赋能潜力和持久的经济收益潜力。鉴于影视和动漫都是高投入、高风险、高收益的行业，扶持原创精品影视剧和动漫产品，完善基础措施、构建产业孵化基地以提升产品的创作、研发和制作水平，加强影视和动漫产品的版权交易和衍生品开发，可有效促进影视和动漫产业的创新。深圳市已经拥有一系列动漫影视相关的项目和活动，需办好深圳国家动漫画产业基地、龙华动漫园区、中国国际新媒体短片节、深圳（国际）科技影视周、深圳动漫节等品牌活动，打造动漫、影视创作中心。

第三，演艺和音乐。2009年颁布实施的《文化产业振兴规划》就提出要发展演艺娱乐等产业，"发展文艺演出院线，推动主要城市演出场所连锁经营，鼓励非公有资本进入文化创意、影视制作、演艺娱乐和动漫等领域"。现阶段观看和参与文艺演出已经成为人们消费和生活的重要组成部分。演艺市场的形式多种多样，包括歌剧、芭蕾、交响乐、舞蹈、音乐剧、地方或民族戏剧、杂技、曲艺、皮影、民间歌舞等。深圳市演艺和音乐产业正处于蓬勃发展的阶段。《关于加快文化产业创新发展的实施意见》也指出要大力扶持传统戏曲艺术，支持歌舞剧、音乐剧、话剧、原厂音乐等的创作。在演艺和音乐企业（团体）方面，要不断优化文艺院团资源配置，提升院团原创水平和市场开拓能力。同时，应办好"一带一路"国际音乐季、粤港澳大湾区文化艺术节、深圳大剧院艺术节等国内外文化艺术活动。

第四，新媒体和网络文化。深圳拥有雄厚的科技实力，新媒体和网络文化发展土壤良好。新媒体以互联网技术为依托，已经凭借其自身的独特优势在传媒界占据一席之地。新媒体的影响范围日渐扩大，并深刻影响人们的思想观念和思维方式。网络文化建设是我国特色社会主义先进文化建设的重要组成，也是深圳市政府特别重视的文化建设工作之一。在新媒体和网络文化建设中，应该结合"三网融合"、5G、4K/8K等最新的科学技术，重点发展以视听内容为核心的数字传媒产业。在发展数字化媒体中，应加快推进媒体深度融合，构建全息媒体、全程媒体、全员媒体、全效媒体，支持主流媒体，坚持移动优先策略。在网络文化的打造中，要完善网络IP授权开发的相关法律法规，提升网络文化产品的质量，打造移动互联网文化产业集群。

第五，文化软件和游戏。文化软件和游戏也是深圳市数字文化产业中的新兴产业和优势产业。在支持文化软件和游戏产业的发展中，一方面应推动游戏商用引擎的迭代优化，提高游戏产品和服务的自主研发能力；另一方面要支持企业参与制定文化软件标准，在创作和研发阶段争取话语权，促进数字内容、移动社交、动漫游戏等领域应用软件的开发。同时，应积极响应国家号召，充分考虑到文化产品和游戏的社会效应，支持绿色健康的、具有中国文化特色且拥有自主知识产权的原创性游戏产品和服务的开发与营销。为了扩大游戏产品的影响力，为深圳游戏产业积聚人气和资源，要支持举办高水平的电竞赛事，并构建平台支持游戏及其衍生产品的生产、销售和出口。

第六，数字出版。出版产业一直是广东省文化产业的重点产业和优势产业。深圳市拥有数量较多的高质量出版企业。数字出版是在传统出版产业基础上，充分利用现代数字技术进行出版物的设计、制作、营销的产业形态。深圳市重点发展数字出版需推动传统出版行业的数字化转型，加强和鼓励对艺术品、文物、非物质文化遗产、文化典籍等传统文化资源的数字化转制、开发和出版。在技术方面，应加强数字出版中的技术攻关，从数字出版技术研发、出版项目选择和开发、资源管理和在线服务平台等多环节多角度综合支持数字出版产业。在深圳建设区域文化中心和国际创意之都的定位下，打造"深圳出版"品牌也是建设国际创意之都的一部分；支持"智慧书城""智慧书店""一区一书城""一街道一书吧"建设，推进城市阅读空间的建立，可为公众吸收和发挥文化创意提供空间场所。

第七，文化旅游。文化旅游是指通过旅游了解、感知、体验、观察人类物质和精神文化内容的活动。文化旅游可以分为几个层面：以文化遗址、古建筑、文物等的历史传统文化层面；以艺术、现代文化、科学技术成果为代表的现代文化层面；以节日庆典、会展、生活习俗、体育活动、衣着服饰、婚丧嫁娶、祭祀为代表的民族民俗文化层面；以人员交流和沟通为表现形式的伦理道德层面。深圳市的文化旅游发展内容也在这四个层面之中。首先，深度挖掘、利用、盘活有地方特色的传统文化资源，如古建筑、古村落、古墟镇、历史文化街区和小镇等；改造和提升博物馆、纪念馆、美术馆、艺术馆等文化设施；完善文化产业园区以提升其文化旅游功能。其次，促进文化旅游景点和景区的改造升级，推进大鹏半岛、深圳湾、西部滨海岸线的文化旅游业发展。统筹规划全市的文化旅游产业发展，绘制深圳文化旅游地图，打造全国全域旅游的示范区，并有序推动国际邮轮港的建设，进一步打造国际旅游航线，争取通过文化旅游的发展促进深圳市区域文化中心和国际创意之都的建设。

第八，高端工艺美术。工艺美术是兼具审美功能和使用功能的美化生活环境与生活用品的造型艺术。工艺美术的形式包括陶瓷、玉石、金属和木制品、玻璃制品、纺织物等。高端工艺美术经济价值和审美价值都较高。高端工艺美术是深圳市文化创意产业的重要组成部分。提升高端工艺美术的设计理念和文化内涵，推进现有的高端工艺美术产业从低附加值、高产能、高消耗的传统制造业形态向环保、时尚、高附加值、能产生核心竞争力的"智造业"转型，是发展深圳高端工艺美术的必要要求。一方面，应推进文化企业和单位对高级工艺品的设计与开发，促进非物质文化遗产资源在高级工艺品中的利用和创意设计，促进影视作品、动漫游戏、旅游和工艺美术产业的跨界融合，加快促进传统元素的现代表达；另一方面，支持建设艺术品鉴定评估体系和交易平台，发展完善的艺术品交易市场。

第九,高端印刷。高端印刷利用数字化、CTP、图文信息处理等一系列技术对资料、文档进行个性化处理,并利用印前系统进行排版。高端印刷一般用来印刷要求高、内容复杂的印刷品,且印刷过程中涉及凸印、网印、胶印等多工序,对印刷中的速度、环保、效率、印刷品质量要求较高。现有的高端印刷形式包括立体印刷、数字印刷、快速印刷、绿色印刷等。深圳市具有良好的印刷产业基础,印刷产业的实力不容小觑。发展深圳高端印刷意味着要推动印刷复制产业从传统的服务加工型业态向着服务设计和综合创意含量高的业态转型和升级,巩固深圳市全国高端精品印刷复制中心的地位。大力发展纳米印刷、数字印刷、智能印刷、绿色印刷等高端印刷方式,努力引导和发展印刷各环节(设计、出版、包装、印刷、分销)的绿色环保工艺技术。

第十,高端文化装备。文化装备主要指的是文化生产和传播过程中使用到的各种专业材料和设备,具体包括移动互联网设备、印刷设备、广电影视装备、影院装备、游戏娱乐装备、舞台演艺装备、文化教育装备等。高端文化装备是深圳文化制造业的重要组成部分。深圳市重点发展智能视听、可穿戴设备、柔性显示、3D打印、无人机等高端文化装备的开发、生产和应用;推动数字家庭产业、数字终端制造业(数字电视和数字移动设备等)、内容产业和文化服务产业的深度融合;推动数字影院视听设备、舞台演艺设备、游戏娱乐设备等的集成设计和推广应用。对于广电网络,促进其改造和智能化建设,积极推进高清制播装备的自主研发、生产、推广和应用,促进超高清产业基地的打造和超高清产业链的完善。

二 完善文化产业支撑体系

在促进上述十大主导文化产业的发展和创新中,深圳市应充分利用市场机制,采取政策扶持和市场机制协调促进的机制。在完善文化市场机制方面,要完善市场主体培育计划。同时,推动国有文化集团的转型升级,促进国有文化集团的创新和融合发展,在此基础上打造一流的现代化文化传媒集团。对于民营资本、港澳台资本和外商投资,应完善法律法规,鼓励资本进入政策允许领域;加快培育中小微文化企业，积极为企业孵化和金融服务提供平台与支持，规范发展文化科技类行业协会、产业联盟，发挥好行业服务功能和桥梁纽带作用；加快催生一批具有核心技术、原创产品、国际核心竞争力的龙头文化企业；积蓄完善深圳文化企业100强的评选和发布制度；全面落实营商环境改革，降低企业运营成本，探索适合文化创意企业特点的市场准入条件和监管方式。在完善文化创意产业市场化机制的同时，要加快优化市场环境，加强文化市场监督和执法，支持企业开展知识产权的保护和运用，严肃打击违法侵权事件，确保文化创意企业的合法权益。

在内容创作扶持方面，要积极完善原创影视、动漫、演艺、出版等内容创作和生产的扶持机制，加大对精品内容的筛选、生产、传播，加大对其中涉及的关键技术的支持力度。要加快文化创意资源在行业间的流动，促进文化创意资源的跨领域协同开发，推动金融资本和影视业规范有效对接，打造深圳内容产业交易集散中心。同时，建设一批高起点、高水平的文化产业园区和重大文化产业项目，以重点产业牵头发展和创新国家或者省级文化产业示范园区、文化科技融合示范基地，打造全球知名的文化创意空间。开展各级文化产业园的认定工作，支持各区结合区域特色创建具有辨识度的文化产业园区。在文化贸易方面，应加强对文化产品重点出口企业的培育，支持本土企业在文博会等国际会展上设立分会场，支持文化企业和相关行业组织联系，促进行业组织和文化企业举办文化产业专业会展，支持如动漫节、影视节、文化装备展或者演艺机会等大型会展和活动。支持面向粤港澳大湾区和"一带一路"沿线国家和地区的文化产品和服务企业，助力文化创意企业开拓国际市场。

对于发展十大主导文化产业，在金融监管方面应该鼓励金融资本、社会资本在符合金融监管规定的前提下尽量与文化资源相结合。支持商业银行设立文化产业相关的项目，为文化企业提供专业化、精准化和创新性的金融服务。支持文化企业上市融资或者发行债券，或者鼓励版权质押贷款、版权信托等。加快国家文化消费试点城市建设，开发新型文化消费金融支持和服务模式，在加快公共文化设施建设的同时提供优惠或者免费优质的文化产品和服务。促进多品类文化消费联合，着力拓展高雅艺术消费、数字文化消费、体验式消费、智能硬件消费等新兴文化消费形态。

对于深圳市政府而言，在保障主导文化企业发展方面，除了应协调落实相关产业政策，还应加强统筹协调，完善文化宣传部门牵头的多部门联动和沟通机制，协同制定文化创意产业相关的行业发展规划与政策，选定重点发展产业的同时推进重大项目的落地和建设，完善产业发展统计制度，定期发布文化创意产业相关的统计数据和分析报告。在财政方面，完善政府财政资金对拉动文化创意产业社会投资的牵引作用，创新资金投入方式，加强深圳市、区财政对文化产业创新发展的联动和支持作用。完善文化项目的审核机制，并在此基础上强化项目绩效目标管理，提高财政资金的监管和使用效益。坚决落实国家关于文化创意产业发展的税收优惠政策，推进实施新冠肺炎疫情冲击下的文化保税和文化事业建设费减收政策。

此外，深圳市政府还应构建高质量、有层次的人才队伍。制定和完善相关政策，吸引高层次文化创意人来深落户、工作，建立柔性的人才引进使用机制，推动人才体系建设机制，通过项目合作、定期服务、客座邀请、项目聘任、设立工作室或者深圳分公司等多种方式，引进和使用高质量文化创意人才或者团队。充分利用本市和本省高等院校、科研机构、文化企业资源，建设文化创意智库和文化产业人才培养基地。进一步保障主导文化产业的发展空间，盘活土地资源，挖掘土地潜力，包装文化企业用地，拓展发展空间，通过改造升级已有的文化产业项目，更新建设具有发展潜力的文化创意项目。

在完善主导文化产业的支撑体系方面，政府一方面应积极建设粤港澳大湾区文化产业合作平台。利用深圳独特的地理位置优势，积极参与粤港澳大湾区建设，充分发挥深圳—香港—澳门创意设计联盟的引领作用，加强整合和利用香港、澳门的会展资源和在创意领域的行业优势，推进与香港、澳门在创意设计、演艺音乐、影视动漫、文化旅游等领域的深度合作，推进合作项目的落地和发展。建设好具有粤港澳区域特色和协同合作的设计创意产业园区，办好深圳、香港、澳门城市设计展，推动文博会澳门精品展等大型文化创意展览、集会和活动，推动粤港澳大湾区文化圈的形成，为把深圳建设成区域文化中心助力。

另一方面，深圳政府应致力于建设文化贸易服务平台、文化金融服务平台和知识产权服务平台。在文化贸易服务平台的建设中，应提升中国国际文化产业博览会的国际化、专业化和市场化，切实利用这一国际博览会拉动文化产品和服务的成交额度，将其打造成全球文化会展核心平台，并加快建设我国对外文化贸易基金（深圳）的公共技术服务平台。在文化金融服务平台的建设中，应促进文化金融融合发展，支持深圳文化产权交易所建设区域文化金融服务中心，加快在前海建设国家金融合作试验区，致力于打造国家级文化产权教育和投融资服务平台。要推动文化产权交易机制的完善，促进对文化产业基金管理机构的监管，加强商业银行与文化产业的合作和沟通，促进文化金融联盟的建立。在知识产权服务平台的建设上，可促进前海国际版权创新基地、中国版权保护中心粤港澳版权登记大厅、深圳版权示范园区等机构或平台的建设。通过网络版权交易服务平台，深圳市鼓励版权合法交易，保障交易多方的合法权益，鼓励版权输出，并完善版权交易的信息管理，构建版权登记、保护和交易的数据管理平台，支持知识产权服务机构为文化产品和服务企业提供专业化、高质量的服务。

三　把握高质量发展的方向

当前，高质量发展是我国文化产业的时代主题和重要目标。2018年，习近平总书记在全国宣传思想工作会议中就明确指出："要推动文化产业高质量发展，以高质量文化供给增强人们的文化获得感、幸福感。"2019年，党的十九届四中全会又进一步提出，完善以高质量发展为导向的文化经济政策。2020年，党的十九届五中全会明确提出实施文化产业数字化战略。2020年11月，文化和旅游部正式发布了《关于推动数字文化产业高质量发展的意见》，包括夯实数字文化产业发展基础、培育数字文化产业新型业态、构建数字文化产业生态等内容，向社会和行业发出支持数字文化产业高质量发展的明确信号。2021年10月发布的《深圳市文化产业高质量发展规划（2021—2025）征求意见稿》的五个基本原则中有一条就是坚持高质量发展，提出要加快产业结构升级、链条优化和价值拓展，提高产业全要素生产率。利用新技术和新模式改造提升传统文化业态，提高质量效益和核心竞争力，推动文化产业现代化、集约化、品质化发展。这些为深圳市推动文化产业转型升级、实现高质量发展指明了方向、明确了路径。

我国文化产业高质量发展存在着明显的区域差异，大体呈现出明显的"东高、中平、西低"的阶梯状分布格局。深圳文化产业尽管相对发达，但同样面临着高质量发展的问题。如何实现文化产业高质量发展，推动深圳文化产业驱动创新成为至关重要的议题。深圳文化产业创新驱动高发展的发力点主要在以下三个方面。

首先，进一步解放思想，深化深圳文化产业体制机制改革创新。深圳因改革而生，因改革而兴，改革是特区腾飞的关键，创新是深圳发展的灵魂。深圳文化产业之所以居于全国领先地位，首要的一点就是有科学的制度设计和政策保障，将文化产业置于重要的发展地位；创建文化产业专门的管理机构，在市、区成立了独立的文化产业发展办公室（简称文产办）。然而，近年来深圳市文化产业的独特地位不再，区级文产办通通被撤销，其职能或被合并或被裁减。制度创新是创新的前提。因此，深圳市文化产业要实现高质量发展，还必须进一步解放思想，高度重视文化产业体制机制的改革创新，敢闯敢试，先行先试，与时俱进。

其次，进一步推进文化科技深度融合，大力实施深圳文化产业数字化战略。深圳市率先提出的"文化+科技"发展模式在全国具有先行先试、引领示范的明显优势，但主要还停留在文化与科技的简单相加，未来应将"文化+科技"朝着"文化×科技"转变，实现文化与科技的深度相融。深圳具有信息技术和智能技术优势，然而，目前能将5G、大数据、云计算、超高清、人工智能、虚拟现实、区块链等技术与文化产业深度融合的企业并不多见，大多数处于文化科技的表层融合状态。因此，推进文化科技深度融合应成为今后深圳文化产业高质量发展的重要举措。文化科技深度融合的核心还在于深入实施文化产业数字化战略,大力发展数字文化产业。数字文化产业集中体现了数字科技能力以及文化产业深度融合的能力,将VR、AR、3D、云计算、人工智能等先进科技融入文化产业,从原来的"文化+"发展模式提升转变为"数字文化+"模式,通过数字技术与文化创意跨界融合,有效改变了传统文化产业的生产模式、创新模式以及消费模式,促进深圳市文化产业超常规发展,形成了深圳市文化产业繁荣发展的良好态势。

最后,进一步开展文化创新、实现深圳文化软实力跃升。文化创新是文化发展的强劲动力和不竭源泉。深圳市通过宏观布局、战略指引、政策驱动、产业带动等,始终将文化创新放在文化发展的中心位置,通过创新引领,全面推进深圳市文化产业高质量发展。这是以往深圳市文化产业迅速发展的一大成功宝典,也是未来深圳市文化产业高质量发展的方向。文化软实力是世界各国制定文化战略的一个重要参照系,也是深圳市文化产业高质量发展的逻辑起点与归宿。一方面,拥有良好的文化软实力能够帮助深圳文化产业在产品创新、产品消费、产品贸易中取得良好效果;另一方面,深圳文化软实力提升对于产品消费和产品对外贸易也有良好的声誉支持。通过文化战略引领创新、文化产业驱动创新、文化科技赋能创新、文化环境孕育创新,实现深圳文化软实力的跃升。

以推动高质量发展为主题,顺应数字产业化和产业数字化发展趋势,实施文化产业驱动创新,是在习近平新时代中国特色社会主义思想指导下,深入贯彻党的十九大和十九届历次全会精神下的政策引领。习近平总书记多次就文化产业发展作出重要指示。2020年9月17日习近平总书记在湖南考察调研时指出,文化和科技融合,既催生了新的文化业态、延伸了文化产业链,又集聚了大量创新人才,是朝阳产业,大有前途。"十四五"时期,要高度重视发展文化产业。推进文化产业高质量发展是满足新时代人民群众精神文化生活新期待的基本途径,是推动中华优秀传统文化创造性转化和创新性发展的重要载体,是贯彻新发展理念、推动深圳经济社会高质量发展和建设创新创业创意之都的重要任务。对深圳而言,实现文化产业高质量发展可以说是未来城市文化创新建设的必经之路和题中应有之义。

第五节 公共文化服务出新

　　文化事业和文化产业同为地方文化创新发展的主体。其中，公共文化服务是文化事业的重要组成部分。公共文化服务水平不仅影响着地方文化创新的发展状况，也影响着民生。公共文化服务既包括公众对公共文化产品的直接消费，如国家公共电视节目消费；又包括对各种公共文化设施、工具、手段的消费，如对图书馆、博物馆、文化馆、美术馆等的消费。2017年，深圳市公共图书馆632座，博物馆、纪念馆47座，人均公共文化设施高于全国平均水平。

　　与传统文化相比，公共文化除了具有文化属性，还具有"公共"属性。不同国家和地区对于"公共"概念的范围界定不同。在现代社会中，公共文化产品意味着这一产品即使是由私人创造的，也可以被公众以非排他性的形式消费。文化服务本质上也是一种公共服务，从这个意义上讲，公共文化服务也是公共服务的一种。对公共文化或者公共文化服务的概念界定，学界尚存争论，主要的分歧是从经济学视角还是从管理学视角去定义公共文化服务。基于经济学视角，公共文化服务是以政府为主体提供的公共文化产品和服务。政府通过制定相关政策和法律法规，提供和引导公共文化服务，以保障公共的文化需求得到满足。基于管理学的角度，提供公共服务是政府或其他相关公共部门通过委托授权等形式，提供公共文化服务，以帮助公共形成正确的文化价值观念，为社会的和谐发展营造良好的文化范围。公共文化服务的内容主要包括以下三种。第一种是博物馆、文化馆、公共图书馆等公共文化设施，这些设施可以为公共提供基本的公共文化服务，与社会公众的需求相符合。第二种是艺术馆、美术馆、演艺厅、艺术馆、画廊等具有一定商业效应的公共文化设施和场所。第三类是具有非排他性的文化产品服务，如广播电视、报纸、公共印刷品等。

一 公共文化服务的模式创新

公共文化服务的供给包括以下几种基本模式。

（一）政府主导的供给模式

地方政府对公共文化供给统筹协调、宏观规划，对公共文化服务的供给范围、供给内容、供给形式、供给效率等进行统一规划，具有绝对的主导权，主导部门一般是地方文化行政部门。这种模式一般被认为是地方公共文化服务供给的主要方式，地方政府也是公共文化服务的主要提供者，通过提供公共文化服务消解政府机制下对文化产品供给的失灵问题。在这种模式中，政府更多的是公共文化政策提供者，一方面起着培育和构建公共文化供给制度规划者的重要作用，另一方面是公共文化的设计者。政府通过保障各个公共文化单位的正常运行，批准文化相关的特许生产，加深政府和民营文化企业的合作，来保障公共文化服务的供给。此外，政府也为发展公共事业提供财政补贴，是公共文化供给侧的资金供给方，承担着为公共文化事业部门融资的责任。政府可以通过相关政策促进社会资金进入公共文化事业项目，丰富公共文化项目的运作模式，促进公共文化服务事业的快速发展。采用第一种模式的国家包括日本、法国等。这种方式可以在极短时间通过政府的力量整合社会各项资源，提供丰富的公共文化服务供给。

（二）市场分散式

在这种模式下，政府只发挥引导和支持的作用，基于地方公共文化服务建设和发展的需要与目标，通过政策调控，引导社会公众和文化企事业单位参与到公共文化事业服务体系的建设中。典型的手段是通过财政拨款、财务补贴、税收优惠等经济措施，激励社会组织投入公共文化设施的建设和公共文化服务的生产与提供中。爱用市场分散性公共文化服务供给模式的国家有德国、美国、加拿大等。在这种模式中，政府通过调动各社会主体的动能来促进公共文化的不断丰富。事实上，由于公共文化服务在本质上属于公益事业的一种，所以民营资本的参与度较为有限，要调动各方资本的力量，通过非营利组织、市场和营利机构等多主体提高社会文化服务的生产能力和市场竞争力。分散式模式中,各个公共文化服务提供者具有独立性,且主体之间具有潜在的竞争性。这类似于在公共文化服务供给侧中引入了一定程度的市场竞争机制。

(三)"一臂之距"

这一模式指的是政府与公共文化机构之间保持一定的距离。一方面,政府不直接介入非政府组织或者公共文化服务提供者的运营和管理;另一方面,政府并非完全放开公共文化的运营和管理。英国是主要的采取这种模式的国家。在这种模式下,社会资本能够参与到公共文化服务的提供中,起到文化中介的作用。这些文化中介既能够为政府文化政策的决策提供行业视角和参考建议,为政府工作提供协助和支持,同时会促使政府政策在文化服务领域的落实和贯彻。例如,将政府资金落实到公共文化体系的完善和建设中,并监管这部分资金的使用。政府虽然不直接参与公共文化财政政策的管理和制定,但是可以通过文化中介机构来完成和实现对于文化相关财政资金的间接管理与监督,并实现对于地方公共文化服务供给体系与活动的协调和管理。

深圳在创新公共文化服务供给模式中,除了引入市场机制,加强市场因素在公共文化供给体系的资源配置作用,还应进一步完善公共文化服务供给的 PPP 模式。PPP(public - private partnership)模式是政府与社会资本合作,共同建设或管理公共基础设施的一种项目运行模式。现阶段,深圳公共文化服务的大部分资金来源于政府财政资金,采用 PPP 模式可以引入更多社会资本。2015 年,国务院颁发《关于做好政府向社会力量购买公共文化服务工作的意见》,其对政府对社会力量购买公共文化服务的承接主体、购买内容、购买主体、购买机制、监管机制、绩效评价、资金保障等方面做了明确规定,提出应该建立完善的政府向社会购买公共文化服务体系,形成与人民群众精神文化与体育健身需求相符合、相匹配的公共文化服务资源供给和配置机制,促进社会力量参与生产和提供公共文化服务,营造公共文化服务氛围,提升公共文化服务内容、质量和效率。同时指出要转变政府职能,推动公共文化服务社会化发展,建立起适应社会主义市场经济的公共文化服务供给机制。

在向社会力量购买公共文化服务的过程中，购买主体是承担提供公共文化供给服务的各级行政机关以及由财政负担经费的相关文体机构；承接主体是依法登记在册或国务院批准免予登记的社会组织和符合条件的事业单位、企业、机构和社会力量。购买内容为符合社会先进文化方向、积极健康向上的公共文化服务，在突出公共性和公益性的前提下采用市场化方式向社会公开购买。购买所需资金列入财政预算。向社会购买公共文化服务要求深圳政府完善公共文化服务参与各方的资质评审机制，加强对具体项目的绩效评价，对项目购买主体、服务对象及第三方建立信用档案，对项目建立长效跟踪机制。同时，践行行政监督、社会监督、舆论监督以及事前、事中和事后监督等多种监督方式融合的监督体系，确保公共文化服务社会化购买的公开、公正、透明、规范。基层公共文化设施是现代公共文化服务的主要实施场所，是公共文化服务体系建设的重中之重。要以行政为单位，活用 TOT、BOT、ROT 等模式，加大基层公共文化设施建设资金供给，提高基层公共文化服务效率。

除了创新公共文化服务供给模式，在任一种模式的运行过程中也可以通过过程创新来优化公共文化服务供给。例如，在 PPP 模式的运作过程中应注意以下四个方面。第一，厘清公众需求。公众需求是公共文化服务的导向。重视公众的文化服务需求也应为公共文化治理的核心内容。政府应该建立有效的沟通渠道，给予公众表达文化服务诉求的渠道，并提供多样的文化供给方式，给公众自主选择的权利。同时，应拓宽公众参与渠道，深化公众在公共文化服务上的主人翁意识，增强社会公众的参与热情。可建立民意调查机制，如委托第三方调查机构调查和收集民众对公共文化服务的诉求；或建立相关信息收集平台，利用大数据等技术分析公众的需求和意愿。最后，规范公众参与程序也是提高公众诉求表达的有效方法。

第二，政府通过制定合理的公共政策来影响公共文化服务的供给。在厘清公众文化需求的基础上，政府通过制定公共政策来引导社会资源，合理配置公共利益。公共政策的形成先后经历政策制定、执行、反馈、监督等多过程。政府部门需建立针对公共文化服务这一领域的决策机制，该决策机制需具备科学化、信息共享和公众参与等特点；加大对各个相关部门数据整合的力度，实现信息共通；健全政策制定的公开化流程，优化公共政策内容。

第三，政策执行过程中加强监督和风险控制。政府和私人部门合作建设与管理公共文化服务项目是公共政策的实施阶段。这一阶段应完善风险分摊机制，完善制度的约束功能、协商功能、激励功能和调节功能。

第四，项目落地后应重视公众满意度反馈。公众满意度是政府行政工作绩效衡量指标的有机组成部分。建立良好的公众满意度反馈机制，既能优化公共文化服务管理，促使政府持续提高公共文化产品和服务质量，也能加强公众对公共文化服务的参与和对地方公共文化服务政策的理解与支持。

二 公共文化服务的内容创新

公共文化服务创新是深圳文化创新发展取得一项的突出成就，也是深圳文化创新发展的必然要求。创新公共文化服务机制、供给种类和方式、服务模式，均是公共文化服务创新的重要内容。在创新机制方面，要推进公共文化服务主体的多元化。目前，深圳市的公共文化服务以政府为主导，多种类型的文化机构和企业参与公共文化服务的提供，采用政府主导和市场竞争协同发展的机制。还应充分考虑群众在公共文化服务上的主体地位。可以说，群众是公共文化的作用对象，对于公共文化服务的质量、水平和种类有着最直观的判断和需求。推动公共文化服务中的公众参与制度，鼓励公众从公共文化服务的旁观者或接受者角色转变为参与者、提供者的角色，可使得公众自主参与、自我服务、自我教育，并成为公共文化服务建设的主体。将公众视角引入公共文化供给，把公众参与作为公共文化服务机制创新的切入点，可以更有效率地提高公共文化服务质量，推进公共文化服务主体的多元化，完善公共文化服务体系。同时，应该推进公共文化服务相关基础设施的合理运营。完善社会资本进入的法律法规和相关政策，进一步完善社会力量进入公共文化服务领域的监督、考核指标和体系，探索部分商业化公共文化设施的运营方式，鼓励和引导社会力量与资本以多种形式参与到公共文化服务设施的建设中。

公共文化服务应创新供给的内容和种类，以满足公众日益增长的、多样化的、多层次的、多方面的精神文化需求。在深圳建设区域文化中心和国际创意制度的前提下，调动一切社会资源和多方的积极性，丰富公共文化产品和服务的种类。一方面，要加大对公共文化产品、服务、活动、载体、形式的创新力度，培育多姿多彩的公共文化形态，以保障公共文化服务能更好地满足人们的需求；另一方面，需建立满足社会主义文化大繁荣、地方文化发展定位基础上的以需求为导向的文化产品和服务供给机制。从需求出发能促进公共文化服务的供需匹配，优化资源配置。这意味着地方政府应加强和公众的沟通，建立良好的公共文化服务反馈机制，同时引入市场机制，通过市场"看不见的手"协调供给和需求。

深圳公共文化服务创新还要求加强公共文化产品与科技的充分融合。充分利用日新月异的科学技术，构建公共文化服务数字平台，逐步实现公众通过手机等移动客户端实时查询文化服务信息，为公众提供智能化的公共文化服务。深圳市科技水平在全国处于前列，具有良好的科技基础和较强的科技成果转化能力。在促进科技在公共文化服务领域的应用中，政府应致力于打通"堵点"，疏通需求，连接断点，引导技术、人才、数据等创新要素向公共文化服务领域流动；促进商业企业加入公共文化服务的供给体系，探讨产学研深度融合的组织机制，建立公共文化服务相关智库平台，推动相关技术的创新和应用，促进科技向公共文化服务生产力转化。

对公共文化服务内容的创新依据公共文化服务种类的不同而呈现出不同的特点。以地方广播电视公共文化服务为例，在对地方广电公共文化服务的创新中，应遵守文化先行、公共为根、质量为本的原则。地方电视节目为公众提供了新闻、娱乐、资讯、视听节目等公共文化服务。在此类服务内容的创新中，应在供给和需求相匹配的原则下，突出传统文化的现代表达、文化传承的重要性、社会主义文化的先进性以及电视节目的吸引力和感染力。公共为根的原则意味着，应该向公众提供公共生活的重要信息，在兼顾电视节目经济收益的同时需关注社会弱势群体，凸显地方电视台各栏目的社会价值。服务为本原则指的是电视台的节目应该以观众需求为重，提升公众的观看体验，切实提高公众的幸福感和满意度。

地方电视台在进行电视栏目等公共文化服务内容的创新中，创新的对象可以细化到频道设计、栏目设计、节目内容等方面。频道形象设计中应充分切合地方文化特色，深圳电视台的形象设计也应该充分契合深圳经济特区勇于开拓、科技发达、年轻活力等地方特色，在体现特色的基础上形成独立的、有影响力的文化品牌。加强公共文化服务品牌建设也是深圳市国际创意之都和区域文化中心建设的内容之一。通过明确频道形象，也能提高频道的针对性，满足深圳本土乃至全国的文化需求。栏目设计的创新应重点考虑电视栏目受众的差异性，提高人们对深圳本地情况的关注度，增加人们对深圳的了解，激发人们对深圳的热爱之情，塑造良好的深圳形象。节目内容的创新中，应充分贴合深圳群众生活，力求使得节目引发公众共鸣，提升人们对于城市的责任感；应提供高质量的文化创意节目，增强人们对于传统文化的了解，帮助受众塑造社会主义核心价值观，提升公众的文化自信，促进地方文化和创意活动实践。

深圳市文化创新的实践包括价值观念创新、城市形象创新、文化产业创新、文化事业创新等多个方面。文化价值观念的创新体现在文化的传承和创新上。价值观念创新是城市居民集体意志的反映，体现着城市发展最根本的需求。促进价值观念创新也是不断给城市发展注入新的活力，给城市的创新发展提供前进的目标。文化价值观念的创新是在文化传承基础上的创新，是有针对性地、有选择性地对部分中华优秀传统文化进行创新。城市形象创新对城市文化创新起着非常积极的促进作用。深圳城市形象创新需基于深圳的功能和定位，在实践中不仅要充分贯彻城市定位，还需要尽可能地将城市利益相关者联系起来，导入城市营销策略，有针对性地打造城市品牌形象与有地方特色和文化代表性的文化地标。同时，可以通过策划节庆和会展、举办体育赛事和演艺娱乐活动、重视公关活动等来提升深圳的吸引力、影响力、知名度和美誉度。文化产业的创新首先应选定主导产业，依据深圳市发展要求和已有产业基础，应着力发展创意设计、演艺和音乐、影视和动漫、新媒体和网络文化、文化软件和游戏、数字出版、文化旅游、高端工艺美术、高端印刷、高端文化装备十大主导文化产业，制定配套文化政策，协调各方资源，促进十大文化产业的创新发展。文化事业的创新主要体现在公共文化服务上。公共文化服务的创新主要包括模式创新和内容创新。模式创新中应加强将社会资本引入公共文化供给体系，内容创新应依据公共文化服务类型的不同而有所不同，但要坚持文化先行、需求拉动、质量为本、公共为根的大原则。

第六节 文化创新指数跃升

深圳经济特区成立40多年来，各项建设取得了全方位、开创性的成就，文化创新创造发展更是拥有举世瞩目的亮点。在深圳的文化创新工作中，亟须通过一个指数模型将抽象的文化做到具体的量化，客观地判断深圳在文化创新方面的发展，以及在文化创新方面的差距对城市未来发展的竞争力、未来发展空间拓展能力的影响。因此，深圳文化创新指数模型的开发显得非常重要，它为比较深圳文化创新发展状况提供了一个客观的基础。

深圳文化创新指数模型，是在文化产业飞速发展的情况下，给城市管理者以及文化产业从业人员提供的找准城市文化产业发展方向的工具，使其能够准确地判断城市文化产业的竞争力和位置，从而对城市文化软实力有清晰的认识。在深圳文化创新指数模型的开发过程中，笔者参考了香港创意指数[1]、上海城市创意指数[2]、中国

---

[1] 2004年，香港特别行政区政府委托香港大学开发了"香港创意指数"，其亮点在于本土化，依据自身城市特征创建出"5C"模型。5C由创意绩效（creative performance）、人力资本（capital of human resources）、文化资本（capital of culture）、制度资本（capital of systems）、社会资本（capital of society）组成，具体包括116个指标。

[2] 上海城市创意指数由产业规模、科技研发、文化环境、人力资源和社会环境5个一级指标和33个二级指标组成，通过赋予不同指标的权重进行加权平均。

省市文化产业发展指数①、中国创新指数②以及中国城市创意指数③。以上各大指数从不同的侧重点来评估城市的文化产业实力或创新实力,虽然体系中二级指标之间的逻辑关系和数据处理方法不尽相同,但总体来看都有一定的局限性,无法准确概括文化创新这一概念,特别是各大文化创意指数的指标地方特色浓厚,无法进行扩展推广。统计口径的不同,也降低了模型数据收集的可执行性,使可操作性难以保障。因此,我们研制的深圳文化创新指数模型,力图在以上指数的基础上,克服不足,重新建立一套指数模型,以对深圳文化创新进行评估。深圳文化创新指数所有数据来源于统计年鉴、政府公报、政府网站等公开数据,使指标数据来源可靠,统计口径一致。

一 深圳文化创新指数模型的理论基础

深圳文化创新指数模型的理论基础主要来源于钻石理论和系统论。

(一)波特钻石模型

1990年,哈佛商学院迈克尔·波特教授提出了著名的"钻石模型"(如图5-1),以此来分析地区产业竞争优势。在钻石模型中,波特提出了与产业竞争优势密切相关的四个因素:生产要素;需求条件;相关及支持产业的表现;产业战略、结构与同业竞争。此外,一种产业的竞争力还受机会与政府这两个辅助因素的影响。以上这些要素之间双向强化,形成影响产业竞争力的钻石模型。④

---

① 该指数被用于对全国31个省份进行评估排行。该指数强调从投入、产出、环境三个方面来评价各地文化产业的发展情况。整套指标体系由3个一级指标(产业生产力、产业影响力和产业驱动力)、8个二级指标和48个三级指标组成(三级指标包括36个定量指标和12个定性指标)。

② 中国创新指标体系分成三个层次:第一个层次用以反映我国创新总体发展情况,通过计算创新总指数实现;第二个层次用以反映我国在创新环境、创新投入、创新产出和创新成效4个领域的发展情况,通过计算分领域指数实现;第三个层次用以反映构成创新能力各方面的具体发展情况,通过上述4个领域所选取的21个评价指标实现。

③ 包括要素推动力、需求拉动力、相关支撑力和产业影响力4大模块、9个二级指标和18个三级指标。

④ [美]迈克尔·波特:《国家竞争优势》,李明轩、邱如美译,华夏出版社2001年版。

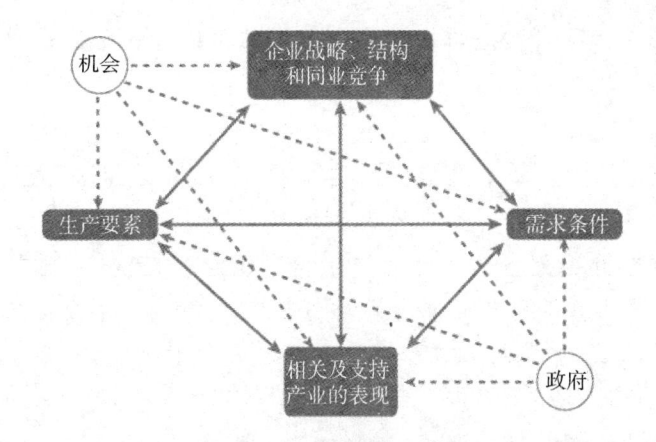

图 5-1 波特钻石模型

钻石模型提供了分析产业竞争优势的全新框架：第一，从产业价值链分析影响产业竞争力的外部环境；第二，将企业、产业和国家结合起来，全面分析影响产业竞争力的微观、中观和宏观因素；第三，钻石模型强调动态的竞争优势，强调国内需求的重要性，强调国家在产业竞争优势中的能动性。[①] 在文化产业竞争力研究中，钻石模型得到了广泛应用，中国城市创意指数、中国省市文化产业发展指数等都借鉴了钻石模型进行研究。在钻石模型中，生产要素指的是一个国家或地区在特定竞争行业有关生产方面的表现。[②] 在文化创新中，具体表现为政府投入、文化资源等。需求条件指的是本国或地区对该产业所提供产品或服务的需求程度，具体包括居民的消费能力，特别是文体教育方面的消费能力。相关及支出产业的表现是特定产业发展的外部环境中的重要组成部分。本书把支持产业作为文化创新的外部环境因素来看待，比如人才、科技创新等。产业战略、结构和同业竞争反映的是产业的发展状况，可以通过文化产业的规模等数值进行测算。机会则体现在城市对于文化创新关键要素的吸引力，如引进人才、重点企业。政府这个因素对行业也

[①] 杨秀云、郭永：《基于钻石模型的我国创意产业国际竞争力研究》，《当代经济科学》2010 年第 1 期。
[②] 林芳琦：《基于钻石模型的我国文化产业国际竞争力研究》，硕士学位论文，南昌大学，2011 年。

有显著影响，尽管数据难以收集，但仍然可以通过如政府文化事业费等一些指标进行测量。

（二）系统论

系统论认为，系统是结构与功能的统一体，任何一个系统要发挥其最大的功能或效益，在构造系统时必须注意系统整合，对系统的各要素进行相关分析，然后进行科学组合和搭配。① 根据系统理论，文化产业也是一个产业要素系统，它是由一个个个体单元彼此相互依赖构成的，系统要素的关系互动是文化产业发挥功能的基础。文化产业是一个系统工程，通过对要素的界定和深入分析，可实现对文化资源与社会资源的优化整合。②

环境变化对系统有着很大的影响。在进行系统分析时，应将系统内部条件和外部环境等各种有关因素综合起来考虑。对于文化产业来说，其支持行业属于系统的环境变量，它通过影响输入和输出之间的过程而影响整个系统，即环境变量在投入与产出、需求与产出之间起到调节作用。

二　深圳文化创新指数模型建构

深圳文化创新指数（CARSDI）模型在构建时以钻石模型、系统论等作为理论基础，参考已有的指数模型，由支撑力、驱动力、创造力、吸引力、辐射力"五力"建构而成。在构建出 CARSDI 模型（深圳文化创新指数模型，其中 CI：创造力指数，AI：吸引力指数，RI：辐射力指数，SI：驱动力指数，DI：支撑力指数）后，本书依据代表性、统一性和科学性三大原则对模型中的五大指标体系进行二级指标的筛选，从而建构出深圳文化创新指数模型。

（一）模型结构

深圳文化创新指数模型中的"五力"是相互作用的，起到正向调节作用，最终构成了文化软实力。图 5-2 反映了该模型的内在结构。

---

① 毕小青、王代丽：《天津市文化产业竞争力评价与分析》，《企业经济》2009 年第 9 期。
② 杨尚勤、沈阳：《系统论视角下文化产业发展要素探讨》，《中国国情国力》2012 年第 5 期。

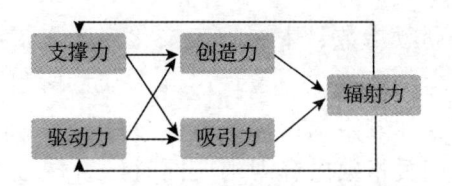

图 5-2　深圳文化创新指数模型内在结构

该模型逻辑反映了文化软实力的生成机制，五个变量分别作用，形成一个闭环。其中，支撑力和驱动力影响了创造力和吸引力，而吸引力和创造力影响辐射力，最终辐射力又会影响到支撑力和驱动力。

（二）指数体系

深圳文化创新指数模型包括五部分内容：支撑力、驱动力、创造力、吸引力、辐射力。这五个部分均可计算相应的指数，即支撑力指数（DI）、驱动力指数（SI）、创造力指数（CI）、吸引力指数（AI）、辐射力指数（RI）。五大指数共同决定深圳文化创新指数（CARSDI）。

（三）指数模型开发

1. 指标筛选原则

在构建出 CARSDI 模型后，需对模型中的五大指标体系进行二级指标的筛选。在筛选过程中，主要遵循了代表性原则、统一性原则和科学性原则。首先是代表性原则。所选指标体系要能够反映 CARSDI 模型中各大指标的内涵，从而全面地反映各城市文化创新的竞争力。同时，避免入选意义相同、重复、关联过强的指标。其次是统一性原则。所选指标需要有一致的统计口径，可以进行相互比较。在本模型的指标选取过程中，本书选择了城市统计年鉴中都可查询的指标，或者已形成统一表述的指标，最终确保指数统计口径统一，可以相互对比。最后是科学性原则。在本模型所选的指标中，既有来源于政府统计年鉴中的绝对值，又有根据绝对值计算的相对值，以消除城市规模和人口规模对指标强度的影响，减少指标的片面性，使整个指标体系更加科学、有效。

2. CARSDI 指标选取

CARSDI 指标体系的选择过程分为三个阶段：在指标筛选初期，

课题组参考香港创意指数、中国省市文化产业发展指数、中国创新指数以及中国城市创意指数，整理出五大变量所包括的 49 个指标。在指标选取中期，课题组根据初期筛选的 49 个指标进行划分，分别对应五大变量的相关指数内容需求。同时结合深圳文化创新的实际情况将指标数量精减为 36 个。在指标选取后期，为了量化的准确性和广泛性，基于代表性原则、统一性原则和科学性原则，进一步研究和讨论，在指标筛选中，将用于本课题的具体测量指标最终确定为 29 个，如表 5-1 所示。

表 5-1　　　　　　　　深圳文化创新指数系统指标

	一级指标	二级指标
深圳文化创新指数	支撑力指数	文化事业费总额
		文化事业费占财政支出比重
		每万人互联网宽带用户数
		每万人移动手机用户数
		文化场馆（含博物馆、文化馆、艺术馆）数量
		每十万人拥有文化场馆数量
		每十万人拥有公共图书馆数量
		高等院校数量
		高等院校在校生数量
	驱动力指数	文化产业就业总人数
		文化产业就业人数占就业总人数比重
		社会研发投入占 GDP 比重
		全社会研发总额
		每十万人知识产权申请数
		知识产权申请总数
		居民可支配收入
		居民人均可支配收入
		居民教育文化娱乐服务消费人均支出
		居民教育文化娱乐服务消费支出占全部消费的比例

续表

一级指标		二级指标
深圳文化创新指数	一级指标吸引力指数	年入户人数
		年企业开设数量
		年资金引进数量
	创造力指数	文化产业增加值
		文化产业增加值占全市 GDP 的比重
		文化产业增加值的增长量
		文化企业占总企业数比重
	辐射力指数	地区接待入境旅游人数
		地区国际旅游外汇收入
		年游客数量

（四）数据处理

本书采用 SPSS 25.0 统计分析软件进行数据处理。数据处理分三部分：首先，由于各指标的量纲不同，原始数据无法进行对比以及权重分析，因此需要将这些数据进行无量纲化；其次，进行分指标统计时，根据数据进行加权平均；最后，再将分指标进行加权处理，得出最终的指标数据。

1. 指标数据的无量纲化

中国人民大学文化创意产业研究中心在计算中国省市文化产业竞争力指数时，采用了与其他研究不一样的无量纲化公式。根据研究，该公式科学性和实用性强，对于本书研究有极强的技术指导，因此，本书也采用这一公式，如式（1）所示，并设定文化产业发展状况最差的城市处于及格线（即60分）。

$$X'_i = \frac{X_i - \text{Min}(X_i)}{\text{Max}(X_i) - \text{Min}(X_i)} \times 40 + 6 \qquad 式（1）$$

公式中，X'_i 是第 i 个城市的指标 X 的无量纲值，X_i 是指第 i 个城市的指标 X 的原始值，$\text{Max}(X_i)$ 是指标 X 的最大值，$\text{Min}(X_i)$ 是指标 X 的最小值。鉴于数据可得性，本书以 2016 年和 2015 年的城市统计数据为第一来源。为了使这两年的数据具有可比性，本书将 2015 年数据设定为基年数据，从中选择 $\text{Max}(X_i)$ 和 $\text{Min}(X_i)$ 作为这两年数值无量纲化处理的固定参考值。

2. 各分指数的计算

本次计算由两个层级的指标组成。首先，列出产业辐射力（RI）的计算公式，如式（2）所示，RI 作为因变量，将方便计算各自变量指标与其的相关系数，从而进一步计算权重。

$$RI = \frac{X_1 + X_2 + X_3}{3} \qquad 式（2）$$

之后，所有的二级指标汇总到一级指标上，权重为各二级指标与因变量 RI 相关系数的归一化，如式（3）所示。

$$Y = \frac{\sum_{i=1}^{n} a_i x_i}{\sum_{i=1}^{3} a_i} \qquad 式（3）$$

公式中，Y 为一级指标，a_i 为二级指标权重，x_i 为二级指标，且都是无量纲化之后的数据。最后，所有二级指标都汇总到一级指标上，权重为各二级指标与因变量 RI 的相关系数的归一化，如式（4）所示。

$$CI = \frac{\sum_{i=1}^{4} a_i x_i}{\sum_{i=1}^{4} a_i}$$

$$AI = \frac{\sum_{i=1}^{3} a_i x_i}{\sum_{i=1}^{3} a_i}$$

$$DI = \frac{\sum_{i=1}^{9} a_i x_i}{\sum_{i=1}^{9} a_i}$$

$$SI = \frac{\sum_{i=1}^{10} a_i x_i}{\sum_{i=1}^{10} a_i} \qquad 式（4）$$

公式 CI 中，Y_i（$i=1, 2, 3, 4$）为汇总之后的二级指标数据，a_i 分别表示各要素推动力下二级指标与 RI 的相关系数；公式 AI 中，Y_i（$i=1, 2, 3$）为汇总之后的二级指标数据，a_i 分别表示各要素推动力下二级指标与 RI 的相关系数；公式 DI 中，Y_i（$i=1, 2, 3$，

4，5，6，7，8，9）为汇总之后的二级指标数据，a_i 分别表示各要素推动力下二级指标与 RI 的相关系数；公式 SI 中，Y_i（$i=1$，2，3，4，5，6，7，8，9，10）为汇总之后的二级指标数据，a_i 分别表示各要素推动力下二级指标与 RI 的相关系数。

（五）深圳文化创新指数公式

根据模型中各变量的逻辑关系及汇总方法，本书提出了深圳文化创新指数（CARSDI）公式，如式（5）所示。

$$CARSDI = \sqrt[3]{\frac{a_1 \times SI + b_1 \times DI}{a_1 + b_1} \times \frac{a_2 \times CI + b_2 \times AI}{a_2 + b_2} \times RI}$$

式（5）

公式中，RI 为辐射力指数，DI 为支撑力指数，SI 为驱动力指数，CI 为创造力指数，AI 为吸引力指数。a_1 和 b_1 分别表示 SI 和 DI 之间的权重系数，a_2 和 b_2 分别表示 CI 和 AI 之间的权重系数。由于五力是相互影响，互相作用，因此根据指数模型，以乘法表示。由于每个变量都采用无量纲化，调整为百分制，因此，最终的指数最大将为 100 的立方。根据百分制表述的习惯，对连乘值开立方根，最后得到的指数将是百分制。

三 深圳文化创新指数分析结果

（一）数据说明

为了保证各指数数据对比的动态性、可得性，本书以 2015 年和 2016 年的统计数据作为主要的数据来源。年鉴数据来自城市统计部门和机构发布的年鉴数据、中国知网的中国统计年鉴数据库，并采用各城市政府工作报告、文化管理部门年度报告等作为数据补充，尽最大可能保证数据来源的准确性、统计口径的一致性。

（二）文化创新指数体系

1. 文化创新指数

基于本书提出的深圳文化创新指数模型，为了进行横向对比，本书同时计算出香港和广州其他两个城市的文化创新指数（见表 5-2）。可以看出，2015 年，深圳文化创新指数位于香港之后、广州之前，2016 年则发生了变化，广州文化创新指数一跃至深圳前列,深圳屈居第三名。香港在2016年文化创新指数虽较2015年有所降低,但还是名列第一。由此可见,近年来,广州文化创新发展的势头良好,深圳想要赶超香港和广州还需要再努力。

表5-2　　　　文化创新指数体系(2015—2016年)

序号	城市	文化创新指数(CARSDI)		支撑力指数(DI)		驱动力指数(SI)		吸引力指数(AI)		创造力指数(CI)		辐射力指数(RI)	
		2016	2015	2016	2015	2016	2015	2016	2015	2016	2015	2016	2015
1	广州	82.73	78.33	84.32	83.44	72.41	72.93	70.35	70.43	89.27	85.52	90.52	78.83
2	深圳	82.6	81.52	74.56	75.29	78.17	78.9	79.26	78.36	88.39	86.42	88.03	85.285
3	香港	84.87	85.93	75.88	79.07	83.97	83.25	88.1	88.78	80.46	81.33	90.76	91.921

2. 支撑力指数

支撑力指数主要从文化投入等情况来衡量。从图5-3中可以看出,深圳支撑力指数在2015年和2016年均排在广州、香港之后,名列第三。总体来说,深圳对文化的投入不少,但是对比广州和香港还是略显不足。

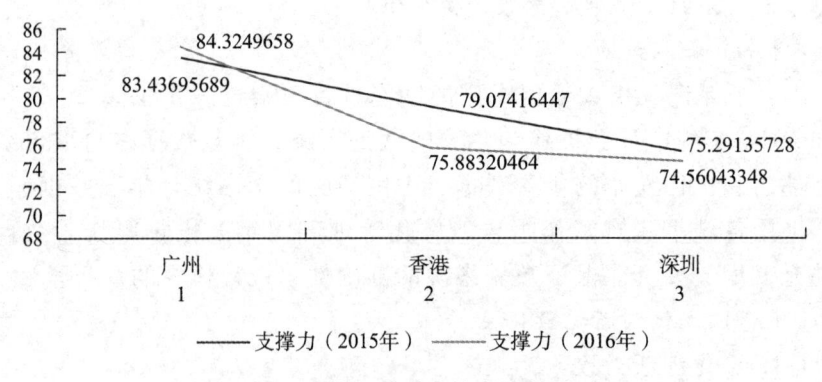

图5-3　深圳、香港和广州支撑力对比

对比2015—2016年深圳、香港和广州三城文化事业费占财政支出比重,香港稳居前列(见表5-3)。香港还拥有较为完善的公共教育场所。如公共图书馆、博物馆、艺术馆等，每10万人拥有场馆的数量均排在湾区城市前列，这对于本来就寸土寸金的香港来说更是难能可贵。从2015年和2016年数据看，香港的文化事业费虽然不是最高的，但在占财政支出比例上却是最大的。

表5-3　深圳、香港和广州文化事业费占财政支出比重对比

排序	城市	比重（2015年）	排序	城市	比重（2016年）
1	香港	100	1	香港	100
2	广州	62.4480504	2	广州	61.8302446
3	深圳	61.3868784	3	深圳	60.8795522

对比2015—2016年深圳、香港和广州三城文化场馆数量和每十万人口相关设施拥有量（见表5-4），可以看到，在文化场馆数量上，广州市2015年和2016年均位于三城之榜首；就每十万人拥有文化场馆数量和公共图书馆的数量来说，深圳均紧随广州之后排在第二名，超过香港。

表5-4　深圳、香港和广州文化场馆和每十万人口相关设施拥有量

城市	文化场馆（含博物馆、文化馆、艺术馆）数量		每十万人拥有文化场馆数量		每十万人拥有公共图书馆数量	
广州	100	100	85.94984877	83.19788147	60.10423498	60.09333661
深圳	79.53488372	81.86046512	75.80251732	75.5273491	65.02329755	65.14474192
香港	70.23255814	70.23255814	74.54580935	73.54031595	64.45552756	64.52436928

在高等院校数量上，省会城市广州稳居第一，高等院校在校学生人数，香港和广州位列前二（见表5-5）。一般来说，拥有高校资源越多的城市，其各项配套设施及机会越多，其高端人才也相应越多，科研能力越强，发展速度越快。文化需要创意，创意需要人才，而人才的培养离不开教育。一直以来，香港都把提高教育水平视为保持竞争力的重要保障。每年香港的教育事业开支都是公共支

出中最大的项目之一。以特别行政区政府 2013—2014 年财政预算为例，教育预算约为 769.8 亿港元，占总支出的 17.5%。这个比例超过社会福利、保安甚至政府基建等投入。在香港，实行的是长达 12 年的免费教育，覆盖小学、初中及高中的课程，家长只需要支付书本费以及各类课外活动费。除此之外，符合条件的幼童每年也可获得政府资助的上万元教育学券，以抵扣幼儿园学费。对于一些普通幼儿园来说，这样的补助已经基本等于免费入学。政府还针对特别困难的家庭提供各种专项资助。除了物质基础外，香港许多幼儿园对学生的课业要求极低，主要是训练幼童融入社会生活的能力。尤其是近几年，全港大中小学推广通识教育，包括个人成长与人际关系、今日香港、现代中国、全球化等多个板块的知识，教学方式灵活，教学内容丰富，紧跟时代，大大培养了学生的人文关怀与批判思考的能力。而广州近几年文化创意的发展与本地高校培养了大量文化创意人才有很大的关系。目前，深圳高等院校也在逐步加快发展，应多向香港、广州学习先进经验，加强创意人才培育。

表 5 – 5　　深圳、香港和广州高校数量和在校生人数对比

城市	2015 年高等院校数量	2015 年高等院校在校生数量	2016 年高等院校数量	2016 年高等院校在校生数量
广州	100	92.26749318	100	100
深圳	65.12820513	67.8350571	65.12820513	62.39758915
香港	64.61538462	100	64.61538462	71.81299105

3. 驱动力指数

从驱动力指数来看，深圳排在香港之后，广州之前（如图 5 - 4）。香港在文化产业就业总人数、社会研发投入占 GDP 比重、居民可支配收入指标的指数值为 100，居民教育文化娱乐服务消费人均支出指数也得分较高。深圳在全社会研发总额、全社会研发投入占 GDP 比重、知识产权申请总数三个指标中，均取得高分。其中，全社会研发投入占 GDP 比重得分 99，全社会研发总额、知识产权申请总数得分 100，这与深圳全力推进以科技创新为核心的全面创新

密不可分。深圳作为首个国家创新型城市、首个以城市为单元的国家自主创新示范区，它把创新作为城市发展主导战略，摆在与改革开放同等重要的位置，以加快建设现代化国际化创新型城市和国际科技、产业创新中心，在创新型国家建设中发挥特区示范引领作用。

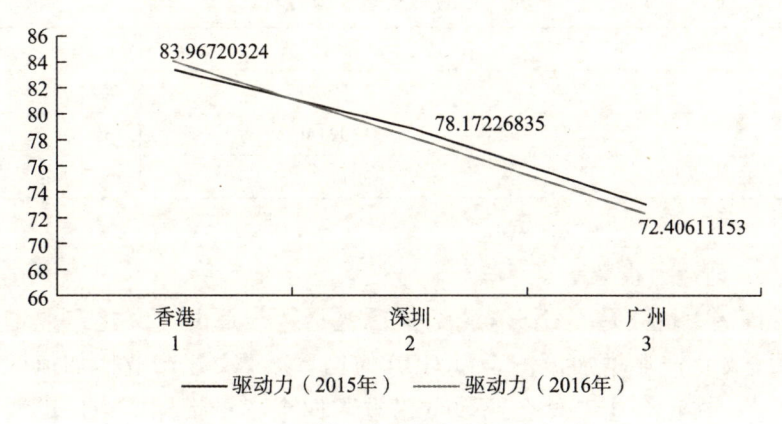

图 5-4 深圳、香港和广州驱动力对比

4. 吸引力指数

在吸引力指数方面，深圳 2015 年和 2016 年均排名第二，2016 年较 2015 年有所提升（见表 5-6）。香港连续两年吸引力指数排名第一，2016 年，其吸引力总分值约 88.1 分，比第二名深圳高出约 8.8 分，其中企业开设数量、资金引入数量大大超过深圳和广州。香港有多元的文化，是国际第三大金融中心，是世界跨国银行最集中的地方。香港保险业十分发达，香港的股票市场居世界第 6 位，是世界第四大黄金市场。香港能成为金融中心有以下几个因素影响：第一，香港优越的地理位置和基础设施是其成为国际金融中心的基本条件；第二，香港长期实行自由贸易政策，促进了香港金融自由化和国际化的发展；第三，国际资本以香港为集散地向亚太地区扩张；第四，香港有些优势是绝对的，就是一国两制，内地改革开放，是香港成为国际金融中心的强大推动力。深圳在人口争夺这个方面做了很多努力，其中深圳常住人口高达 1200 多万人，但实际上这座城市的管辖人口超过 2000 万人，而拥有户籍的人口仅有

400多万人,也就是说,这座城市大约有1600万人是外来人口。值得一提的是,改革开放以来,造就了深圳的开放性、包容性,让它成为国内一座新的移民城市。为此,在发展实践中,深圳应该借鉴香港的成功经验,努力赶超香港成为吸引力第一的湾区城市。

表5-6　　　　　深圳、香港和广州吸引力对比

排序	城市	吸引力(2015年)	吸引力(2016年)
1	香港	88.77759828	88.0987481
2	深圳	78.36202146	79.25961965
3	广州	70.43011538	70.35314009

5. 创造力指数

创造力指数是 CARSDI 指数的二级指数,是由"文化产业增加值""文化产业增加值占全市 GDP 的比重""文化产业增加值的增长量""文化企业占总企业数量比重"四个三级指标所组成的。与其他指数不同,创造力指数主要关注的是文化产业对经济的贡献以及文化企业增长的情况。根据对该指数的分析,深圳、广州、香港的经济总量较大,各自也有体量较大的以数字经济、文化产业、创意产业作为支撑的支柱企业。如表5-7所示,深圳2015年创造力排名第一,2016年虽有小幅度提升,却被广州迎头赶上,名列第二。

表5-7　　　　　深圳、香港和广州创造力对比

排序	城市	创造力(2015年)	排序	城市	创造力(2016年)
1	深圳	86.416694	1	广州	89.2690039
2	广州	85.51788247	2	深圳	88.39015757
3	香港	81.32638621	3	香港	80.45993183

6. 辐射力指数

辐射力指数主要是指在数字化和网络化时代,向外扩散优秀成果的能力。从表5-8中可以看到,2016年香港和广州得分均超过

了90，香港是唯一连续两年得分超过90的城市。在二级指标项中，2016年接待境外游客量香港最多，达到1359.8万人次，充分显示出香港国际化城市的优势。在2016年接待游客总人数上，广州以5940.56万人成为该项指标的第一，深圳超越香港排名第二，香港排名第三。为此，在辐射力指数上，深圳的发展空间还有待提升。

表5-8　　　　　　　深圳、香港和广州辐射力对比

排序	城市	辐射力	排序	城市	辐射力
1	香港	91.92149756	1	香港	90.76106473
2	深圳	85.28538797	2	广州	90.52059187
3	广州	78.82969964	3	深圳	88.0304941

深圳是中国改革开放的窗口，它作为全国首批文化体制改革综合性试点地区之一，2003年就将文化产业确立为四大支柱产业之一，并出台了国内第一个文化产业促进条例，随后又发布了10余个文化产业政策或规划，涉及金融支持、产业空间、产业内细分行业专项政策等，大力扶持文化产业发展。在本次CARSDI指数测算中，2016年较2015年，深圳的文化创新发展指数总体呈现上升的趋势（如图5-5）。

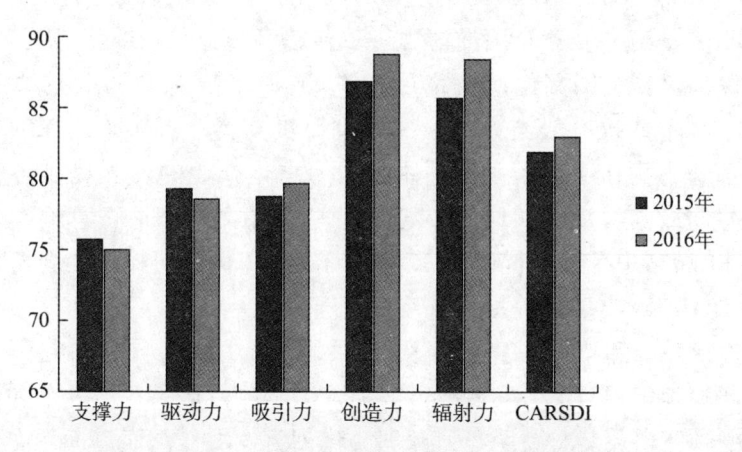

图5-5　2015年和2016年深圳文化创新指数对比

深圳文化产业一直保持快速增长的态势,并呈现发展模式特色鲜明、引领产业升级作用明显、产业集聚效应日益显现、体制机制和政策配套进一步完善、金融支持文化产业发展体系逐步建立等特点。在独特的"文化+旅游""文化+科技""文化+金融"模式下,从2016年开始,深圳市文化产业增加值超过1000亿元,并保持高速增长的态势,成为经济发展新常态的重要引擎和"助推器"。

文化产业的大发展带动了数码产品、珠宝、服装、家具等传统制造业的转型升级,有力推动了"深圳效率"向"深圳质量"、"深圳制造"向"深圳创造"的转变。目前,深圳文化产业已经形成以外围层为主体、核心层和相关层为新兴增长点的产业结构体系。周边地区文化消费潜力大,深圳毗邻港澳,位于珠江三角洲核心位置。周边城市市民生活富足,文化消费能力较强,集聚了大量的潜在文化产品和服务消费者。珠三角快速轨道网构筑的"1小时经济圈",密布的高速公路网络将深圳与周边城市连为一体,大大提升了珠三角综合运输系统的水平。深圳独特的区位优势,使其文化市场具有良好的辐射周边城市消费群体的能力。

深圳市文化市场体系及运行机制进一步完善,各类文化市场日益走向成熟和规范,形成一批在华南地区乃至全国都具有较大影响力的批发市场。以资本、货币、技术产权、人才等一批要素市场为核心的大市场体系不断发展完善,文化产业集聚辐射功能显著增强,引领华南、服务全国的能力进一步提高。

深圳争当全国文化产业发展的"领头羊",释放强大的文化创造力,离不开政府"给力"又"给利"的支持。近年来,深圳从多个方面努力构建文化产业促进体系,为文化产业的发展提供各种支撑力量与政策保障。2016年,近550亿元的文化事业费总额,为大湾区11城市中最高。同时,深圳在创新方面优势明显,社会研发总额、知识产权申请数等指标都列广东省首位。

对比香港和广州,我们可从这两座城市中找到自身的差距和不足,更好地审视自己、发展自己。随着国际政治形势日渐复杂和经济形势总体下滑趋势日益明显,深圳文化创新发展任重而道远,需要我们把握好时机,采取相应的措施,大力发展文化事业与文化产业。

第六章 深圳文化创新的前景展望

"创意城市之父"查尔斯·兰德利认为,"创意环境"是一个场所"硬性"与"软性"基础设施方面催生构思和发明创造所需要拥有的必要先决条件。创意环境既包括丰富的建筑空间、道路设施、科研教育机构、艺术机构、文化设施等硬件,也涵盖了创新人才、管理者、开放的交流平台、独特的城市气质、创新的文化氛围、开放包容的城市气质等。深圳市作为一座朝气蓬勃的年轻城市,开放包容是其最重要的城市精神。"来了都是深圳人"的口号深入人心,吸引着来自全国各地的青年才俊。在打造国际创新创意之都和区域文化中心时,我们要思考的问题是:如何把这种开放包容的城市精神落实到文化创意城市的建设中,并全方位地打造好优质的创新创意环境,构建能够为文化创新发展提供强大动能的创意场。作为拥有自贸区、粤港澳大湾区和中国特色社会主义先行示范区三区叠加优势的国家改革开放窗口城市,深圳的文化艺术事业、文化新兴业态领先潮流。本章将在深圳文化发展实践的基础上,提出符合深圳这一国际现代化创新型城市气质的未来文化创新实施方案,包括文化体制机制创新、文化智库建设、文化品牌提升计划、文化人才培育计划、文化科技研发中心建设、文化创意指数研制等方面的具体实施方案,以"文化+"赋能经济高质量发展。

第一节 深圳文化创新发展的目标定位

打造国际创新创意之都和区域文化中心是深圳市文化创新发展的主要目标和定位。2020年1月18日,深圳市委办公厅、深圳市人民政府办公厅印发了《关于加快文化产业创新发展的实施意见》（以下简称"意见"）的通知。该意见明确指出深圳市文化产业创新发展的目标为构建以质量型内涵式发展为特征的高水平现代文化产业体系，推动深圳成为创新创意引领潮流、文化科技特色鲜明、文化形象开放时尚、文化产业充满活力的国际文化创新创意先锋城市。同时，在2019年8月9日发布的《中共中央国务院关于支持深圳建设中国特色社会主义先行示范区的意见》中也明确指出要加快深圳建设区域文化中心城市，率先塑造展现社会主义文化繁荣兴盛的现代城市文明。可以说，打造区域文化中心和打造国际创意之都既是深圳文化建设的主要目标，也是文化创新的重要任务。

一 打造国际创新创意之都

明确创新创意之都的构成要素是建设国际创新创意之都的理论前提。创意之都构成要素也是国内外相关学者的主要论题。现有的理论主要从人才、文化、城市空间、设施、技术、多样性、开放性等方面论述创意之都的构成要素。英国学者查尔斯·兰德利认为，有创造力的人员、领导力和意志、人员的多样性、组织文化的开放性、对本地身份的正面的强烈认同感、城市设置和空间布置、网络连接的便利性是创意城市的七个要素。[①] 理查德·佛罗里达认为技术、人才和宽容度对创意之都的形成和发展尤为重要。佐佐木强调了多样性和非稳定性在创意之都中的重要性，他特别强调人员的多样性是创意之都建设的主要内容之一。城市空间建设也是创意之都的重要组成要素。国内学者多从城市规划的角度论述创意之都的构建。事实上，构建文化创意产业园区、相互呼应的公共文化活动区域、合理的文化产业布局等，对于创新创意之都的建设有着重要意义。部分学者通过分析国外主要创意城市提出国内创意城市的构建可以分为外生型和内生型两种。外生型城市是指那些由于城市定位、政策催动、社会效应、经济效应等因素对本身创意氛围不浓厚的城市进行创意改造和重建，从而晋升为创意之都的城市。内生型

---

① ［英］查尔斯·兰德利：《创意城市：如何打造都市创意生活圈》，杨幼兰译，清华大学出版社2009年版。

城市是指那些已经具有创意土壤、创意氛围或者历史积淀的城市，这些城市在发展过程中自然集聚了浓厚的创意要素，并成为创意之都。或者可以说，创意城市在路径上分为自我积累型和过程形成型。过程形成型根据外力作用的大小，又可以分为引导推进型和强制推行型。

创新和创意是创意之都的共同特征，依据城市侧重点的不同，创意之都分为不同类型。关于创意之都类型的研究，学者 Gert - Jane 和 Peter Hall 提出的观点最具代表性。他们将创意之都的创新方式分为三种，即艺术生产创新型、文化智力创新型、文化技术创新型。相应地，将创意城市或创意之都分为了四种，即技术创新型创意之都、文化技术型创意之都、技术组织型创意之都、文化智力型创意之都。众所周知，文化创意产业涵盖广泛，包含设计、手工艺、影视产品、设计等。根据各创意城市自身的特点、底蕴和发展趋势，创意之都可以分为不同类型。

2004 年，联合国教科文组织（UNCTAD）构建了联合国创意城市网络，此后在全球陆续评定了 38 个创意城市。这些创意城市分为 7 种类型，即设计之都、美食之都、文学之都、电影之都、手工艺和民间艺术之都、媒体艺术之都、音乐之都。除了深圳市，我国的上海和北京、日本名古屋、韩国首尔、德国柏林等城市均被评定为设计之都。根据深圳市的城市定位和政策环境，选择合适的创意之都定位和构建路径，对将深圳市建设成有国际影响力的创新创意之都具有重要意义。深圳市具有良好的科技基础、开放的城市氛围、富有朝气的年轻从业者和居民、相对完善的公共文化设置，这对于发展深圳数字创意产业，将深圳市打造成技术创新型和文化技术型创意之都大有裨益。

通过分析国外创新创意之都的理论思想、空间布局、规划特点等，发现其对于深圳国际创新创意之都的建设具有借鉴意义。将深圳市打造成国际文化创新创意之都包含以下几个方面。其一，将深圳打造成具有全球影响力的创新创业创意之都。这要求深圳市把握国际文化产业发展前沿，结合新兴技术大力发展数字文化产业和创意产业，加快发展"文化＋""互联网＋"等新型业态，确保深圳市成为文化创意产业的引领者。其二，将深圳市打造成对外文化贸易的重要基地。这要求深圳市进一步健全本土文化市场体系，充分利用地理位置优势，和香港、澳门联动打造国际知名文化会展平台和国际化的版权交易平台，并进一步推动构建我国文化产品和服务国际贸易的中心。其三，将深圳市打造成世界级的旅游目的地。这要求深圳市进一步建设、改造、提升特色文化街区，积极推进国际一流的标志性文化设施的建设，打造国际邮轮港建设，在深圳市形成一批相互呼应、错落有致的城市文化群落，营造出国际化的、高品质的、具有文化特色的消费环境和文化环境。

深圳是第一个加入联合国教科文组织创意城市网络的中国城市，已经被授予"设计之都"的称号。这一定程度上体现了深圳市的创意属性。这是打造深圳创新创意之都的基础。事实上，"国际创新创意之都"是在创意城市基础上的进一步提升，是城市文化创新的升级版。

二 打造区域文化中心城市

《先行示范区意见》明确指出，加快深圳打造区域文化中心是深圳市文化创新建设的重要任务。深圳作为我国改革开放的前沿和重要窗口，开创了良好局面，一直以创新引领着区域经济的发展。可以说，深圳形成了自己的文化特色，"时间就是金钱、效率就是生命"等创新型观念深深地影响着深圳人，且其影响力辐射扩散到广东省其他城市，乃至其他省市。但是就城市文化影响力来说，深圳与纽约、伦敦、巴黎等全球文化中心差距较大，与北京和上海等国内文化中心也有差距。事实上，打造区域文化中心不仅有利于深圳提升城市功能，促进城市发展，提高城市的影响力和辐射力，而且有利于繁荣社会主义文化，落实粤港澳大湾区发展战略，带动一批国内城市文化创新发展。

所谓的区域文化中心，指的是在现今全球竞争合作的背景下，在某一较大区域内具有很强文化资源集聚和发散功能的中心城市或者城市带。在对全球进行文化区域划分的基础上，能够在一个或若干个国际文化区域范围内对文化资源的利用、布局和流向进行高效集聚、融合、创新和辐射的中心城市，其作为城市的一种文化功能定位，表现出鲜明的国际化、创意化、艺术性、多元性、高端性等特征。每个区域文化中心都或多或少偏重于一两种艺术形式，并兼顾其他艺术形式。不同区域文化中心大多分为多元文化中心、音乐文化中心、表演艺术中心、影视艺术中心、信息传播中心、会议展示中心、旅游休闲中心、文化创意中心、思想艺术中心等类型。

深圳在打造区域文化中心上具有独特的优势。

第一个优势是深圳的地理区位和交通优势。深圳与香港和澳门两大世界知名城市一衣带水，背靠大陆市场，面向国际市场，是国内外资源的汇聚地和中转站。这种特殊的地理位置为深圳面向世界建设区域文化中心提供了独特优势。

第二个优势是深圳的经济和科技发展水平。全球文化中心几乎都是经济中心。经济的发展既意味着专业化分工的深入，也意味着城市财富积聚。专业化分工解放了更多的人从事创意活动，城市财富积聚使得居民有富余的收入用来进行文化和创意相关的消费。深圳在改革开放之后经历了快速增长，在经济上取得的成就举世瞩目。科技与文化发展的影响也越来越大。数字技术、传播技术等现代科技的发展为文化创意产品的创作、生产、传播、分销、消费环节都带来了变革，促进了新业态、新产品、新商业模式的诞生。深圳具有一批全球知名的科技公司，是我国的科技中心。深圳在经济和科技上的优势为其打造区域文化中心奠定了坚实基础。

第三个优势是深圳开放、包容、平等的社会文化优势。深圳是典型的移民城市，聚集了来自全国各地乃至全世界各地的人员。各种思想观念在这里碰撞和交流，多元文化在这里交融和创新，多样化的资源在这里汇聚和流通。这孕育了具有深圳特色的开放、包容、创新、平等、科学、务实的公共精神和社会文化。这些公共精神和社会文化在深圳打造区域文化中心这一目标上的重要性不亚于城市的硬件设施、经济和技术发展水平。

深圳市政府已经为打造区域文化中心做好了准备。近20年来，深圳市致力于健全全市公共文化设施网络，完善公共文化服务体系。深圳市人均公共图书馆、美术馆、市民中心等公共文化设施的数据处于全国前列。以图书馆为例，深圳市已经实现图书馆互通互联、资源共享,实现了"图书馆之城"的建设目标。除了硬件基础,它还打造了"深圳读书月"这样的公共活动,以及世界文化产业博览交易会。文化产业交易博览会自举办以来一直得到国家、地方政府的高度重视和扶持,为促进深圳市文化产业发展、推进全国文化产品和服务交易、推动中国文化产品和服务"走出去"提供了重要平台。

构建区域文化中心是一个长期的系统工程。在建设中既要结合深圳市自身优势,也需要结合国内外区域文化中心的发展经验。具体地说,在实施中要充分考虑到深圳市独特的区位优势、经济和科技发展水平、城市常住人口构成、社会文化特点。在构建中要有宏观意识和全局意识,在总目标的指引下分化、构建合理的子目标。对外需要加大文化开放力度,加大和国际文化市场接轨力度,营造良好的国际发展环境,打造良好的国际声誉。对内,要落实文化设施群落的构建,打造具有国际美誉度的核心文化区域。核心文化区域是在城市内部形成集聚的具有强大文化供给能力,能够吸引文化创意创作人才、文化消费人员,具有显著文化影响力的区域。纽约百老汇、巴黎左岸、伦敦西区均是这样的核心文化区域。打造具有国际影响力的核心文化区域能够快速提高整个城市的国际声誉,吸引国内外游客,并能显著推动周边区域文化创意产业的发展。由于种种原因,深圳市诸多区域具有形成核心文化区域的潜力,但并没有形成国际影响力。通过合理的资源配置和文化布局,规划、打造、建设核心文化区域,是推动深圳尽快获得国际文化影响力的路径之一。

培育高端人才和打造文化创意空间也是打造区域文化中心的重要步骤。创意的载体是人。吸引国内外知名的复合型专业人才,加大本土文化艺术人才的培养和输送,制定政策留住在深相关人才,形成文化生产能力和艺术创造力的创意阶层,是保证深圳具有长期区域文化影响力的前提。深圳已经开始大力扶持和培育高端艺术团体和人才,先后扶持深圳交响乐团、深圳歌剧院、深圳音乐厅、深圳歌舞剧团、深圳大剧院等剧团和文艺院团。同时,打造文化创意空间,将文化和艺术融入深圳城市生活,加强社区文化功能,拓展公共文化空间，可为激活深圳创意活力、营造创意氛围、培养创意文化消费提供环境。

打造区域文化中心和国际创新创意之都是深圳文化创新发展的目标和内容，基于目标的政策保障和宏观规划必不可少。因此，深圳城市文化政策导向和规划策略，将深深地影响着深圳文化创新的发展。

三　打造城市文明典范

"城市文明典范"这一概念首次提出是在2019年8月，国家正式发布的《中共中央国务院关于支持深圳建设社会主义先行示范区的意见》（以下简称《意见》）中五大战略定位中的第三个。其内容为"践行社会主义核心价值观，构建高水平的公共文化服务体系和现代文化产业体系，成为新时代举旗帜、聚民心、育新人、兴文化、展形象的引领者"。深圳经济特区自建立以来，不仅实现了经济腾飞的奇迹，更在文化创新上令人叹服，从昔日的"文化沙漠"到华丽转身为现在的"文化绿洲"。在深圳这座新兴城市文化建设蓬勃发展下，党中央审时度势地提出建设"城市文明典范"的更高要求和更大期望。

城市是文化的载体，文化也点亮了城市。深圳经济特区建立40年来，在经济腾飞的基础上，也实现了城市文化的跨越式发展。文化之于深圳，不仅是城市发展的有机组成，更是引领和支撑。"城市文明典范"是《意见》赋予深圳的五大战略定位之一，率先塑造展现社会主义文化繁荣兴盛的现代城市文明是深圳肩负的新的历史使命。这是对深圳的充分信任，也是对深圳文化建设成就的肯定。站在特区发展四十周年的特殊时间点，深圳先行示范区建设"城市文明典范"，在引领全国城市文化建设、文化创新的先行探索上提供了有力支撑，也是深圳努力为区域文化中心城市、粤港湾大湾区领先文化城市、有影响力的国际文化创意城市作出的关键探索。

从另一个层面来看，城市文明典范建设是社会主义现代化文化强国建设的重要一环。国家"十四五"规划和2035年远景目标纲要明确提出到2035年建成文化强国，国民素质和社会文明程度达到新高度,国家文化软实力显著增强。《意见》要求深圳打造"城市文明典范",加快建设区域文化中心城市和彰显国家文化软实力的现代文明之城,率先塑造展现社会主义文化繁荣兴盛的现代城市文明。深圳以高度的文化自觉,较早提出了文化立市战略,努力建设文化强市,在文化流动和文化创新等理论和实践层面为建设社会主义现代化文化强国探索了深圳经验。"城市文明典范"建设可以说是文化强国之路上的深圳探索。

经济特区要坚持"两手抓、两手都要硬",在物质文明建设和精神文明建设上都要交出优异答卷。以深圳经济特区建立40周年为新起点,以推进粤港澳大湾区和深圳中国特色社会主义先行示范区"双区"建设向纵深推进为契机,深圳在文化强国建设中应肩负起新的历史使命,这是"城市文明典范"提出的时代背景,也是对深圳未来城市发展发出的新挑战。深圳是一座让人引以为豪的新兴城市,也是一座让人充满期待的未来之城。深圳肩负着"示范"的新使命,加上"城市文明典范"这一新担当,将致力于更多的开拓、超越和引领,努力提升在全球的竞争力、创新力和影响力。

从创意城市到更为鲜明的城市文明典范,深圳文化创新是一条更全面、更具备中国特色社会主义的城市发展路径。回看全球城市发展的脉络,打造创意城市可以说是全球最为追捧的城市发展路径。自从英国提出"创意城市"的概念以来,得到了全世界的普遍认可,一些欧美国家和地区的城市纷纷走上"创意城市"的发展之路。世界著名创意城市专家英国学者查尔斯·兰德里在《创意城市》一书中提出了"3T"理论,即创意城市应当是"Talent"(人才)、"Technology"(科技)、"Tolerance"(包容)相互融合的城市形态。美国学者理查德·佛罗里达在《创意阶层的崛起》中也提出创意城市与创意阶层之间各个要素的相互关系。创意城市是创意人才、创意产业集聚,文化、艺术、科技融合发展的高水平城市,也是文化产业得以发展的空间载体。深圳文化产业在"3T"要素上同样具备活力。

第一,从人才上看,数据统计目前深圳市文化创意企业近5万家,从业人员超过90万,整体水平处于全国领先地位。并且2017

年，深圳文化创意产业增加值就已达 2243.95 亿元，增长 14.5%，占全市 GDP 超过 10%。深圳的是全国高新技术人才和创意人才的聚集地之一，并且在粤港澳大区的建设和实践推动下，越来越多的人才将会往深圳流动，在人才这个要素上深圳有很大的潜力。第二，从科技上看，这一点正是深圳发展创意城市的优势。深圳高新技术产业发达、企业研发能力强，借力科技产业的发展，深圳的"文化+科技"模式已然成为深圳文化创意产业发展的独特优势。经过长期的探索，深圳的"文化+科技""文化+创意""文化+互联网"等新模式新业态取得了良好的文化创意产业发展成果。例如，雅昌首创以艺术数据为核心、IT 技术为手段、覆盖艺术全产业链的创新商业模式，打造艺术产业链的产品、服务和体验，成为综合性文化产业集团。又如，5G 背景下，数字产业迅猛发展，腾讯以 IP（Intellectual Property）为发展重点，覆盖影视、音乐、文学、游戏、动漫等诸多多领域，打造共生的泛娱乐文化产业。第三，在城市包容度上，深圳也有着先天的优势。深圳作为一个年轻的城市，大多数的外来人口，构成了这座城市大融合的特点。正如深圳市打出的一个口号"来了就是深圳人"所体现的，深圳以昂扬的姿态迎接来自四面八方的人们。深圳作为改革开放的窗口，有着"世界之窗"的美称，开放、包容是这座年轻城市的鲜明特征。

应该来说，从 3T 要素的具备到政策导向再到产业发展。深圳已经具备了向创意城市发展的许多条件和优势。实现创意城市的定位和建设，将为深圳文化产业带来集聚效应、市场勃兴、国际发展等多重叠加的良好效应，这也是建设"城市文明典范"必须经历的过程。将文化创新作为"城市文明典范"建设的一大拉动力，在打造国际创新创意之都、区域文化中心城市的基础上，更进一步，实现"城市文明典范"的这一目标定位。

"看似寻常最奇崛，成如容易却艰辛。"这是习近平总书记在深圳经济特区建立 40 周年庆祝大会上对深圳 40 年发展的独到评价。深圳这座城市是年轻的，也是伟大的。它的伟大不仅仅在于其创造的物质财富，更重要的是，作为一座创新之城、梦想之城，深圳在价值理念上一直是面向未来的。深圳对文化创新的不懈探索，正在创造的是一种别样的、崭新的、高尚的城市文明范式!

第二节　文化体制机制创新工程

深圳是我国改革开放的窗口和前沿，在文化体制机制创新方面发挥了自己的优势和作用。早在2006年，深圳成为9个全国文化体制综合改革试点地区之一。深圳具备体制机制优势，既有利于形成适合市场经济的文化运行体制，也有利于兴办新的文化产业。深圳也是个外向型城市，是我国对外开放的窗口和文化贸易重镇。近年来，深圳文化体制改革和创新为深圳文化建设提供了基础平台，文化与经济日益融合成为深圳文化创新与创造力迸发的源泉。在文化创新实践中，深圳应继续发扬文化体制机制创新的精神，勇于改革和创新，释放出新一轮的文化生产力。

2019年，中共中央、国务院下发文件，支持深圳建设中国特色社会主义先行示范区，支持深圳建构高水平的公共文化服务体系和现代文化产业体系，大力发展数字文化产业和创意文化产业，加强粤港澳数字创意产业合作，建成具有全球影响力的创新创业创意之都。支持深圳建设中国特色社会主义先行示范区更为深圳文化创新发展带来新的契机，这也为深圳文化体制机制创新带来新的发展空间。

一　用创新精神引领深圳文化体制改革

文化体制改革的根本目的是解放和发展生产力，构建公共文化服务体系，大力发展文化产业，创造出更多更好的满足市民需求的优秀的文化产品和服务。总体来说，目前深圳已经形成内部运行有活力的文化企事业单位。相对于全国其他地区的局部性改革来说，深圳做了整体的推进，在政府管理和执法体制改革等方面走在全国前列，对全国文化体制改革有一定的借鉴意义。但是，深圳文化体制改革要进一步大胆创新，用创新精神引领深圳文化体制改革，建立新的管理模式和机制，进一步深化和发展。

(一) 创新文化宏观管理体制

如何根据文化发展的实际来适时调整深圳市政府的文化管理职能，是关系到良性发展的关键问题。在文化体制改革中，政府在文化管理的职责、手段以及模式等方面要不断地推陈出新，转变思维方式，建立新型职能方式，明确职能定位，以促进文化发展战略顺利实施。与此同时，政府职能部分需要分析以往改革过程中出现的偏差和存在的问题，总结经验。

(二) 创新和深化文化企事业体制改革

在实践中，要按照"政府扶持、转换机制、面向市场、增强活力"的原则和要求，进一步创新和深化文化企事业体制机制改革。一方面，我们要充分发挥国有资本在文化领域的主导作用，调动全社会的积极力量来参与文化建设，形成以公有制为主体、多种所有制共同发展的文化产业格局；另一方面，则要运用先进的科学技术，推动文化内容的创新，推动原创性的文化产品和服务，进一步提升我国文化产品的国际影响力和竞争力。

不管是政府兴办的文化事业、政府扶持的文化事业，还是经营性的文化单位，均要深化自身改革；不论是事业单位还是企业，都有改革的任务，都要建立新的运行体制。要创新和健全文化市场体系，重新塑造文化市场的主体，让文化企业成为文化市场主体。尤其在一些补贴性的文化演出方面，深圳应该慢慢淡出宏观调控，放开手让市场自行优胜劣汰。如在文艺院团管理方面，一方面通过政府协助进一步整合文艺院团资源，探索新的院团体制机制，另一方面则要注重与市场的融合发展，激发新的活力，以更好地发挥文艺院团在推动文艺繁荣发展及提升城市文化软实力方面的重要作用。

(三) 实行有效的国有文化集团控制机制

对文化企业要进行合理的内部控制。历史学家汤因比说过：一个国家乃至一个民族，其衰亡是从内部开始的，外部力量不过是其衰亡前的最后一击。企业的成败又何尝不是如此。西方成熟市场的经验证明，健全有效的内部控制有助于企业保持在实现公司战略和为股东创造价值的轨道上，使管理层能积极应对瞬息万变的经营环境，实现可持续增长。深圳目前三大国有文化集团为深圳报业集团、深圳广播电视集团、深圳出版发行集团,作为党的"喉舌"和"堡垒",社会效益是其为最为关注的经营目标。然而,随着改革的不断推进和深入,市场化是一种趋势,自负盈亏,这也导致国有文化集团企业出现不同程度的经营困境。

文化单位的现代化运作必须紧跟时代的发展趋势。当前,文化单位面临着战略转型,整合电视、广播、杂志、书籍、网站等产品刻不容缓,搭建具有强大竞争力的全媒体平台。金融服务在任何产业的改革转型发展中都不可或缺,文化单位也不例外。文化单位可尝试跨行业合作或者整合,将文化单位的产品所包括的信息归类、提炼、整理、运用,做成数据端,以便满足市场的一般需求和定制化需求。这既解决了行业转型所需资金的问题,也拓展了文化企业的业务模块。近年来,南方报业传媒集团和广东广播电视台共同发起组建南方财经全媒体集团尝试多方面的整合,实现媒体的大融合。

但在发展实践中应注意以下几个方面。

第一,保障政治导向正确。国有文化集团属于特殊国有法人,其存在的最初目的是要保证文化与意识形态的安全。国有文化资产不仅具有经济学上的经济价值,同时具有维护国家文化与意识形态安全的工具性价值。政府对一般生产性企业的管理权限定"管人管事管资产",而对国有文化企业的管理权体现为"管人管事管资产管导向",如果导向出现偏差,对文化集团来说,将是最大的风险。因此,国有文化集团的内部控制目标应首先保证文化和政治导向的正确性。

第二,保证经营管理合法合规。通过建立内部控制体系,要保证集团及其所属子公司的经营管理行为遵守法律法规和行业规范,遵守集团内部管理规定,承担社会责任。合理保证企业资产安全。资产安全完整是投资者、债权人和其他利益相关者普遍关注的重大问题,是集团可持续发展的物质基础。

第三,保障国有资产保值增值和信息真实完整。通过实施内部控制,可保证国有文化资产安全可靠,防止国有资产被非法使用、处置、侵占和流失;提升资源配置效率,防范经营风险,不断提高盈利能力和管理效率，做大做强国有文化资产。通过有效的内部控制活动，可保证集团及其子公司（子部门）财务报告、财务及管理信息的真实、准确、完整，便于政府和主管部门掌握集团运行真实状况，保证政府对文化集团监管的有效性。

第四，善于用人，促进集团发展战略的实现。文化集团发展要求其领导者不仅是具有坚定立场和长远目光的政治家，还应是懂得新闻规律和媒介经营管理规律的专家，更应是善于审时度势、多谋善断的管理者。特别是在长期的以采编为核心的文化事业体制管理模式下，擅长经营的管理人才更为缺乏。在现有国有文化集团治理结构下，文化集团的决策者、管理者主要是由行政任命或由政府组织部门考察，市场化的职业经理人引进机制尚未建立。我们建议，在坚持党管干部的原则下，建立竞争性的传媒职业经理人市场，实行内部培养和外部引进相结合的方式，建立外部激励机制，选聘优秀传媒和经营人才，提高经营效率。

对于三大文化集团，完善企业化管理的内部治理机制，是三大文化集团加强内部控制、突破机制体制性障碍的着力点。对于深圳报业集团和深圳广电集团这两大事业性文化集团，本书建议在原治理结构的基础上进一步完善，引入企业化管理和运行机制；对于企业性质的深圳出版发行集团，本书建议实行公司化改造，按照现代企业制度规范改造内部治理结构。

二 深圳文化体制机制创新实施工程

在深圳文化体制机制创新的具体实践中，本节提出文化政策保障工程、文化人才保障工程、创意环境保障工程三大工程建设实施方案。

（一）文化政策保障工程

深圳市政府加强引导，完善政策和法规建设，为文化体制机制创新发展提供坚实的政策保障。2019年以来，深圳出台了《关于加快文化产业创新发展的实施意见》，为深圳文化发展注入了新的活力。2020年初因新冠肺炎疫情影响文化产业发展，政府及时出台《关于应对新冠疫情影响支持文化企业健康平稳发展的若干举措》，采取积极的应对和保护措施,与文化企业一起共渡艰难时刻。

此外,深圳市政府要建立健全宣传文化部门统筹协调、各部门支持参与的文化管理协作机制,加强公共文化重大项目、文化创意升级改造项目和大型文化创意企业的土地空间保障,加大市区财政对文化建设的投入力度,建构国内一流的文化创意产业人才培养基地,全方位保障深圳文化体制机制创新发展。

(二)文化人才保障工程

首先,以深圳大学国家文化创新研究中心为主体,联合澳大利亚科廷大学、昆士兰科技大学、深圳特区文化研究中心、深圳社会科学院等国内外大学与研究机构,以及未来的深圳艺术学院和深圳大学文化产业学院,建立国家级文化创意产业人才培训基地。主要与深圳市委宣传部、市文化产业发展办公室、各区文化产业发展办公室、各街道办公室、市内各大与文化创意产业相关的企业,联合开办"文化创意产业国际研修班",研修班学员由政府文化宣传系统公务员和文化企业中层管理人员及研发人员组成。

其次,努力建设艺术类高等院校及相关院系。一是建设深圳艺术学院。以深圳艺术学校和深圳大学师范学院艺术系(音乐、舞蹈、影视传媒、美术教育等专业)、深圳大学金钟音乐学院、深圳职业技术学院艺术设计学院等为基础合并组建深圳艺术学院,以深圳大学艺术学院名义启动高等学校申办程序,使深圳艺术学院成为深圳未来年轻文化创意人才的培养基地和文化艺术大师的会聚平台,为深圳的文化建设提供人才支持。二是建设深圳大学文化产业学院。在深圳大学文化产业研究院现有师资的基础上,联合经济学、管理学、传播学、艺术学等学科的优秀师资力量,建设国内一流的文化产业学院。

(三)创意环境保障工程

创意环境就是我们所说的创意场,它是由关涉创新创意的各社会主体以及各种元素共同组成的一个虚拟空间。在这个空间中,各种硬件条件和软件条件都向创新提供动力支持,例如,良好的基础设施、开放包容的政策制度、高素质的创意人才、充沛的资金等,从而激发该空间内的个人、企业、政府机构、科研院所等创意主体积极从事文化创新创意工作。从某种意义上说，创意环境就是一套有助于推进创意的制度体系，是创意者活动的舞台。此外，创意环境也意味着创意空间的打造，并直接体现在创意空间的营造方面。创意空间就是知识经济或创意经济在地域空间上的集聚而形成的群落。作为聚焦创新、创意活动的场所，城市创意空间是以学习与交流、创意与创新、研发等创意经济主导的产业活动为核心的城市空间功能区域系统。①

当今世界，创意已经成为城市发展和城市活力的中心。有影响的全球城市，其竞争力的核心要素就在于能否培养更强的创意能力，而创意能力与城市文化直接相关，二者相辅相成。深圳的创意能力还基本处在自发阶段，亟待培育公共文化创意空间，将艺术与文化更好地融入城市生活，使整个城市的创意指数得到全面提升。

在文化和经济高度融合的时代，深圳可以借鉴美国特别是纽约经验，抓住决定创意能力的技术、人才和宽容三大核心要素做文章。第一，增加科技研发投入，进一步提高专利申请数量和水平，提升高新技术产业的发展水平，有效促进高新技术产业与文化创意产业的结合，提升深圳的研发指数、创新指数和高科技指数。第二，配合产业多样化、就业多样化、收入多样化及居住人群多样化，创造更多机会，提供更多便利，吸引、聚集和养育创意阶层这一支撑城市创意的关键人群，提升深圳的创意阶层指数、人力资本指数和科技人才指数。第三，有效利用和发挥正在形成的移民文化之长，继续保持开放心态，强化宽容意识，拒斥排外心理，善于兼收并蓄、博采众长，丰富文化多样性，加快建设形式多样的公共创意空间，形成有利于创意的社会、文化和地理氛围，提高深圳的宽容指数。为确保城市创意指数的不断提升，深圳应及时参照国际标准建立自己的创意指数，作为评估深圳创意活力的准则，作为深圳文化创意产业持续增长的综合指数，作为深圳整体政策制定、投资、旅游及居住决策的参考资料以及作为国家间和城市间的比较基础。

---

① 马仁锋：《城市观嬗变与创意城市空间构建：核心内容与研究框架》，《城市规划学刊》2010年第6期。

第三节　文化智库建设工程

智库是知识精英的港湾、学术建议的源泉。新型智库是党和政府科学民主依法决策的重要支撑，是国家治理体系和治理能力现代化的重要内容，是国家软实力的重要组成部分。党的十九大报告提出了加强中国特色新型智库建设的新目标、新要求。文化智库是国家文化软实力的重要组成部分，是党和政府科学民主依法决策的重要支撑，是现代化文化治理的重要内容。新的时代背景下，倡议深圳成立文化智库，汇集各方力量建设文化强市，可为深圳文化发展与创新奠定坚实的基础。为此，深圳要鼓励文化智库的发展，充实壮大智库力量。近年来，深圳相关文化智库发展较快，为推动深圳发展做出了一定贡献，但与国内北京、上海等文化智力资源高度聚集的城市相比，与国际上具有较高知名度的智库相比，有着不小的差距。在发展实践中，深圳文化智库需要进一步抓准战略定位，实行有效的管理和联动机制，切实为深圳文化创新与发展做出贡献。

一　抓准文化智库战略定位

智库发展的机构属性决定了智库未来的发展方向。目前，国际上主要有两种智库发展模式：一种是东亚国家流行的模式，即法定机构型智库；另一种是欧美国家的非政府组织的智库。结合深圳城市开放包容的特点，可探索发展与深圳城市更加契合的法定机构型的智库发展模式。除了探索智库发展的机构属性，还应考虑如何突出深圳智库特色。在社科院、党校智库、高校智库、科技创新智库、企业智库和社会智库这几大智库类别中，同其他城市相比，深圳的科技创新智库和企业智库是深圳智库的特色所在。深圳科技创新智库类别丰富、实力强劲，对深圳打造创新型城市提供重要的支撑，是深圳可持续发展的重要因素。为此，应立足于传统，形成智库发展的"两个抓手"：加强传统智库与具有深圳特色的科技创新型智库的建设。深圳文化智库的建设定位为服务深圳市政府的文化决策咨询机构，通过聘请国内外文化领域知名专家学者为深圳市文化事业和文化产业发展建言献策，提升文化工作的专业水平及公共文化服务效能，为文化事业和文化产业发展提供多层次、多角度、全方位的专业视野，推动促成"开放、跨界、融合、创新、发展"的深圳文化建设新格局。

以深圳高校、科研单位等机构为依托，推动建设新型智库，申报国家级文化创意产业智库，培养文化创意产业方面的高端研究人才，为深圳市及珠三角地区政府提供决策咨询、政策研究报告、文化创意产业规划等。文化智库为深圳文化发展提供"智力库"，通过"借脑""借力"的方式，为深圳文化发展提供高品质的专业视野，为建设文化强市提供强有力的智力支持与保障。

二　创新文化智库用人机制

人是文化智库的灵魂和核心，为此需要创新文化智库的用人机制。在发展实践中，一是应采取"虚实"的灵活方式，鉴于智库专家的兼职性，以及智库发展的实际需要，既要有实体管理人员，采用现代法人治理结构，也要邀请兼职专家担任顾问和理事。二是要形成政府、学者、业界三位一体的综合人才智库，一方面要邀请国内外文化领域知名专家学者，另一方面也要邀请国内外身处文化产业实践一线的知名企业家担任顾问，还应当吸纳政府部门的优秀文化管理人才，尤其是已退休的文化部门官员，他们具有丰富的实际文化管理经验和成熟的文化发展思路。三是采用柔性人才引进方式，打造开放式的人才队伍。

三　实行文化智库有效管理与联动机制

首先，要切实发挥顾问团队和专家委员的作用，制定切实有效的运作机制，确保文化智库常态化运作与发展。拟采取委员会制度，由顾问专家组成，采取灵活的方式开展各项工作，包括各种形式的实地调查研究、学习考察、开展讲座、提供决策咨询等，建立议事制度，分工协作，切实发挥文化智库的作用。此外，对文化智库要实行科学合理的定期考核和奖惩机制，促进文化智库的优胜劣汰与健康发展。

其次，要实行全市文化智库联动机制。目前，深圳文化智库还处于相对零散的状态。深圳各区也成立了文化智库，如坪山文化智库、深圳大学文化产业研究院等。但是如何进行联动发展，是未来深圳文化智库发展应该重点考虑的一大工作。在发展实践中，应充分发挥全市智库的力量，定期举行学习交流会，互通有无，合力打造深圳文化创新发展的强力组合拳，提供强有力的智力支持。

四 加大文化智库资金投入

深圳市对智库建设的财政投入力度较大，但存在不均衡现象，主要表现在投入科技创新领域的资金远多于人文社科类的研究领域。深圳在科技创新发展领域所取得的成就是有目共睹的，但人文社科领域的发展与科技创新发展差距太大，如市社科院，目前就存在规模过小、人员缺乏、资金不足等问题，严重制约了市社科院的功能发挥。为此，市财政首先应加大对人文社科类智库的投入力度。此外，可利用财政资金建立智库发展基金，并在每年的政府预算中，固定地对智库建设做单独的财政预算。其次，完善政府支持智库发展的配套财政政策，制定完善人文社科类高端人才引进政策，将智库人才纳入住房优惠政策范围，留住智库人才；在制度、经费上鼓励智库人才参与相关的国内国外考察学习活动；进一步优化科研经费中人员费用的分配、报销、管理问题；降低税收或者出台相关税收补贴政策，通过制定更加细化的税收政策对智库进行扶持。

第四节 城市文化品牌提升工程

深圳文化品牌建设是城市发展的根本和内生动力，目前深圳已经有很多文化品牌，但是还远远不够。2021年10月发布的《深圳市文化产业高质量发展规划（2021—2025）征求意见稿》明确提出，要增强科技创新驱动和创意设计引领两大核心动能，进一步提升文化产业发展的能级；要强化五大发展支撑，夯实文化产业高质量发展的基础；要打造十大增长极，为文化产业高质量发展注入新活力。这其中，多次提及深圳文化品牌的打造和提升的发展方向，体现出城市文化品牌工程提升的重要性。

一 "文化+"成为独有的深圳文化产业发展模式

过去的十多年，深圳文化产业依托市场、产业和科技优势，率先探索出"文化+"的发展模式，使文化产业在促进经济转型升级和结构调整中发挥出重要的示范作用。深圳成功探索出"文化+科技""文化+创意""文化+旅游""文化+金融"等发展模式。深圳坚持创新驱动战略，打造领军企业和知名品牌，提升文化创意产业的发展质量，为供给侧结构性改革做出新探索。

首先，以福田等为代表的"文化+创意设计"模式。深圳素有"全国设计看深圳，深圳设计看福田"的说法。如今，在福田区的带领下，罗湖、福田和龙华三区成为深圳"文化+创意"的典范。从2014年APEC会议各国第一夫人的"新中装"，到2016年G20杭州峰会元首夫人们午宴专用的"夫人瓷"以及G20工商峰会开幕式主席台上的"首长椅"，均出自深圳的匠人之手。这些标志性符号在国际平台上不断争取着话语权。

其次，以深圳为代表的"文化+科技"走在全国前列。"文化+科技"的发展模式始于深圳南山，宝安紧随而上。南山区2018年GDP为5018亿元，连续6年稳居全省区（县）第一，以科技创新为特色的新兴产业占GDP比重达60%，构建了全国领先的新经济产业体系，为文化科技融合奠定了深厚基础。目前，南山已培育出腾讯、华强方特、迅雷、A8新媒体、环球数码等一批文化科技融合型企业。17家企业获评市"文化+科技型示范企业"，占全市半壁江山以上。国家级高新技术企业数量方面，南山科技创新及创业非常活跃，获批全国首批"双创"示范基地。目前，南山区共有国家级高新技术企业3500多家，累计培育上市企业160家，PCT国际专利申请量超过7000件，全社会研发投入占GDP比重达4.71%。截至2019年，南山拥有文化企业7000多家，市级以上文化产业园区13家，其中包括华侨城、腾讯、华强方特、雅昌4家国家级文化产业示范园区和基地。

截至 2016 年底，宝安区以 1493 家排全市第二。①

最后，以盐田、大鹏、光明三区为代表的"文化+旅游"模式在全国领先。深圳拥有盐田、大鹏、光明三区山海资源优势发展文化旅游等。如何打造"深圳国际都会圈"整体旅游品牌，在主题乐园旅游、文化娱乐旅游、商务会展活动旅游、高端海洋旅游、海上丝绸之路旅游等方面开展紧密合作，合力打造具有世界影响力的国际旅游品牌。② 此外，还有"文化+金融""文化+影音""文化+创客"等发展模式，它们都极大丰富了深圳文化产业发展的品牌内涵。

二 文化龙头企业为深圳文化创新奠定了坚实基础

文化企业是推动文化产业发展的中坚力量，腾讯、华强、雅昌等企业共同打造文化产业的深圳质量与标准，展示出深圳文化产业发展先锋区域的新力量。目前，深圳全市有近 5 万家文化企业，从业人员超过 90 万人，其中规模以上企业 3155 家。深圳文化企业培育了熊出没、聪明的顺溜、雅昌印刷、大疆无人机、互联网新一代产品飞书、全球十大必看展览之一"teamlab"、深圳新版主题灯光表演"活力都市"等享誉全国的知名文创品牌。华侨城、华强方特均 9 次入选"全国文化企业三十强"，此外还拥有一百多个在各行业中位居前列的文化科技企业品牌。深圳文化企业品牌的培育与发展为深圳文化产业发展奠定了坚实的基础。

雅昌文化集团是"深圳文化名片"之一。集团从传统的印刷公司发展为以数据为核心的文化产业集团，重点发展线上产业。其创建的"雅昌艺术网"，为用户提供最新的艺术品信息，在大量整合艺术品资讯、交易数据的基础上，形成专业的艺术品交易平台，促进艺术品买卖双方进行线上线下交易。同时，通过技术手段对艺术品进行数据化处理，可使之以多样化的方式呈现在观众眼前，进行艺术品的推广和交易，打造了完整的行业价值链条。其独创的"传统印刷+现代 IT

---

① 《从文博会展演看深圳十区文化产业竞争力》，2017 年 5 月 23 日，人民网（http://sz.people.com.cn/GB/n2/2017/0523/c202846-30226386.html）。

② 黄晓慧、邹开敏：《"一带一路"战略背景下的粤港澳大湾区文商旅融合发展》，《华南师范大学学报》（社会科学版）2016 年第 4 期。

技术+文化艺术"的崭新运营模式创造了多个业内第一。此外，雅昌非常注重社会责任，其在中小学推行的"流动美术馆"活动，旨在通过流动的艺术展览普及艺术教育，培育学生的艺术心灵，提升学生的艺术素养。建议市、区相关部门可通过购买服务的方式，与雅昌签约，让"流动美术馆"走进更多的学校甚至社区。雅昌还致力于把各种艺术品相关数据集中起来，建立全世界最大的中国艺术品数据库，并对这些数据进行管理和运营。利用数据化的方式来保存和传承传统文化是一项意义深远且具有公益性的举措。该项工程耗资巨大，仅仅依靠企业的力量恐怕难以完成，建议政府在这方面提供相应的支持，帮助雅昌将艺术品数据库进一步做大做强。

腾讯是深圳另一大文化品牌企业，其旗下的腾讯文化网依托强大的传播平台，吸引了大批优秀的文化人才，集聚了各种优秀的文化原创内容。通过"文化+互联网"的运营模式，它在便捷高效地向公众传播文化知识的同时，也获得了巨大的经济效益和社会效益。政府应加强与之合作，使深圳的文化品牌走向世界。

万科的社区文化建设是"文化+地产"的优秀示范项目。作为全球领先的房地产开发商，万科在社区文化建设上付出了诸多的努力与实践，如社区人文、社区绿色环保、社区邻里关系、社区公共图书馆等。万科将企业文化融入社区文化建设，让文化融入生活，让业主分享企业文化建设成果，极大提高了社区居民的生活品质与文化素养。政府可适当引导，以合适的方式推广此类文化项目在全市的开展。

华强文化科技集团旗下的方特欢乐世界是以特色动漫主题文化为核心，用国际领先科技重磅打造，强调氛围营造、互动体验的超大型主题项目区。它将动漫与主题项目区结合起来，获得巨大成功。华侨城集团基于"旅游+地产""文化+科技+生态"等一系列创新模式，取得了巨大成就。创新是主题公园持续发展的源泉，文化是主题公园成功发展的灵魂，科技是主题公园生命力的支撑。无论是华强动漫主题公园还是华侨城主题公园，都应拓展产业链、多元发展，可借鉴迪士尼的轮次收入模式，创造系列衍生产品，形成品牌营销效应；支持规划设计建设数字化主题公园，打造中国乃至世界最为先进的智慧景区，引领全球主题公园的数字化革命。

三　重点实施若干品牌提升计划

　　文化活动是城市活力的显著表征，同时也能带来更多国际文化交流的可能性，为多元文化的展现搭建广阔平台。深圳区域文化中心城市建设有必要从国际城市文化竞争的高度，实施品牌文化活动带动战略。充分发挥深圳作为经济特区和重要港口城市的地位与优势，积极组织、参与或承办重要文化交流活动，扩大对外文化交往、交流与合作，对具有国际影响力的文化活动的参与和组织予以常态化，创新文化艺术生产引导机制，鼓励和扶持原创性产品，完善财政投入方式，提高对外文化交流能力和水平。充分调动社会团体参与的积极性，发挥社会组织、学术团体、智库等机构在对外交流传播中的主动性和创造性，参与海外文化中心建设，加强人文交流和国际合作。在深圳文化品牌提升的具体实践中，本节提出文化原创品牌提升工程、品牌展会节庆提升工程、文化"走出去"品牌工程三大品牌工程建设实施方案。

（一）文化原创品牌提升工程

　　品牌建设是文化企业发展非常关键的一部分。在发展实践中，要鼓励深圳文化企业实施原创品牌驱动战略，重点打造和推出品牌企业与名牌产品，并拓宽国际市场营销渠道。原创品牌蕴含着众多中国历史文化元素，将"中国元素"的文化创意产品成功地输入世界各地，对于传播中国文化意义重大。以斯达高瓷艺发展（深圳）有限公司为例，自1989年创办以来，它已打造出独特的品牌与品质，各种荣誉纷至沓来。该公司获得国家质检总局授予的"中国名牌产品"称号和"出口免验"资格，出口产品供不应求。

　　在深圳文化创新发展实践中，鼓励重点打造一批国际领先、国内知名、消费潜力巨大的文化产品、文化项目和文化平台；做大做强文化领军企业，优化产业空间布局，着力发展文化产业总部经济，加快发展数字创意产业，进一步提升文博会、高交会等国家高端文化博览活动的国际化水平，筹办"2020深圳文化盛典"，向世界推介深圳。将大型文化活动作为拓展深圳公共文化服务的平台与载体,提高活动的社会效益。鼓励科技企业在"走出去"中逐渐壮大,加强科技与文化融合,利用国际化品牌化展示文化创新成果,展示文化新成果和新发展,推动对外文化贸易发展。此外,文化企业要注重知识产权的保护,强化对深圳文化的品牌保护和开发利用,做好衍生产品的市场开发,延长文化产业价值链条。

(二)品牌展会节庆提升工程

新建及整合现有文化设施,发挥作为经济特区和国际会展城市的功能,着力打造具有地域特色、中国风格和世界水平的文化交流品牌,邀请国内外各领域的艺术家,举办各种国际艺术节。在戏剧领域,积极与国外经典剧目合作,举办年轻艺术家公演、海外作品公演、国际戏剧节等活动,打造国际化的剧场文化,提高品牌国际影响力。在音乐领域,举办古典音乐、现代音乐、流行音乐的多维度公演与活动。在美术与影视领域,通过举办展览会、节日等活动,探索传统艺术与新技术结合的更多可能。

展会节庆经济发达成为深圳文化产业发展的重要特征。对展会经济来说,深圳有高新科技交易会和文化产业博览会。随着"文化立市"战略的稳步推进,深圳的文化活动品牌建设获得了长足进步,形成了"读书月""创意十二月"等一批在全国有一定影响的知名文化活动品牌。深圳2017年开始推出"深圳城市文化菜单",开展系列文化品牌活动,为广大市民送上了"民生文化大礼包"(见表6-1)。作为深圳文化创新的重要创举,"城市文化菜单"将给这座城市带来更多的文化盛宴。为建设与现代化国际化创新型城市相匹配的文化强市,深圳市必须将打造会展节庆文化品牌,作为推动深圳文化繁荣发展的重要战略支点。

表6-1　　深圳市品牌节庆活动

举办时间	节庆活动
1—2月	"新春音乐会""春节大庙会""文化春雨行动""欢乐闹元宵"
3—4月	"深圳设计周""外来青工文体节""剧汇星期天""艺术大观""八厘米新戏剧之旅""四棋一牌""光明梦想秀""'一带一路'国家音乐季"

续表

举办时间	节庆活动
5月	"文博会艺术节""郎朗国际钢琴艺术节""大书城精英汇""东南亚风情文化节""深圳妇女沙龙""潮汕古村落的魅力及手工艺术珍品展"
6—9月	"中国国际新媒体短片节""博物馆文化遗产展""书画摄影双年展""文化遗产日展演""鹏城金秋市民文化节""深圳合唱节""深圳(国际)科技影视周""ATP深圳国际男子网球公开赛""深圳大剧院艺术节""深圳国际摄影大展""深圳动漫节""中国梦·中国故事——中国图片大赛""深圳国际友城文化艺术周"
10—11月	"钢琴音乐节""国际摄影周""乒超联赛""ITF国际元老网球巡回赛""读书月""国际自行车嘉年华""深圳(国际)科技影视周""社区邻里节""中国国际高新技术成果交易会"
12月	"创意十二月""公园文化周""客家文化节""WTA女子网球公开赛""深圳国际马拉松赛"

在深圳文化创新发展实践中，实行"国际性文化活动打造工程"。鼓励深圳举办国际大型文化节庆活动和文化交流活动，支持相关企业、机构在深圳举办国际大型体育赛事和文化交流活动，凸显深圳本土资源特色优势，如海洋文化、电竞赛事等主题。重点打造和培育深圳"十大品牌节庆活动"，如中国（国际）文化产业博览交易会、艺术深圳等，并给予资金支持。

（三）文化"走出去"品牌工程

"一带一路"倡议为深圳加快对外文化贸易提供了难得的发展机遇。深圳应抓住这一历史机遇，充分利用自身文化资源、文化产业的建设经验、政策环境、体制机制和区位等优势，积极探索深圳对外文化贸易路径，更好地建设区域文化中心城市。

一是推进"深圳品牌"和"深圳设计"走向世界。近年来，深圳核心文化产品出口额每年约占全国的1/6，已经成为我国文化贸易的黄金口岸和推动中华文化"走出去"的"桥头堡"。华强方特实现了我国自主品牌文化主题公园向国外输出，《熊出没》等动漫产品出口到 100 多个国家和地区；腾讯成立了国内最大的"互联网+"文学平台——阅文集团，占据国内 80% 的市场份额，并与美国数字发行公司签署数字出版合作协议；洛可可设计在伦敦开设分公司，TTF 公司在巴黎成立高端珠宝品牌总部；雅昌、中华商务等荣获全球印刷界最高奖"班尼"金奖 100 多座。"深圳品牌""深圳设计"正成为国际文化市场上一支新生劲旅。

二是借助亚洲最大的陆路口岸和海港、空港、信息港三港联动优势，以及完善国际集装箱班轮航线网络，着力增强航运、贸易、金融集聚辐射功能。加强与东盟国家基础设施互联互通，进一步提高国际中转比例。建设大型邮轮母港，培育发展邮轮经济、游艇产业等高端航运服务业，提高港口经济附加值，打造 21 世纪海上丝绸之路枢纽港。截至 2018 年 7 月，深圳与国际和地区客运通航城市达 44 个。深圳通航的境外城市或目的地，全部位于"21 世纪丝绸之路"沿线。到 2015 年，深圳港有 238 条航线通达全球，基本形成远近洋、干支线、内外贸相结合的全球性航运网络体系。航线覆盖全球十二大航区主要港口，通达 100 多个国家和地区的 300 多个港口，有 47 家国际班轮公司在深圳港开辟航线。深圳滚装船队规模跃居全国第一，海铁联运班列累计 15 条。这些航线中大部分是经由或通往"21 世纪海上丝绸之路"沿线国家和地区，在建设"21 世纪海上丝绸之路"过程中承担重要的海上通道作用。深圳应通过科学比较研究，明确自身定位，将深圳打造成"21 世纪海上丝绸之路"的重要节点城市。

三是加强文化企业的文化创新能力。文化产品创新的核心是文化内容的创新。未来中国文化企业努力打造符合国外需求的文化作品，注重对文化思想与知识的创新。同时，应加强对展现中国现代文化内容作品的打造，特别是那些可以充分体现中国气派、中国风格以及增进中华民族文化感召力和凝聚力的文化产品，提升文化企业的创新能力。

四是在与"一带一路"沿线国家开展文化交流时，要积极弘扬中华民族的主流文化，让更多的国家和地区的人民从知道中国转变为了解中国和向往中国。这种文化输出的影响是深远的，将带动影音作品、电影电视、电子出版物等相关文化产品的出口。

四 深入推进文化基础设施建设

文化设施既包括满足人民群众基本文化权益的基础性项目，也包括提升城市文化品质的功能性项目。国际文化中心的一个重要特征，就是需要具备高度现代化的文化设施和完善的文化服务功能。将文化设施作为一种历史现象、社会环境、发展力量，在规划、设计、建设、运营时更加注重文化内涵，强调与经济平衡，追求溢出效应。

在策略方面，要设立编制文化设施专项规划，营造浓厚的城市文化氛围。在具体建设规划中，应着重体现城市文化风格，重视呼应城市空间拓展，文化设施的布局应与城市发展空间相协调，同步拓展、提升。强调设施混合使用，提高文化设施的利用效率，促成文化活动的多样化，实现文化设施可持续发展。实行多元经营，在经营上呈现多样化，引入非营利组织带动城市全面更新，激发城市各类文化活动开展。

规划建设一批具有体现深圳特色、国家战略、国际特征的博物馆、美术馆、歌剧院、图书馆等。标志性文化设施和机构拥有一定量的积累和规模，这些是国际文化中心最值得注意的竞争力因素。充分发掘文化设施的特色功能与作用，力争最大限度地利用各种文化设施的人力、物力资源，强化企划能力与经营能力。完善特色书店体系，鼓励图书馆融合发展，鼓励各类资本将历史保护建筑、咖啡馆等设施改建为创意图书馆。规划建设剧场集聚区，鼓励企业引进国际剧目，商业剧场与经济中心相互依存，出台鼓励民间资本建设剧场等文化设施的政策。结合设计及旅游产业，营建一批专业秀场，打造更多文化旅游精品演出。继续鼓励在商业综合体内建设电影院，同时规划建设电影院线和艺术电影院。

通过文化设施增强社区文化活力。将原有社区升级改造为具有活力和吸引力的文化型社区，拓展社区文化活动中心功能，提升社区文化活动中心服务水平，增强社区文化活动中心识别度。积极推进公共文化云等数字服务平台的建设，拓宽文化服务途径，增强文化服务效能。充分利用公共文化服务数字平台的集成性、便利性和互动性，促进公共文化资源信息共享和利用的最大化。

提升公共文化服务体系，增强社会文化效益。建立公共文化服务体系多元投入机制，通过文化体制改革与创新，改变当前由政府单一主体发挥作用的局面，鼓励商业资本、民间资本、基金进入，在政府、市场和民间力量之间形成良性互动和协作机制，推动公共文化服务设施逐步向城市综合体发展，有效整合各种文化资源，有机联合公共文化和相关文化产业，构建功能多样的城市公共文化服务综合体，在政府主导下推动公私合营PPP服务模式发展。

充分发挥公共文化服务的社会整合功能。注重在创新参与、资源投入、内容供给、提高服务能级、完善绩效考评等各个方面完善运行机制。积极盘活现有城市空间和基础设施资源，不断促进公共文化服务向基层化和细致化发展，高度重视城市社区的公共文化需求，把公共文化服务真正落到实处。举办类型多样的文化活动，从而满足最需要公共文化服务的社区居民的文化需求，切实提高公共文化服务基础设施的利用率，使社会各阶层和不同群体都能享受到满意的公共文化服务。

大力扶持公共艺术，对艺术家进行扶持。开放更多的公共设施，放宽对文化领域的限制，鼓励对更多城市基础设施和建筑进行艺术化处理。街头艺术是国际文化大都市非常明显的特征，应通过评审会选定艺术家，给予他们表演权，为他们提供在车站、公园等公共空间表演的机会，创造更多"城市中的剧场"，让市民们轻松地享受艺术文化，并且通过这种艺术家与观众相互交流的形式，通过与艺术家的合作和开放式相处，建立社区纽带，打开双向对话渠道，重新想象现实，为市民文化创造新的可能。

第五节　文化创新人才培育工程

2018年"两会"期间，习近平总书记在参加广东代表团审议时强调，"发展是第一要务，人才是第一资源，创新是第一动力"。文化发展靠创新，而创新则靠人才。人才对于一座城市发展的重要性不言而喻，而文化发展的关键在于人才。人才是发展的第一要务，人是核心和灵魂。人才作为发展的首要关键因素，对于强调以人的创意为发展根本的文化创意产业来说更是如此。

一　创新人才发展体制机制

文化创意城市首先是"人的城市"，创意首先来自人。因此，重视人及其创造力的城市是最具创意潜力的。美国学者理查德·佛罗里达在《创意阶层的崛起》一书中认为，文化创意阶层是建设文化创意城市的引领力量和活化因子。换言之，促进文化创意城市发展的关键因素是人，所以应该通过发挥大众的文化创意潜能来切实推动文化创意城市的发展。具体到深圳打造具有国际影响力的文化创意名城的研究中，也应该秉承政府引导、全民参与的原则，思考政府应该如何引导民众积极参与，如何调动和激发社会力量，特别是深圳已有的文化创意资源，诸如腾讯、华强集团、华侨城、雅昌等文化企业，以及各类创意创新人才，特别是包括深圳大学在内的深圳各大专院校与科研院所，让它们真正参与其中，成为建设的主体。

创意城市的建设有赖于该城市的创意能力，而城市的整体创意力、创造力和活力又多半来自该城市的创意阶层。真正的文化创意城市，一定是来自民间的创意力量集聚的结果。为此，深圳市打造具有国际影响力的文化创意名城就应该走创意引领、自下而上的路径。这就涉及如何培育深圳市自己的创意阶层，如何构建自己的文化创意人才队伍体系，并且不断激发他们的创意热情，促使他们不断提升自己创意的质量。据统计，深圳市为全国人口最年轻的城市。2018年，深圳市人口的平均年龄为32岁。这些年轻的、充满活力和富有想象力的头脑，是深圳建设文化创意名城的最大优势。但是如何给这些年轻头脑提供良好的创意氛围，将他们的无限创意激发出来，并真正转化为创意资源，是值得深入研究的问题。

深圳近年来大力实施相关人才政策，如《深圳市中长期人才发展规划纲要（2011—2020年)》，围绕产业结构调整和转型升级对人才的需求，不断优化完善人才环境，着力引进培养产业人才，大力推动文化创意、互联网、新一代信息技术等战略性新兴产业人才队伍建设。文化创意、互联网、新一代信息技术等产业人才按照深圳高层次人才政策有关规定，可以享受住房、医疗、配偶就业、子女入学等优惠政策。深圳"产业发展与创新人才奖"，每年安排专项资金2亿元用于奖励1万名创新型人才。在人才安居方面，深圳持续推进人才安居工程，为文化创意、互联网等产业人才提供住房保障。其中，2013年推荐92家文化创意企业纳入深圳市人才安居试点范围，另有181家文化创意企业被纳入区人才安居试点范围，有效扩大深圳文化产业人才安居保障的覆盖面。以上一系列的人才政策为深圳文化发展提供了强有力的保障。

然而，目前深圳文化创意人才的紧缺成为文化发展的"瓶颈"之一。深圳的高端文化人才比较缺乏，人才引进和发展环境尚待优化。数据显示，深圳在2015—2017年引进办理入户的文化类专业人才约3.5万人；2017年人才引进整体数量为23.37万人（不包括留学生、博士后和公职人员），其中文化人才仅占约5%。

为此，在发展实践中，深圳市政府应该进一步完善文化创意人才政策，积极引进高端文化创意人才，加强人才引进制度，优化文化队伍人员结构，建立健全文化艺术人才评价体系，将深圳打造成文化人才群英荟萃的国际文化创意先锋城市，努力建设与现代化国际化创新型城市相匹配的文化强市。

二 加大文化名家引进力度

高端文艺名家对于一座城市的文化发展很重要，为城市文化建设发展指引道路。大师级的人物成就了城市所在的文化高度，对于区域文化城市的发展非常重要，如香港有大家饶宗颐先生。深圳目前缺少享誉全球的文化大家。从2016年12月开始，"深圳哲学社会科学学术名家计划"启动，截至2018年8月，深圳哲学社会科学学术名家库首批入库专家达15名，张树华、谢寿光、迟福林、巴曙松、王珺等国内外知名专家加盟深圳，为深圳发展献计献策。在文化领域方面，深圳仅吸引了著名画家王子武、钢琴教育家但昭义、文艺理论家胡经之。这些重量级的文艺名家成就了"文化深圳",丰富了深圳的人文内涵。

我们在发展实践中应该大力引进文化名家,丰富深圳的文化肌理,加强文化内涵建设,发展城市文化基因。目前,深圳高端文化人才仍然比较缺乏,文化大家更是少之又少,要在此方面加大引进力度,并制定文化名家表彰、奖励制度。

三 培育和引进高端创意人才

除了文化大师,深圳的高端创意人才也较为紧缺,如创意设计、创意研发、创意管理等文化精英。调研报告显示,深圳文化创意产业中创意研发人才紧缺,中高技能人才占比不足 1/3,人才吸引力下降。深圳市政协文化文史学会公布的《以创新提升深圳文化发展质量调研报告》指出,生活成本高与薪酬偏低压力较大等,或造成创意人才不足。为此,在发展实践中,政府部门应该加强遴选和培育在新闻出版、文化艺术、文化经营管理、文化专门技术等领域的文化精英,有针对性地引进市外高端创意人才。深圳市政府要建立健全高端创意人才的培育、引进和管理机制,推行"贡献与待遇相结合,影响与利益相结合"的做法,并设立高端文艺人才创造基金和贡献奖励专项经费,充分调动高端创意人才的积极主动性。

四 本土人才、海归人才"并用并重"

在深圳文化创新发展实践中,要采取本土人才和海归人才并用重用的措施。深圳多年来的文化创意发展实践培养了不少本土优秀的文化创意人才,要加以重用,继续发挥原生力量。深圳有丰厚的人才储备和语言优势,毗邻香港、澳门,集聚了全世界的精英人才。香港的经验可以给深圳提供一个范本。香港在吸引文化人才方面极具竞争优势,创意人才会聚。在"输入内地人才计划"下,香港过去几年已成功吸纳超过数万名内地人才。对于人才引进,香港始终持自由开放的态度,各类人才可以根据行业变化的需要,自由申请工作签证或以其他身份来港发展及定居。因此,在文化产业的很多方面,香港拥有众多高水平的专业及管理人才。不同国家、文化背景出身的人才会聚在香港，不断交流及碰撞出创意的火花，增加了香港企业的创意与活力。为此，深圳要扩大深港文化人才交流合作，建立有效的高素质人才引进机制，打造有益于创意人才发展的软硬环境，引进港澳和国外高端文化人才；建立柔性人才引进使用机制，以项目聘任、客座邀请、定期服务、项目合作等多种形式引进和使用文化人才及其团队，进一步激发人才推动深圳文化高质量发展的活力。

五 培育文化创意人才

加强院校培养创意产业经营管理人才。应充分利用现有的深圳大学、高职院校、大学城等机构和平台，建立相关人才培训基地，培养高层次、高素质创意人才。目前，深圳有大学城资源，引进了深圳北理莫斯科大学、香港中文大学等名校，有利于培育优秀人才及吸引优秀的海内外资源，形成文化人才培养、培育高地。依托深圳大学、南方科技大学等高校，着手在深圳本地高校增加开设创新类文化艺术、文化产业专业课程或者建设相关高等院校。深圳不仅要引进文化人才、留住文化人才，还要从小培养文化人才，让深圳培育出更多的"未来大咖"。深圳要支持粤港澳各类院校和机构在文化理论研究、人才交流与培训等领域开展合作，加强艺术创作和青年艺术人才培养，为文化产业发展储备人才力量。

在深圳文化创新发展实践中，实行"文化人才培育工程"，加快建设包括深圳艺术学院在内的文化艺术类高等院校及相关院系，以及以深圳特区文化研究中心、深圳大学文化产业研究院、深圳社会科学院文化产业研究所等机构为主体的集政、产、学、研于一体的政府智库，不断推进文化创意产业社会人才培养体系的完善。深圳没有文化创意类的高等院校，仅有的艺术学校是一所全日制中等艺术专业学校，难以满足深圳高端文艺人才培育与聚合文化创意研发的需求。因此，深圳可依据自身实际，创办各类文化特色学院，如创办设计学院、艺术学院等。

2021年4月，《世界四大湾区流动指数研究（2020—2021）》（以下简称《研究》）成果在深圳发布。《研究》通过构建世界湾区流动评价指标体系，梳理世界四大知名湾区在物资流、人员流、资金流和信息流的现状及特征，并具体测算与分析各大湾区核心城市的流动指数。《研究》指出，粤港澳大湾区应该以人员流动为突破口，进一步破除体制机制障碍，多管齐下促进人员流动和人才流动，以人才自由流动推进高质量发展。为此，作为粤港澳大湾区核心城市的深圳要继续释放政策红利，构建面向国际人才的公共服务体系。同时，通过加强深圳市与粤港澳大湾区其他城市内高等教育合作，探索三地政府、事业单位互相招录人才，推动三地专业资格互认等方式，加速区域人才融合发展，畅通专业人才有序流动通道。

具体到文化人才方面，就是要充分利用深圳文化创意产业的发展优势和对外文化教育交流的区位优势，构建国内一流的文化创意产业人才培养基地。首先，要加强对创意人才的短期培训，实行终身教育的继续教育培训机制，定时定期展开创意人才培训。知识经济背景下的知识更新迅速，只有掌握行业的最新信息，创意阶层才有可能规避风险并做出相应突破。其次，加强文化创意人才的国际交流与合作，鼓励文化创意人才到国内外著名高校进修学习，定期在国内外知名高校参加专题培训，组织相关创意人才对国内外知名文化企业进行考察学习。最后，成立创意人才工作室，根据不同的文化专门人才分类成立若干创意人才工作室，并给予一定的资金资助，鼓励文化创造和文化创新，孵化更多的文化精品。

第六节 文化科技融合创新发展工程

深圳文化创新发展很大部分取决于文化科技的融合创新发展。文化科技创新的目的是通过科技创新手段创造出一系列具有国际竞争力的知名文化科技产品，形成新的文化科技业态。文化科技研发中心是推动深圳文化科技融合创新发展的内生动力。深圳作为国内最年轻的城市，它的高科技产业发达，创新异常活跃。所以，我们要取长补短，探索利用高科技产业的创新经验，不断推进文化创新。

一 打造专业化研发机构

利用深圳大学、南方科技大学、香港中文大学（深圳）、哈尔滨工业大学（深圳）、深圳北理莫斯科大学、中国科学院深圳先进技术研究院等科研院所及高校的集聚优势，建立一批研发中心。支持重点高等院校的专业化研发机构和文化科技创新工程中心，设立专项资金重点扶持创新能力强、辐射范围广的研发中心。

二 培育创新型文化科技企业

鼓励文化企业增加自主创新研究的投入，文化企业为开发新技术、新产品、新工艺发生的研究开发费用，可由政府从企业贡献中拿出部分资金给予资助。对重大技术改造项目（含设备更新），可以采取灵活的贴补、奖励政策给予支持。对文化企业进行分类资助与管理，鼓励企业对科研的开发和投入。如对深圳腾讯集团、雅昌集团等龙头大企业，采取灵活的技术资助，建立关键技术研发和服务中心，鼓励企业加强数字技术、数字内容、网络技术、安全传播等技术，促进新科技的应用和成果共享，打造一批具有核心竞争力的知名文化品牌，并在关键领域形成具有自主知识产权的核心专利技术。对中小企业，则采取设立发展基金、奖励资助等方式，全面发展企业文化科技创新能力。

充分发挥腾讯、华为、中兴等企业的总部效应，运用数字化、智能化、网络化等技术，支持数字创意内容精品生产。发挥大疆、柔宇、创想三维等企业的集群作用，支持智能视听、柔性显示、可穿戴设备、无人机等装备及软件的研制和应用。发挥创维、康佳、TCL科技、中孚泰等企业的产业链价值，推进深圳市数字电视终端制造业、内容服务业深度融合，推动舞台演艺设备、数字化影院视听系统的集成设计和应用推广。

三 搭建产学研战略联盟和平台

加强产学研合作，采取政府牵头、企业和学术广泛参与的方式，建设一批文化科技企业"孵化器",支持高等院校和科研院所参与文化科技创新活动,采用创新成果创办科技型文化企业,建立产、学、研三位一体的机制。

加强公共服务平台,重点扶持创意产业技术开发平台、动漫公共技术服务平台、影视动画制作平台、创意设计平台、数字出版公共服务平台、新媒体开发平台等,向中小型文化企业倾斜,为其提供技术支持服务。

四 建设国家文化和科技融合示范基地

2019年,深圳南山入选"国家文化和科技融合示范基地",给深圳文化科技融合带来了良好的发展契机。为此,深圳应该乘此东风加快推进文化和科技融合,着力打造文化和科技融合的示范区、政策体系和管理体制先行先试的试验田、文化科技产业创新发展的先锋队,增强文化领域科技应用和自主创新能力,引领深圳文化产业转型升级和高质量发展。

继续加大政府的调控力度,发挥南山区自主创新产业发展专项资金作用,支持文化科技园区建设、公共平台建设、企业研发投入、人才引进、文化科技成果产业化、知识产权保护和交易等。政府应进一步推动信息技术、数字技术、移动互联网等新技术进入文化产业领域,发展新媒体、动漫游戏、数字影视、数字出版、创意设计等新兴业态;推动文化企业发展和园区建设,形成龙头企业带动和园区孵化集聚的新动力;打破文化企业与科技企业之间的界限,探索以文化为内容、科技为手段的新兴产业发展路径,推动科技创新传承传统文化,催生数字产业和创意产业的新形态。

南山区应进一步推动文化科技深度融合,切实将国家文化科技融合示范基地建成全国典范。在具体措施方面,南山区应进一步瞄准国际科技前沿,推动科技研发、版权保护和交易平台建设;贯彻国家大数据战略,加强文化大数据的采集、储备和应用,加强音乐、演艺、艺术图书等特色大数据系统建设,拓展大数据产业化和市场应用场景;推动5G技术应用、人工智能应用及文化科技设备制造,培育文化科技新兴业态;构建"政产学研用"文化科技创新体系，打造特色区域创新发展格局，逐步构建以企业为主体、市场为导向、"政产学研用"相结合的文化科技创新体系。

五　打造文化科技产业重镇

依托已有"文化＋科技"的产业基础、人才优势和文化资源，加强统筹协调，重点将文化创意产业的政策激励从吸引企业入驻集聚转向为各类企业的多样化需求提供高质量服务，促进集聚企业形成分工更明确、专业性更强、生产效益更高的创意产业集群，从而提高文化创意产业对城市经济增长的贡献率。

完善文化科技产业决策咨询机制。营造良好的政策环境，扩大政策红利，提升文化创意产业的发展水平和质量，在基础设施、技术平台、交易平台等硬环境和政策配套、税收优惠、股权激励等软环境方面给予适当扶持，以进一步提高行业的产业效率和国际竞争力。

加强文化科技产业的品牌化建设。从国际城市文化竞争的高度，实施重大科技项目带动相关产业升级，积极顺应创新创意创业社会化趋势，将文化创意产业的发展作为容纳、集聚社会创新创意创业活动的平台，以彰显城市文化的创新活力。在加快文化资源向文化资本的转化过程中，培育一批在世界范围内具有市场竞争力、品牌影响力的骨干文化企业。

提高科技创新能力，完善文化创新机制建设。建设具有全球影响力的科技创新中心，不断增强文化创意力和文化创意竞争力，实施文化"走出去"战略，推动文创企业在更大范围、更广领域和更高层次上参与国际文化合作和竞争，发挥科技创新对文化发展的引领作用，深入实施科技带动战略，增强文化领域自主创新能力，打造具有国际影响力的文化科技产业中心。

加强文化科技创新人才队伍建设。通过设立高校科技园区、创意"孵化器"等形式，促进产学研一体化发展，通过整合高校、科研单位的人力资源，激发创意潜能，提高创新研发能力。同时，制定人才队伍建设中长期规划，建设具有国际前沿视野、现代高端理念、复合创新思维、先锋创意能力的高素质、高水平、高技能人才队伍。

在粤港澳大湾区建设中，利用科技手段，发展区域特色文化行业，探索"文化＋科技＋制造"的产业发展新模式。把握现代信息技术提供的产业融合和文化发展新机遇，积极利用科技与创意对具有珠三角地域色彩或传统文化特征的文化行业进行升级和改造，通过设计、人工智能等高新技术，提升传统文化行业的科技含量，促进文化产业优化要素配置、做大规模，提升产业发展水平。研究和开发文化资源转化为文化资本和现实文化生产要素的新途径与新模式，增强文化企业的产品附加值和文化行业的辐射力，挖掘现存的文化资源，彰显城市文化发展的差异性。

加强科技与文化生活的融合，建设"智慧城市"，为国际文化大都市建设提供路径支撑，突出科技在城市环境、工作生活、人际沟通、旅游休闲等方面的作用。结合"互联网＋"战略，着力于科技对传统媒体、影视、旅游、教育等产业的颠覆性应用，如互联网影视、在线教育、电视购物、文化旅游和电子竞技等新兴领域。

结　语

当前，深圳正在努力打造彰显国家文化软实力、建设与现代化国际化创新型城市相匹配的现代文明之城，文化创新日益成为深圳一张亮丽的名片。2020年是深圳特区成立四十周年。回顾四十年的发展历程，深圳在文化创新发展上取得巨大成绩，走出了一条具有中国特色的文化建设道路，形成了独具特色的文化创新发展的深圳模式。那么，对于深圳市的文化创新，我们该如何理解其内涵呢？深圳的文化创新有何奥秘，究竟新在何处呢？深圳的文化创新带给我们什么启示呢？深圳的文化创新还需要在哪些方面继续加强并发挥先行示范引领作用呢？

一　深圳文化创新的内涵是什么

深圳市的文化创新，经过多年的理论和实践探索，在理论和实践两方面都取得了相当大的成就。一方面，深圳学者立足深圳的本地实践，对如文化流动理论等文化创新相关理论进行了深入全面的探讨，对深圳市文化创新的实践经验进行了系统的总结和梳理，逐渐形成了具有深圳特色的文化创新理论；另一方面，深圳在推进城市文化建设和发展中，以文化创新为引领，不断推进深圳市的文化创新发展，挖掘和延展文化创新的内涵。总体来说，通过理论和实践两方面的探索，在深圳市文化创新的实践语境和学术语境之下，文化创新在深圳这块改革开放的前沿阵地上被赋予了全新的内涵，最终形成具有深圳特色文化创新内涵的"十翼"：文化价值观念革新、体制机制创新、城市文化焕新、城市文化品牌提升、公共文化出新、文化智库建设、文化人才培育、文化产业驱动创新、文化科技融合创新、深圳文化创新指数研制。概言之，文化创新以上十个方面内涵的凝练很好地体现了深圳在文化创新理论与实践探索方面的成果。就这十个方面内涵本身而言，主要聚焦于文化创新的五个维度：第一个维度是观念制度层面，主要侧重文化创新最深层的根本思想观念，以及文化创新外部保障的文化制度体制，包含文化价值观念革新和体制机制创新；第二个维度是城市文化层面，主要侧重于对文化创新语境下城市文化创新发展的理解，包括城市文化焕新、城市文化品牌提升、公共文化出新；第三个维度是智力支持层面，主要侧重于文化创新的人才与智力支持，包括文化智库建设、文化人才培育；第四个维度是驱动力量层面，主要侧重于通过产业发展与科技创新推动文化创新，包括文化产业驱动创新、文化科技融合创新；第五个维度是质量保障层面，主要侧重于对文化创新成效与质量的关注，包括文化创新指数研制。以上五个维度中，观念制度层面、城市文化层面、智力支持层面是对文化创新内涵较为普遍的理解和分解，而驱动力量层面和质量保障层面则是立足深圳市的文化创新实际和个体特征所提出的对于深圳市文化创新的特色化和个性化理解。

二 深圳文化创新新在何处

（一）文化战略引领创新

习近平总书记指出："文化是一个国家、一个民族的灵魂。文化兴国运兴，文化强民族强。"同样，文化也是一座城市的灵魂，文化决定了城市的发展前景与后劲。对于深圳而言，文化创新从一开始就是其最鲜明的底色。早在深圳建市之初的20世纪80年代，深圳就非常重视文化建设，在地方财政异常紧张的情况下，仍然着手规划建设深圳大剧院、体育馆、科技馆、图书馆、博物馆、深圳大学、电视台、新闻文化中心"八大文化设施"。这些文化设施不仅展示了深圳极强的文化发展意识和超前的文化发展理念，更奠定了深圳这座年轻城市的文化气质与文化底蕴，引领着后来深圳市的文化发展，使得深圳市一直以来都将文化作为城市发展的重要战略。2003年，深圳在全国率先明确提出"文化立市"的发展战略，把文化作为城市发展的主要方向，不断探索文化创新发展的深圳路径。2012年，深圳全面推进"文化强市"建设，翻开深圳市文化建设的新篇章。近年来，深圳文化建设更是走上了快车道，先后提出"实现市民文化权利"和"维护国家文化主权"的文化理念，明确打造"创新型智慧型力量型主流城市文化""国际文化创意先锋城市""国际创客中心""区域文化中心城市"等文化发展目标；制定并出台一系列文化发展政策，诸如《关于全面提升深圳文化软实力的意见》《关于深入实施文化立市战略　建设文化强市的决定》《深圳市建设区域文化中心城市行动方案》等一系列文化发展政策，为深圳文化创新提供了科学的顶层设计。

可以说，正是深圳在建设之初就埋下了深厚的文化种子，孕育和成长为深圳"文化立市"和"文化强市"的发展战略，并全面打开了深圳文化建设和创新发展的格局。深圳特区成立40年来，在文化发展理念和文化发展战略的引领下，文化建设和文化创新的成绩斐然。如培育了一大批诸如深圳文博会、读书月、大剧院艺术节、创意十二月、鹏城金秋文化艺术节等颇有影响力的深圳文化品牌，建立"城市文化菜单"，规划建设"新十大文化设施"，提升改造"十大特色文化街区"，打造"一区一书城、一街道一书吧"的文化格局。通过这些努力，深圳竖起了文化发展和文化创新的大旗，多次获评全国文化体制改革先进地区和文化创新奖，并先后荣获"设计之都""钢琴之都""全球全民阅读典范城市""中国大陆最具创新能力城市"等称号。因此，从"文化立市"到"文化强市"，从"实现市民文化权利"到"维护国家文化主权"，超前的文化发展战略一直引领着深圳的文化创新。

(二) 文化产业驱动创新

长期以来，深圳市高度重视文化创新，对文化创意产业发展进行了科学的顶层设计和合理定位。2003年提出"文化立市"战略，注重文化塑城和文化兴业；2012年出台"文化强市"战略，提出争当文化产业龙头大市的发展目标；2003年则进一步将文化产业列入"四大支柱性产业"之一；2011年更是将文化产业列为战略性新兴产业予以支持；2016年，深圳市委、市政府出台《深圳文化创新发展2020（实施方案）》，先后推出《关于加快深圳文化创意产业创新发展的意见》《深圳文化创意产业创新发展政策》等一系列政策文件，努力将深圳打造成与现代化国际化创新型城市相匹配的文化强市。在这些文化政策的刺激和带动之下，从2014年起，深圳文化产业一直保持健康高速发展。2018年，深圳文化创意产业实现增加值2621.77亿元，增长16.8%，占全市GDP比重超过10%。目前，深圳市有文化创意企业近5万家，从业人员超过90万人，拥有"中国文化产业第一展会"的文博会品牌，以及文交所、国家文化创意产业投资基金、国家版权交易中心、数字出版基地等国家级产业发展平台，形成了文化产业繁荣发展的良好态势。

总体而言，深圳市文化产业目前的发展水平已经处于国内领先地位，而且形成了颇具影响力的"文化+科技""文化+创意""文化+金融""文化+旅游"等"文化+"发展的深圳模式，其中尤以"文化+科技"模式为深圳文化产业发展的最大特点和亮点。近年来，深圳市凭借其在高科技和高新技术方面的独特优势，走出了一条以文化为核心、以科技为依托、以文化为内容、以科技为载体，融合互联网、新媒体、高科技等多元手段的文化产业发展新模式和新业态，将诸如虚拟现实、VR虚拟现实、AR增强现实、3D全息投影、球幕立体实拍、云计算、人工智能等先进科技融入文化产业，推动了文化创意产业跨门类、跨要素、跨行业、跨地域、跨文化融合发展，带动了原有的高新技术、产品加工、创意设计等传统行业的转型升级，实现了从传统的单一文化产品到多元、现代、高科技的文化创意产业转型升级，形成了深圳文化产业繁荣发展的良好态势。

进入新时代，踏上新征程，深圳文化产业再出发，中央发布的《支持深圳建设中国特色社会主义先行示范区的意见》赋予了深圳文化产业新的使命和高度。意见明确指出："践行社会主义核心价值观，构建高水平的公共文化服务体系和现代文化产业体系，成为新时代举旗帜、聚民心、育新人、兴文化、展形象的引领者。"其将构建现代文化产业体系作为五大战略定位之一的"城市文明典范"的重要内容。这个目标定位与党的十九大报告中"健全现代文化产业体系和市场体系"的表述一脉相承，明确要求深圳市文化产业在现代产业体系建设上先行一步，为全国其他地区做出表率，发挥先行示范作用。这是对深圳市文化产业提出的新目标、新要求和新使命。

（三）文化环境孕育创新

深圳市作为我国最早建立的经济特区，有着开放包容、兼收并蓄的文化特质，吸引着众多极具创新精神的优秀年轻人到深圳发展，他们的到来使整个城市充满激情与活力，城市的创新力日益增强。近年来，深圳在充分发挥作为经济特区、全国性经济中心城市和国家创新型城市的引领作用的同时，不断完善多元融合与创新包容的文化环境和氛围，为深圳的文化创新孕育了新的希望并提供了坚实支撑。

一是深圳市是一个充满活力的年轻城市，创新氛围得天独厚，创新特质突出。深圳市居民平均年龄为 32.02 岁，为全国人口最年轻的城市。2018 年福布斯中国发布最具创新力的 30 个城市榜，深圳位列第一。2018 年中国城市文化创意指数排行榜显示，深圳仅次于北京，成为国内第二最具文化创意的城市。2019 年中国城市创意指数（CCCI）显示，深圳的创意指数排在北京和上海之后，位列全国第三。可以说，深圳已经跻身国内文化创新城市的第一行列。

二是深圳高新技术和高科技发展成就突出，为深圳文化创新提供了强有力的技术支持。虽然粤港澳大湾区的其他城市也有不少高科技企业，但是深圳市的优势更为突出。据统计，2018 年深圳新增国家高新技术企业 3200 多家，累计达 1.44 万家，PCT 国际专利申请 7925 件，位居全国第一。此外，深圳市还有华为、腾讯、大疆等一众全国重点高科技企业，为文化与科技的广泛和深度融合提供众多可能，这也是深圳文化创新发展模式的根本优势所在。

三是深圳文化市场与文化金融建设成就突出。深圳市作为改革开放的前沿阵地，在文化发展方面不断开拓创新，积极搭建促进文化创新发展的各类市场和金融平台。例如，中国（深圳）国际文化产业博览交易会、国家对外文化贸易基地（深圳）、深圳文化产权交易所、中国文化产品国际营销年会、粤港澳大湾区文化产业合作论坛、国家文化创意产业投资基金、深圳市文化创意产业发展专项资金扶持计划。此外,深圳还正在建设深圳国际版权交易中心、广东国家数字出版基地(深圳园区)、深圳"文化银行"。这些举措让深圳走在了全国城市文化建设的前列,多方位地为深圳文化创新发展提供有力支撑。

一路走来一路歌。从"文化沙漠"到"文化绿洲"再到"文化森林",这是深圳文化建设的奇迹,也是深圳文化创新的生动体现。回望深圳经济特区建区40年的伟大征程,深圳文化建设的成就举世瞩目,文化正日益成为深圳新的最为亮丽的色彩,而创新始终是深圳最鲜明的文化底色。

三 深圳文化创新有何启示

(一) 文化流动是文化创新的重要原动力

万物皆流动,无物常住。宇宙间的万物都处于永恒变化、流动的过程之中。人类社会也是如此,经历了从海洋到大陆的变迁,发现新大陆、殖民运动等,这种流动改变着我们的文化和社会。深圳在短短40年里取得如此重大的成果,一个重要的原因就是文化的流动,文化流动的过程就是深圳文化创新的过程,形成了以创新、开放、包容、公共精神、权利意识、法治意识、市场意识以及科技、效率和务实精神等为特质的文化精神。"深圳十大观念"是深圳人普遍认同的集体记忆和价值诉求,集中反映了深圳人的文化观念和价值理念,体现了深圳人的文化自觉、文化自信和文化自强。"时间就是金钱,效率就是生命""敢为天下先""让城市因热爱读书而受人尊重""来了就是深圳人"等口号都体现了深圳人的集体意识、归属意识和价值共识,也代表着深圳文化流动、文化创新的内涵。"改革"和"创新"已经成为这个城市的代名词,开放、包容、敢闯敢拼、不断创新更成为这个城市独有的城市魅力,吸引着更多的年轻人来这里创新发展、释放活力。

(二) 超前的文化战略引领文化创新

早在深圳建市之初,深圳就非常重视文化建设,展现了超前的文化发展理念,更奠定了深圳这座年轻城市的文化气质与文化底蕴,引领着后来深圳市的文化发展,使得深圳市一直以来都将文化作为城市发展的重要战略。2003年,深圳在全国率先明确提出"文化立市"的发展战略,把文化作为城市发展的主要方向,不断探索文化创新发展的深圳路径。2012年,深圳全面推进"文化强市"建设,开启深圳市文化建设的新篇章。近年来,深圳文化建设更是走上了快车道,先后提出"实现市民文化权利"和"维护国家文化主权"的文化理念,明确打造"创新型智慧型力量型主流城市文化""国际文化创意先锋城市""国际创客中心""区域文化中心城市"等文化发展目标;制定出台一系列文化发展政策,诸如《关于全面提升深圳文化软实力的意见》《关于深入实施文化立市战略建设文化强市的决定》《深圳市建设区域文化中心城市行动方案》等一系列文化发展政策,为深圳文化创新提供了科学的顶层设计。可以说,正是深圳在建设之初就埋下了深厚的文化种子,孕育和成长为深圳"文化立市"和"文化强市"的发展战略,并全面打开了深圳文化建设和创新发展的格局。深圳特区成立40年来,在文化发展理念和文化发展战略的引领下,文化建设和文化创新的成绩斐然。

(三) 高质量发展的文化产业驱动文化创新

长期以来,深圳市高度重视文化产业发展,对文化产业发展进行了合理定位,2012年提出争当文化产业龙头大市的发展目标,2003年则进一步将文化产业列入"四大支柱性产业"之一,2011年更是将文化产业列为战略性新兴产业予以支持,使得深圳文化产业一直保持健康高速发展。2018年,深圳文化创意产业实现增加值2621.77亿元,增长16.8%,占全市GDP比重超过10%。目前,深圳市有文化创意企业近5万家,从业人员超过90万人,拥有"中国文化产业第一展会"的文博会品牌,以及文交所、国家对外文化贸易基地、国家文化创意产业投资基金、国家版权交易中心等国家级产业发展平台,形成了深圳文化产业繁荣发展的良好态势。总体而言,深圳市文化产业目前的发展水平已经处于国内领先地位,而且形成了颇具影响力的"文化+科技""文化+创意""文化+金融""文化+旅游"等"文化+"发展的深圳模式,其中尤以"文化+科技"模式为深圳文化产业发展的最大特点和亮点。

(四) 优良的文化环境孕育文化创新

近年来，深圳在充分发挥经济特区、全国性经济中心城市和国家创新型城市的引领作用的同时，不断完善多元融合与创新包容的文化环境和氛围，为深圳的文化创新孕育了新的希望。2018年中国城市文化创意指数排行榜显示，深圳仅次于北京，成为国内第二最具文化创意的城市。2019年中国城市创意指数（CCCI）显示，深圳的创意指数排在北京和上海之后，位列第三。可以说，深圳已经跻身国内文化创新城市的第一行列。

四 深圳文化创新未来向何处去

（一）深入开展深圳文化体制机制创新实施工程

在深圳文化体制机制创新的具体实践中，具体包括文化政策保障工程、文化人才保障工程、创意环境保障工程三大工程建设实施方案。

（二）深入开展深圳文化品牌提升工程

在深圳文化品牌提升的具体实践中，具体包括文化原创品牌提升工程、品牌展会节庆提升工程、文化"走出去"品牌工程三大品牌工程建设实施方案。

（三）深入开展深圳文化人才培育工程

应该大力引进文化名家，丰富深圳的文化内涵，发展城市文化基因。目前，深圳高端文化人才仍然比较缺乏，文化大家更是少之又少，要在此方面加大引进力度，并制定文化名家表彰、奖励制度。加快建设文化艺术类高等院校及相关院系，不断推进文化创意产业社会人才培养体系的完善。

（四）深入开展文化科技研发建设工程

深圳文化创新发展很大部分取决于文化科技的融合创新发展。文化科技创新的目的是通过科技创新手段创造出一系列具有国际竞争力的知名文化科技产品，形成新的文化科技业态。文化科技研发中心是推动深圳文化科技融合创新发展的内生动力。深圳作为国内最年轻的城市，它的高科技产业发达，创新异常活跃。所以，我们要取长补短，探索利用高科技产业的创新经验，不断推进文化创新。

(五) 深入开展文化创新指数研制工程

在深圳的文化创新工作中,亟须通过一个指数模型将抽象的文化做到具体的量化,客观地研究深圳在文化创新方面的发展,以及在文化创新方面的差距对城市未来发展的竞争力、未来发展空间拓展能力的影响。因此,深圳文化创新指数模型的开发显得非常重要,为比较深圳文化创新产业发展状况奠定客观的基础。

参考文献

一 专著

《习近平谈治国理政》第2卷，外文出版社2017年版。
《中国共产党第十九次全国代表大会文件汇编》，人民出版社2017年版。
曹山河：《关于创新的哲学研究》，海南出版社2005年版。
曹赛先、李凤亮主编：《风起南山：文化科技融合创新的深圳之路》，中国社会科学出版社2017年版。
《费孝通文集》（第15卷），群言出版社1999年版。
傅才武：《文化创新蓝皮书：中国文化创新报告》，社会科学文献出版社2018年版。
傅家骥：《技术创新学》，清华大学出版社1998年版。
葛兆光：《七世纪前中国的知识、思想与信仰世界》，商务印书馆1997年版。
胡刚：《中国特色社会主义文化创新研究》，中国社会科学出版社2018年版。
李春华：《新时期中国共产党文化创新研究》，中国社会科学出版社2012年版。
梁漱溟：《中国文化要义》，山东人民出版社1990年版。
林坚：《文化治理与文化创新》，中国人民大学出版社2019年版。
李凤亮主编：《文化科技蓝皮书　文化科技创新发展报告》，社会科学文献出版社2013—2020年版。
李小甘主编：《深圳文化创新之路》，中国社会科学出版社2018年版。
刘洪一：《文化创新与跨学科文化研究》，商务印书馆2019年版。

倪健民：《思维文明：维度与建构》，浙江人民出版社 2004 年版。
钱穆：《中华文化之特质》，（台湾）世界书局 1969 年版。
王京生主编：《深圳十大观念》，深圳报业集团出版社 2011 年版。
王京生：《我们需要什么样的文化繁荣》，社会科学文献出版社 2014 年版。
王京生：《文化的魅力》，人民出版社 2014 年版。
王京生主编：《文化流动与文化创新报告 2015》，广东人民出版社 2016 年版。
王京生主编：《文化流动与文化创新报告 2016》，广东人民出版社 2017 年版。
王京生主编、王为理副主编：《文化流动与文化创新报告 2017》，广东人民出版社 2019 年版。
王京生主编：《文化流动与文化创新报告 2018》，广东人民出版社 2020 年版。
王京生：《文化是流动的》，人民出版社 2013 年版。
王廉：《粤港澳大湾区城市群文化特色与发展对标》，花城出版社 2018 年版。
王玉德：《文化学》，云南大学出版社 2006 年版。
张国祚：《中国文化软实力研究报告 2010》，社会科学文献出版社 2011 年版。
张健：《创新文化与文化创新》，学林出版社 2005 年版。
［美］丝奇雅·沙森：《全球城市：纽约 东京 伦敦》，周振华等译，上海社会科学院出版社 2005 年版。
［法］莫里斯·哈布瓦赫：《论集体记忆》，毕然、郭金华译，上海人民出版社 2002 年版。
［美］阿尔君·阿帕杜莱：《消散的现代性：全球化的文化维度》，刘冉译，上海三联书店 2012 年版。
［美］道格拉斯·诺斯、罗伯特·托马斯：《西方世界的兴起》，厉以平、蔡磊译，华夏出版社 1999 年版。
［美］丹尼尔·贝尔：《后工业社会的来临》，高铦等译，新华出版社 1997 年版。

［美］理查德·佛罗里达：《创意阶层的崛起：关于一个新阶层和城市的未来》，司徒爱勤译，中信出版社2010年版。

［美］刘易斯·芒福德：《城市文化》，宋俊岭等译，中国建筑工业出版社2009年版。

［美］迈克尔·波特：《国家竞争优势》，李明轩、邱如美译，华夏出版社2001年版。

［美］约瑟夫·奈：《软实力》，马娟娟译，中信出版社2013年版。

［美］约瑟夫·熊彼特：《经济发展理论》，何畏、易家详等译，商务印书馆2017年版。

［英］彼得·霍尔：《文明中的城市》，王志章等译，商务印书馆2017年版。

［英］查尔斯·兰德利：《创意城市：如何打造都市创意生活圈》，杨幼兰译，清华大学出版社2009年版。

［英］约翰·霍金斯：《新创意经济——如何用想法点石成金》，王瑞军、王立群译，北京理工大学出版社2018年版。

［英］约翰·汤林森：《速度文化：即时性社会的来临》，赵伟妏译，（台北）韦伯文化国际出版有限公司2011年版。

二 论文

陈少雷：《文化流动视域下的城市价值观念创新——以"深圳十大观念"的生成为例》，《特区实践与理论》2015年第2期。

陈颖：《文化创意产业化融合的路径、障碍与对策》，《深圳大学学报》（人文社会科学版）2018年第2期。

戴西伦：《青年创新文化视域下的深圳城市"宽容"品格》，《中国青年社会科学》2019年第6期。

房尚文：《新时代深圳文化建设的几点特色》，《特区经济》2020年第10期。

傅才武、王星星：《新兴移民城市发展的文化"跟进—引领"范式：深圳叙事》，《山东大学学报》（哲学社会科学版）2021年第1期。

傅才武、赵苏皖：《区域趋同环境下如何建构城市特色文化发展战略优势?——以"后特区时代"的深圳为例》,《艺术百家》2011年第 5 期。

傅腾霄:《移民文化与文化创新》,《深圳大学学报》(人文社会科学版)2003 年第 5 期。

胡鹏:《文化发展理念与城市发展战略的综合展现——评〈文化立市论〉兼谈深圳文化创新》,《深圳大学学报》(人文社会科学版)2005 年第 5 期。

高翔莲、陈帅:《论习近平新时代文化创新思想的四重意蕴》,《江汉论坛》2019 年第 3 期。

花建:《文化创新大国建设研究》,《东岳论丛》2014 年第 6 期。

金元浦:《当代世界创意产业的概念及其特征》,《电影艺术》2006 年第 3 期。

李春华:《有关文化创新的几个问题》,《理论探索》2011 年第 3 期。

李凤亮:《文化产业提升文化软实力的战略路径》,《南京社会科学》2011 年第 12 期。

李凤亮、宗祖盼:《文化与科技融合创新:演进机理与历史语境》《中国人民大学学报》2016 年第 4 期。

李凤亮:《深圳前海自贸区文化创新定位与路径》,《深圳大学学报》(人文社会科学版)2016 年第 1 期。

李晓莉:《深圳特区发展模式创新研究》,硕士学位论文,吉林大学,2011 年。

林迎星:《创新的涵义及其类型辨析》,《研究与发展管理》2002 年第 4 期。

刘国红:《深圳移民文化:一个新文化的样本》,《深圳大学学报》(人文社会科学版)2003 年第 5 期。

刘霖林:《建设先进文化实现创新发展》,《科学社会主义》2013 年第 10 期。

刘晓明:《提升深圳文化产业核心竞争力的策略分析》,《改革与战略》2007 年第 5 期。

毛少莹:《深圳文化产业 40 年发展历程及主要成就》,《深圳社会科学》2020 年第 5 期。

彭思思、王敏：《深圳文化产业创新发展路径研究》，《特区实践与理论》2021 年第 1 期。

邵汉青、查振祥、郭万达、刘斐：《创新文化：深圳成功企业的最重要基因》，《开放导报》2010 年第 5 期。

深圳创新文化研究课题组、乐正、夏春涛：《深圳创新文化基本要素与内部循环分析》，《马克思主义研究》2008 年第 3 期。

唐坚：《文化创新体系建设路径研究》，《文化创新比较研究》2019 年第 5 期。

张鸿雁：《特色文化核心价值的理论体系与范式建构》，《南京社会科学》2012 年第 8 期。

田丰：《论文化创新的基本内涵与实现途》，《学术研究》2004 年第 2 期。

田欢：《创新 30 年：深圳的创新文化》，《中国发明与专利》2010 年第 10 期。

王程太：《深圳民间祭祀文化探析：以"下沙祭祖"等三个非物质文化遗产项目为例》，《文化遗产》2012 年第 3 期。

王沪宁：《作为国家实力的文化：软权力》，《复旦学报》1993 年第 3 期。

王劲生、肖丽娜：《深圳文化创意产业创新特色及启示》，《广东科技》2014 年第 13 期。

王京生：《文化与科技结合的深圳之路》，《艺术百家》2013 年第 1 期。

王树祥：《论当代中国文化创新的评判尺度》，《求实》2009 年第 2 期。

李小甘：《坚定文化自信，推动深圳文化繁荣兴盛》，《深圳社会科学》2018 年第 1 期。

王平聚、曾国屏：《创新文化系统演进与结构研究——基于深圳的案例分析》，《科技进步与对策》2015 年第 3 期。

王平聚、曾国屏：《深圳创新文化系统初探——从历史性形成角度的一个考察》，《特区经济》2014 年第 11 期。

乌兰察夫：《深圳文化发展的趋势与对策思路》，《特区理论与实践》2003年第6期。

吴俊忠、党凯：《深圳文化发展理念的历史沿革》，《深圳大学学报》（人文社会科学版）2008年第1期。

吴俊忠：《深圳经济特区文化创新功能的生成与发展》，《深圳大学学报》（人文社会科学版）2006年第4期。

向勇：《故宫文创：传承优秀传统文化的先锋实验》，《人民论坛》2019年第9期。

熊澄宇：《文化创新与城市竞争力》，《文化产业导刊》2017年第2期。

杨凤、陈思：《论文化科技创新》，《东北大学学报》（社会科学版）2013年第6期。

杨果：《深圳青年创新文化基因解码：孵化场域、精神传承与内在动力》，《广东青年研究》2021年第1期。

于平：《科技进步引领下的文化创新》，《艺术百家》2010年第2期。

余礼凤：《粤港澳大湾区视野下深圳城市文化创新发展研究》，《特区实践与理论》2019年第3期。

于丽娜：《制度创新与和谐文化的构建》，《长白学刊》2010年第2期。

张鸿雁：《论特色文化城市理论体系建构研究与实践创新——中国本土化特色文化核心价值的理论体系与范式建构》，《南京社会科学》2012年第8期。

张环：《深圳视角下的文化创新》，《经济》2017年第11期。

中共深圳市委党校课题组：《深圳创新成长的文化基因》，《人民论坛》2020年第24期。

钟雅琴：《文化产业升级与城市文化创新——以深圳为个案的研究》，《深圳大学学报》（人文社会科学版）2016年第6期。

邹文广：《现代文化创新的四个尺度》，《山东社会科学》2016年第5期。

周建新、严轮：《城市化进程中非物质文化遗产保护及其经验启示——基于深圳的实证研究》,《艺苑》2018 年第 1 期。

周建新:《从"文化沙漠"到"文化绿洲"的华丽转身——文化创新发展的深圳模式》,《南方日报》2020 年 6 月 29 日理论版。

周建新:《文化流动是深圳文化创新发展的重要原动力》,《深圳特区报》2021 年 1 月 21 日理论版。

三 外文文献

Mary Ann O'Donnell, Winnie Wong, Jonathan Bach, *Learning from Shenzhen CHINA's Post – MAO Experiment from Special Zone to Model City*, University of Chicago Press, 2017.

Paul M. Romer, "Technologies, rules, and Progress: The Case for Charter Cities", *Center for Global Development Essay*, 2010.

Rogers E. M., *Diffusion of Innovation*, 4th ed., New York: The Free Press, 1995.

Gert, J., "Hospers Creative Eities in Europe: Urban Competitiveness in the Knowledge Economy", *Intereconomic*, Vol. 38, No. 5, 2003.

Yuhan Qiao, "The Innovative Exploration of Culture and Tourism Industries in Shenzhen Under Industry Convergence", Russian State Specialized Academy of Arts (Russia)、International Science and Culture Center for Academic Contacts (Russia)、Zhengzhou Yingchun Conference Planning Co. Ltd. (China). Proceedings of 4th International Conference on Culture, Education and Economic Development of Modern Society (ICCESE 2020) (Advances in Social Science, Education and Humanities Research, Vol. 416), Russian State Specialized Academy of Arts (Russia)、International Science and Culture Center for Academic Contacts (Russia)、Zhengzhou Yingchun Conference Planning Co. Ltd. (China): International Science and Culture for Academic Contacts, 2020.

Li – chuan LIU, "The Cantonese Culture and the Hakka Culture in Shenzhen", *Cross – Cultural Communication*, Vol. 2, No. 4, 2006.

Nick Stanley, Siu King Chung, "Representing the Past as The Future:

the Shenzhen Chinese folk Culture Villages and the Marketing of Chinese Identity", *Journal of Museum Ethnography*, No. 7, 1995.

Riccardo Pozzo, Andrea Filippetti, Mario Paolucci, Vania Virgili, "What does cultural innovation stand for? Dimensions, processes, outcomes of a new innovation category", *Science and Public Policy*, Vol. 27, No. 3, 2020.

Qiong Liu, "The Role of Cultural Innovation in Building Modern Value Orientation", *Frontiers in Educational Research*, Vol. 2, No. 8, 2019.

Steward R. Clegg, "Reflexivity and Cultural Innovation", *Administrative Theory & Praxis*, Vol. 17, No. 1, 1995.

后　记

　　深圳是一座年轻的新兴移民城市，也是一座敢闯敢试、充满活力的创新之城。回顾深圳特区成立40余年来的发展历程，深圳不但在经济建设与发展上取得了举世瞩目的伟大成就，在文化建设尤其是文化创新发展上也同样成绩斐然。总体来看，在40多年的文化建设发展中，深圳克服了文化资源贫乏、文化基础薄弱、文化建设起步晚等先天不足，充分发挥主观能动性，大力培育和夯实文化实力。深圳最终凭借自身强大的文化创新力，在文化内容、文化科技、文化体制、文化平台、文化环境以及文化事业建设和文化产业发展方面，持续创新，不断革新，驱动文化高质量发展，从之前的"文化沙漠"成长为如今郁郁葱葱的"文化绿洲"，走出了一条具有中国特色的文化创新发展之路，形成了独具魅力的文化创新发展的深圳模式。

　　创新成为深圳文化发展最靓丽的名片。近年来，我一直非常关注深圳文化创新和文化发展情况，对深圳是如何用短短40多年成长为全球知名的文化创新创意城市的过程非常感兴趣，为此曾对深圳市在文化创新发展中经历的理论与实践探索进行了大量的调研分析和深入思考。在当前社会主义文化强国建设，以及深圳市建设中国特色社会主义先行示范区和粤港澳大湾区建设的宏大时代背景之下，我认为对深圳市文化创新发展理论的反思与突破、实践探索的回顾与梳理、成功经验的总结与升华、文化创新未来发展方向与路径的探讨等都具有重要的现实意义，这也正是本书的写作缘起和主要意图。

　　2019年，我以《深圳市文化创新发展理论与实践研究》为题申报了深圳市哲学社会科学重点项目，并成功获得立项，这更加激发了我对深圳市文化创新的研究热情，于是我带领课题组开始全面深入调查研究。根据此前的课题设计和研究思路，我负责全面统筹课题的进展，拟定写作提纲并对课题进行任务分工。其中，我负责撰写绪论、第一部分和结语；深圳大学文化业研究院博士、现川北医学院管理学院王梁宇讲师，深圳大学文化产业研究院博士后、现深圳信息职业技术学院李丽讲师以及深圳大学文化产业研究院副院长胡鹏林研究员负责撰写第二部分；我与深圳大学文化产业研究院教育培训部主任秦晴博士，深圳大学文化产业研究院博士后、现东北大学秦皇岛分校管理学院罗小艺讲师共同负责撰写第三部分（其中第五章第六节主要是由我和秦晴指导的广东省文化产业和新媒体青年人才培养基地第一期、第二组学员完成）。各章初稿完成后，由我汇总和统稿，最终形成一部12万字左右的课题研究成果。此外，我在《福建论坛》《文化产业研究》《南方日报》《深圳特区报》《建议活页》等期刊报纸发表了多篇本课题的署名理论文章。

本书是在《深圳市文化创新发展理论与实践研究》课题研究成果和学术理论报刊上已发表的课题相关成果的基础上修改而成。由于深圳市哲学社会科学规划研究项目的研究周期一般为一年，因此，尽管该课题于2020年12月顺利通过结题鉴定，但由于研究时间相对较短，还有不少待完善之处。于是，课题结项后，我便开始对课题研究成果进行再次修改，主要包括调整书稿框架结构、重新梳理逻辑、删除与主题关系不太紧密的部分内容、增补深圳文化发展的最新动态，最终扩充为20多万字的书稿，并改名为《深圳文化创新研究》。2021年8月，《深圳文化创新研究》有幸通过专家评审，被列入《深圳改革创新丛书》（第9辑）出版计划。

总体而言，《深圳文化创新研究》一书遵循"历史总结——现状分析——未来展望"这一逻辑主线，围绕深圳文化创新的过去——现在——未来三个维度展开，分别对应主体框架结构的三大部分（其中第一部分是对文化创新发展基础的梳理，包括第一章和第二章；第二部分是对深圳文化创新发展现状和理论的总结，包括第三章和第四章；第三部分是对深圳文化创新成效特定和前景展望的探讨，包括第五章和第六章），对深圳市四十年来在文化创新方面的理论与实践探索进行了总结。通过本书的研究,我们认为:首先,深圳在文化创新的理论与实践方面的探索重构、延展、丰富了文化创新的内涵。为此,我们提出了"五维十翼"的深圳文化创新的内涵架构,分别是:观念制度层面的文化价值观念革新和体制机制创新,城市文化层面的城市文化焕新、城市文化品牌提升和公共文化出新,智力支持层面的文化智库建设和文化人才培育,驱动力量层面的文化产业驱动创新和文化科技融合创新,质量保障层面的文化创新指数研制。其次,我们认为,深圳的文化创新实践具有示范性、引领性,特别是文化战略引领创新、文化产业驱动创新、文化环境孕育创新,可以说是深圳文化创新最为成功的经验和范式。再次,深圳文化创新的经验和成果,启示我们在推进文化创新发展中,要特别注重多维的文化流动渠道的畅通、超前的文化战略的谋划、高质量发展的文化产业的驱动、优良的文化环境的营造。最后,基于以上理论总结与实践经验的梳理,结合深圳市当前文化发展实际情况,本书提出了助力深圳市文化创新未来突破的"五大工程"建设构想:深入开展文化体制机制创新工程、文化智库建设工程、文化品牌提升工程、深入开展深圳文化人才培育工程、深入开展文化科技融合创新工程。

总之,《深圳文化创新研究》聚焦于文化创新发展这一主题,立足深圳,通过系统阐述国内外文化创新发展理论和实践,从理论分析、实践考察和实施方案三个方面入手,循着学理总结、案例剖析、模式探究、路径创新等思路,深入分析深圳文化创新发展现状,全面总结深圳文化创新的理论与实践探索的经验,在此基础上提出深圳未来文化创新的目标定位、可行性路径等前景展望,为构建新时代与时俱进的文化创新理论体系提供智力支持。

衷心感谢胡鹏林、秦晴、李丽、罗小艺、王梁宇等深圳大学文化产业研究院师生的支持与帮助,特别是王梁宇从课题申报到书稿撰写,积极参与,付出了不少时间和心血;衷心感谢深圳市社会科学院以及匿名评审专家对本书的认可和肯定,并将其纳入《深圳市改革创新丛书》出版计划;衷心感谢《深圳社会科学》编辑部主任刘婉华研究员和史敏博士为本书出版所提供的帮助;衷心感谢中国

后　记

社会科学出版社李凯凯编辑的专业指导和热情服务；谢谢沈锐拥同学对书稿的校改，在此一并谨致谢忱。由于我们的水平和能力有限，书中难免有考虑不周或错漏之处，祈望方家批评指正。

党和国家对文化建设高度重视，十九届五中全会更是从战略和全局上对文化建设作了规划和设计，其中明确提出2035年建成社会主义文化强国。深圳正处于全力建设中国特色社会主义先行示范区的城市文明典范的伟大征程之中，文化创新生动实践不断涌现，有待进一步探讨和总结，我们也将持续关注这一重大命题，推出更多更好的理论研究成果。

周建新
2022年5月26日于荔园汇文楼